数字はつくられた

統計史から読む日本の近代

佐藤正広

東京外国語大学出版会

数字はつくられた——統計史から読む日本の近代　目次

はしがき　7

第一部　日本の近代化と統計

第一章　はじめに　15

一　本書が目指すもの　15
二　問題の所在——なぜこの本を書いたか？　16
三　本書の位置づけ　17
四　本書の構成　19

第二章　日本の統計史——西欧との比較から　23

一　日本の統計史の特徴——本章の課題　23
二　政治権力と数値情報　29
三　近代西欧の経験——「土着の統計」から統計学へ　34
四　日本の近代化と統計——土着の統計と舶来の統計学　41
五　おわりに　49

第三章　日本における統計史の時代区分　59

一　日本の統計史をどう時代区分するか——本章の課題　59
二　日本への統計学の導入過程と専門家の養成　60

三　統計の生産現場としての地方制度　67
四　中央官庁の変遷と統計制度　70
五　おわりに　72

第四章　革命政府明治国家の縮図——一八八四年　77

一　ベンチマーク年の設定と本章の課題　77
二　統計関係出版物の概観——中央における報告様式の成立と地方統計の草創　78
三　『府県統計書様式』の成立　82
四　府県レベルの統計書の成立過程　91
五　帝国統計年鑑の編纂　94
六　おわりに　110

第五章　近代国家の安定と社会構造の変化——一九二〇年　127

一　近代国家の安定と帝国形成——本章の課題　128
二　統計関係出版物の概観——社会問題の発生と帝国の形成　128
三　一九二〇年代の統計調査体系と資料の作成状況　136
四　植民地統計の編成——台湾総督府報告例とその運用の事例　143
五　郡是・市町村是の編成　154
六　おわりに　162

第六章　戦時体制の国家と社会——一九四〇年　173
一　戦時体制と統計の変遷——本章の課題　174
二　統計関係出版物の概観——戦時体制の色濃い反映　174
三　変質する国勢調査——総力戦体制下の統計　193
四　総力戦体制下の調査の最末端　217
五　おわりに　229
第七章　まとめ　249

第二部　歴史的統計を利用するにあたっての基礎知識

第八章　歴史的統計を利用する際に知っておくべきこと　259
一　歴史的統計を利用するのに必要な基礎知識——本章の課題　259
二　統計とは何か　259
三　統計資料の種類と利用上の注意点　260
四　統計調査の方法　265
第九章　統計の分類表　287
一　統計的分類とは——本章の課題　287

二　分類表の変化　288
三　分類表変化の要因1――社会構成の変化　289
四　分類表変化の要因2――国際的契機　301

第十章　統計資料の探し方　315

一　どうやって統計を探すか――本章の課題　315
二　書籍による場合　315
三　インターネットによる場合　317

統計関係年表　321
参考文献　330
初出一覧　336
図表一覧　337

凡例

一、本文の引用文中に示した傍線は、著者がつけたものである。

一、本文や註の引用文中に示した〔 〕内の補足事項は、著者がつけたものである。

一、資料からの引用個所は、本文中では現代語訳で示した。原文は註で明示している。

一、資料原文は註への転載にあたって、正字体カタカナ書きを新字体ひらがな書きに改め、濁点を補った。

一、註でＵＲＬを示した資料は、ダウンロードして閲覧可能である。

はしがき

本書のメインタイトルを『数字はつくられた』とした。はじめに、このタイトルが意味することを述べておかなくてはならないだろう。

このタイトルは、統計数字が「ねつ造された」と主張することを意図しているのではない。逆である。各時代に統計作成に携わった人々の多くが、自分たちがつくる統計をいかに正確なものにするかに腐心してきた。本書ではその姿をみたいのである。ではなぜ本書では「つくられた」という語をあえて使ったのか。

このことは、人間がものごとを概念化して認識するとはどういうことかという問題に関係する。ものごとの体験的認識、あるいは実存的認識が、そのものごとの実体に直接に行き着くのと異なり、概念的認識は、それをどのように精密に定義していっても、ものごとの実体に直接たどり着くことはできない。このことは、かのカントが「物自体」の不可知性として提起したとおりである。

ことを社会統計に限定して論じよう。統計において、調査方法を整備し、定義をきちんとすれば、ただちに対象とする事象の実体にたどり着けると考えるなら、それはあまりに無邪気な考え方だといえるだろう。調査統計について考えると、調査を設計する人々は、その調査の対象となる事象について一通りのことを知っていることが必要である。いいかえれば調査対象をイメージできなければならない。つまり調査の出発点においては、何らかの体験的認識が存在するのであり、調査設計とはその体験的認識に、概念化という方法を通じて接近する（逆に体験的認識のほうが変化することもあるが）ことに他ならない。本来流動的である社会的事象を、概念を用いることによって切り取り、固定化するプロセスを、統計の設計者は経なくてはならないのである。さらに、調査統計の場合、調査対象となる人々が、その調査自体や調査項目の定義をどのように理解し、回答するかというフィルターがかからざるを得ない。

例を挙げよう。本書で取り上げる一九三九（昭和一四）年の臨時国勢調査は実質的には商業調査であるが、商店の売り上げを尋ねる際、商店経営者はできるだけそれを過小に回答しようとする傾向があることは容易に想像できる。このことによって、数字が表す属性は、実体からそれてしまうことになる。調査の設計者はこのことを認識した上で、そのそれ方ができるかぎり小さくなるよう、正確な調査概念の設定に努め、宣伝啓蒙《けいもう》にも努めるだろう。調査票の設計にも、調査員の選定にも工夫を凝らすだろう。ここでは調査の定義と、調査対象によるその理解――どういう社会的文脈の中でそれを認識するかということ――とがせめぎ合っている。このことの帰結として、調査の結果は、実体を無媒介に反映するのではなく、このせめぎ合いの中で「つくられた」のである。

つづいて、本書の構成と成立のいきさつについて、少し触れておきたい。

本書は、日本の統計史に関する研究書であると同時に、一般読者層に向けても、また学部学生や大学院学生に対する教科書としても執筆された。学生というとき、そこには日本語を学習途中の留学生も含まれる。そのため、歴史学の研究書としては、本書には多少異例なところがあることになった。

一番大きな点は、本文中の資料の引用個所をすべて現代語に訳したことである。これには抵抗を覚える読者もいると思うが、学術書としての本書の性格を担保するため、そのすべてについて原文（ただし新字体ひらがな書き）

を註で明示した。この点が気にならない読者は、いちいち原資料を参照することなく読み進んでいただければいいと思う。

日本語を学習中の学生にとって難読と思われる漢語には、積極的にふりがなを振った。これは大方の読者にとっては必要ないと感じられるかもしれないが、専門用語を自分で調べて読み進んでいくときに、辞書やインターネットで検索しやすくするため、読みを明示したのである。この方式によらず、詳しい用語集をつけようかという案も出されたが、実際にやってみると用語集のほうが膨大になってしまい、本の性格がぼやけてしまうので、この形にさせていただいた。

とはいえ、第二次世界大戦敗戦前（以下、戦前）の統計資料を読む際にどうしても知っておくべき基礎知識というべきものはあるので、本書ではその部分を第二部として、第一部のあとにつけることとした。第二部の第八章は、戦前の統計がどのように作られたかに着目した用語解説である。第九章は、経済統計の分類に関する章であるが、この章は実は三《み》潴信邦《つまのぶくに》『経済統計分類論』（一九八三）に全面的に依拠している。同書は経済統計の分類について書かれた研究書であるが、すでに絶版となっているため、その内容を筆者なりのアレンジを加えて紹介したのである。三潴の議論そのものを知りたい読者は、古書で出回っている同書をぜひ読んでいただきたい。経済統計分類論として、今日でもこれを乗り越えた仕事はないといってよい名著である。第二部にはさらに、統計の探し方に関する第十章も加えた。

この第二部については、興味のある読者は第一部を読む前に読んで、基礎知識をもって第一部に進まれるのもよいかと思う。第一部を読んでいてわからない言葉が出てきたとき、第二部を参照するのもよいだろう。また、第一部を読んでいる途中で論理展開を見失ったときには、いったん第七章を読むことをお勧めする。

次に、筆者が本書を執筆した動機について述べたい。二点、挙げておくことにしたいと思う。

第一は、筆者にとっての社会的責任を果たすことである。筆者は前任の一橋大学大学院経済学研究科において、長年の間「統計資料論」や「統計調査論」の講義を担当してきた。これらの講義は、総務省統計局から出向してきた同僚と共同講義の形で、歴史的統計と現行の統計との二つのトピックについて一年交替で行われてきた。筆者はいうまでもなく歴史的統計の部を担当した。その際、適当な教科書がないことが悩みの種であった。現行の統計については、現時点での統計制度、あるいはその体系について説明すればよいのであるが、歴史的統計にはそれに時間軸の広がりが加わる。つまり、明治維新《めいじいしん》から第二次世界大戦までをとっても、約八〇年間についてそれぞれの時点でのクロス・セクションの議論と、時点間の比較というタイム・シリーズの議論とを組み合わせなくてはならない。この作業は非常に手間がかかり、当時の筆者にはとうていできないように思われた。本書は、この点を意識し、クロス・セクションの年次を三時点に絞ることによってその問題を一応解決したつもりである。教科書としてのねらいについていえば、戦前の統計を利用する研究者なり学生なりが本書を読むことで、自分の扱っている統計が同時代の統計全体の中でどのような位置にあるのかという「土地勘」を得ることができることを目指した。ともあれ、こういういきさつであって、本書には筆者が長年果たせずにいた社会的責任をかろうじて果たすという意味がある。

第二は、筆者の根本的な問題意識としての「日本にとって近代化とは何を意味するのか」「西欧的市民社会と異なる日本的市民社会があるとすれば、そのあり方はどのようなものか」という問題を、本書でも考えようとしたことである。思えばこの問題は、筆者にとって、テーマを統計史に絞る以前の駆け出しの時代からずっと持ち続けてきたものであり、かつ、いまなお未解決の課題でもある。「個」の論理が優勢な西欧社会で生み出された統計制度が、「場」の論理が優勢な日本社会に移植されたとき、そこにどのような変化が現れるのかということは、本書で声高には論じていないものの、通奏低音のように鳴り続ける問題意識である。この意味で、本書は興味関心を共にする一般の読者にも読んでいただきたい内容を持っている。

最後に謝辞を述べさせていただきたい。本書の執筆にあたって大きな励ましをくださった静岡大学の上藤《うわふじ》一郎教授、敬愛大学の村川庸子教授、東京外国語大学の同僚であり同大学出版会編集委員の春名展生《のぶお》准教授にまず感謝申し上げたい。一橋大学在職中の同僚各位にも、長年にわたり愚痴ともつかぬ相談に乗っていただいた。同じく一橋大学の経済研究所附属社会科学統計情報研究センターの事務職員の皆様方には、「近代統計発達史文庫」の撮影にあたり、快くご協力いただいた。

二〇二一年度東京外国語大学国際日本学部の講義「日本社会演習1」を履修した学生諸君は、本書の未定稿を読み、忌憚《きたん》のない意見を述べてくれた。生まれたときから「財務省」が当たり前であり、「大蔵省《おおくら》」と書くと「ダイゾウショウ」と呼んでしまう世代の人々の存在は、筆者にとっては新鮮な驚きであった。しかし考えてみれば、彼らは筆者の孫の世代である。その若さゆえの知識のなさをあげつらうのではなく、その常識にこちらが歩み寄らねばならないと気づかされた。授業内でいただいたコメント――たとえば随所にコラムを入れるなど――のすべてを取り入れることはできなかったが、もしもこの学生諸君の好意的な批判がなければ、本書は教科書としては不適切な、「老《お》いの繰《く》り言《ごと》」的な読みにくい文章になっていたであろう。

総務省統計局、統計研究研修所の皆様には、本書に限らず筆者が統計史に関する研究を続ける過程で、長期にわたり、さまざまにご助力いただいた。このプロフェッショナル集団なしには、今日の日本の統計はありえない。ささやかなこの本の刊行もありえなかったであろう。特に小林良行、山口幸三の両氏には、一橋大学の元同僚であったこともあり、有形無形のご援助をいただいてきた。

東京外国語大学出版会の大内宏信さん、小田原澪さんは、原稿に根気よく目を通し、適切なコメントをくださった。特に小田原さんには、転載の許諾申請など手間のかかる仕事をお引き受けいただいた。校正者の松井貴子さんは、きわめて綿密に文章を点検して下さった。装丁家の安藤剛史さんには、本の内容を端的に反映したデザインをしていただいた。組版者の大友哲郎さんには、本書のレイアウトをご担当いただいた。本というものは著者だけのものではなく、多くの人々の合作であるということを、今回の仕事を通じて痛感した。

以上、関係各位に深くお礼申し上げる。

二〇二二年二月一〇日

佐藤正広

第一部　日本の近代化と統計

第一章　はじめに

この章では、本書全体に通底する問題意識について述べる。筆者の根本的な問題意識は「日本の近代化とは、その構成員である住民にとって何を意味したのか」ということである。この問題は非常に広範なものなので、本書では取り扱う対象を明治維新《めいじいしん》から第二次世界大戦敗戦までの期間の統計に絞ってみていく。

一　本書が目指すもの

この本では、明治維新前後から昭和戦時期にいたる時期に、日本で統計がどのように作られたか、そして生産された統計にはどのような特質があるかということについて述べ、それを通じて、日本にとって近代化とは何かということについて考えていきたいと思う。「統計」と聞くと、高等学校の数学の中で勉強する「確率と統計」が思い浮かべられ、頭が痛くなりそうだと感じる読者もいるかもしれない。しかし、心配はご無用。この本は、今日統計学の主流になっている数理統計学――数学の一分野である――を取り上げるわけではない。では何を取り上げるのか。明治以来、膨大に生産されてきた統計データが、いったいどのような環境で、どのような資質を持った人々によって生産されたか、また、近代国民国家としての日本において、こうした統計生産の営みがどのような意味を持ったかという、社会史的問題を取り上げようというのである。そのおおもとには、「日本における近代とは何か」という、筆者の根本的な疑問がある。[1]

二 問題の所在――なぜこの本を書いたか？

では、この本で具体的に取り上げられる問題は何だろうか。筆者は、だいたい次の三点を念頭においている。

第一は、二〇一八年一二月に発覚した「統計不信問題」をはじめとする現代の統計が抱える諸問題について、その歴史的起源をどうみるかという問題である。統計不信問題は、厚生労働省の「毎月勤労統計調査」において、標本抽出に不適切な調査方法がとられていたことに端を発する問題で、一般的には「統計不正問題」と呼ばれている。しかし、この問題は、単に個々の担当者が不正を働いたというものではなく、歴史的にみて根深い構造を持って生じているとみられることから、本書では、その問題が社会に引き起こした現象面に着目して「統計不信問題」と呼ぶことにした。[2] この問題は主として第二章で取り扱われるが、日本において統計学が自生的に誕生しなかったこと、明治初期の統計学の出発点において、統計データを必要とする西欧的な「市民社会」がいまだ形成されていなかったことと関係する。これを煎じ詰めれば、「統計は誰のものか」という問題といってもよいであろう。

第二は、第二次世界大戦敗戦前の日本の統計のあり方と、その背後にある社会状況に関する問題である。さて、第二次世界大戦敗戦前と一くくりにいっても、一八六八年の明治維新から一九四五年の敗戦にいたるまで、約八〇年近い歳月が過ぎている。この間、日本は経済的、社会的、文化的に著しい構造変化を経たし、それにともなってさまざまな社会問題も発生している。社会を映し出す鏡としての統計も、これにともなって大きく変容を遂げていることはすぐに想像がつくであろう。いいかえるならば、統計を生産した人々は、それぞれの時代において、社会のどこに、どのような関心を向けていたのかということである。本書では、主として第四章から第六章で、三つのベンチマーク年を設けて、この問題を考えることにする。

第三は、歴史的統計データの利用法である。上記二つの問題と密接に関係するが、これらの問題を解き明かす過程で明らかになってきたような統計生産の環境の下で生産された統計は、今日のわれわれからみるとどのような性格を帯びることになるかという問題である。第一および第二の問題が統計生産という歴史的営みを対象とした、社会史的な分析であるのに対し、この第三の問題は、今日のわれわれが歴史的統計データを利用しようとするときに、どのような点に注意が必要かという、実用的な面からの議論である。

三　本書の位置づけ

以上のことを踏まえ、この本の位置づけについて述べておこう。筆者にとってこの問題がどのように位置づけられるかという点と、先行研究に対する本書の位置関係について述べておく。

はじめに、筆者の根本的な関心として、日本の近代化とは、日本社会と、その構成員である住民にとって何を意味したのかということがある。筆者はこれまでにいくつかの分野で仕事をしてきたが、この根本的な問いは変わらない。この本では、この問題を、考察の対象を統計という歴史的事象に絞り、この狭い窓を通して、西欧との比較史的な観点からみていくことにしたい。

次に、統計史の研究に関していうならば、これまでに多くの優れた研究がなされてきているけれども、筆者はそれだけでは飽き足らないものを感じている。その理由は次の二点にまとめられる。

第一に、これまでの統計史の研究対象は、その多くが各時代の最先端を行く「調査統計」[3]の歴史であった。[4]なぜそのような形をとったかということについて、簡単に述べよう。これまで統計の歴史を書いてきた人々の関心は、日本の社会、経済の発展と、それにともなう社会問題の発生、これに対処するべき立場にいる人々の認識を解明することに向けられていた。そうした当事者の認識を端的に表現する資料として、各時代における最新の調査統計を取り上げたとみてよい。しかし、ここには二つの問題がある。①ある時点で最新のものとして現れた調査統計も、それがルーティンとなって繰り返されていくうちに、当初とは異なる社会的役割を担わされることがある。[5]こうした意味づけの変化の背景には、社会の変化がある。②同時代に生産された統計データの多くが、実は調査統計ではなくて業務統計に属するものであったということがある。これらの問題を考慮に入れるなら、おそらくはこうした「ルーティン化した調査統計」や「業務統計」に「その時点で最新の調査統計」をあわせてみたときに、初めてその時代の社会、経済のありようの全貌がみえてくるのではないか。[6]本書では、この観点から、すでに述べたように、第四章から第六章で三つのベンチマーク年を設けて、それぞれの年についてどのような統計が生産されていたかというクロス・セクションの見取り図を作り、これを比較することで時代の変化を追ってみることにしたい。

　第二に、これまでの研究では、業務統計と統計学や統計学者たちとのかかわりに関する記述が希薄であった上、業務統計の位置づけが明確になされてこなかったことに、疑問を感じている。今日、私たちが歴史的統計を利用する場合、その圧倒的多数は業務統計であるといってよい。この事情は、統計データが生産された時点でも変わらなかったはずである。また、この事情を、同時代人である当時の統計学者たちが知らなかったはずもない。西欧最先端の統計学を学んだと自負していた統計学者たちが、日本に土着の業務統計[7]に着目し、これを「近代化」しようとしたことは大いに考えられることである。このことについては主として第三章と第七章で触れるが、そのプロセスをみることは、実は「近代国家」としての日本国家の、一つの顕著な属性について触れることにもつながる。すなわち、西欧的な意味での「市民社会[8]」の未成熟、あるいは西欧的な市民社会とは異なる属性を有する、「日本的な市民社会[9]」の存在である。

四　本書の構成

以上のような目的を果たすため、本書は次のような構成をとる。

まず、本書全体を第一部「日本の近代化と統計」と第二部「歴史的統計を利用するにあたっての基礎知識」に分ける。

第一部は以下の七章からなる。

この第一章では、問題のありかと本書全体の構成とを明らかにする。

第二章では、日本の統計を西欧の統計と比較して、その歴史的経路の違いについて確認する。ここで見いだされた事実は、それ以後のすべての章を読む際の大きな枠組みをなす。

次いで第三章では、①日本への統計学の導入とその担い手としての統計家集団の成立過程、②中央における統計担当官庁の成立と変化、③統計調査の末端をなす地方制度の変化、④統計家集団による官庁統計への介入の過程、という四点に着目し、日本における統計の時代区分を試みる。

第四章から三つの章では、第四章で明治初期（一八八四年）、第五章で大正中期（一九二〇年）、第六章で昭和戦中期（一九四〇年）を取り上げ、全体としてみたときにどのような統計資料が刊行されていたかを観察し、そこで得られた観察結果が、どのような社会的背景によっていたのかを考察する。さらに、それぞれの章で対象とする時代に特徴的な統計、あるいは統計編成システムについて取り上げ、その時代の特徴を具体的な形で提示する。

第七章は、第一部全体を通じた総括である。

以上で本論は終わるのであるが、本書の目的の一つである統計資料の利用ということを考えたとき、第二次世界大戦前の統計作成、その表章のあり方などに関して、知っておいたほうがよい技術的な専門用語があるので、それらについて第二部「歴史的統計を利用するにあたっての基礎知識」を設けた。第二部の第八章は、統計に関するさまざまな基礎的概念を説明しているので、本論を読む前に読んでおくのもよいかと思う。第九章は、統計的分類に関する章である。また統計資料の探し方に関する情報も必要と考えて、統計資料の調べ方に関する第十章をつけ加えておいた。

註

▼1 近代国民国家とは何かという問題は、この本で取り扱うには大きすぎる。さしあたり、ベネディクト・アンダーソン（一九八七）『想像の共同体――ナショナリズムの起源と流行』（白石さやほか訳）リブロポート、塩川伸明（二〇〇八）『民族とネイション――ナショナリズムという難問』岩波新書（一一五六）などを参考にしていただきたい。

▼2 なお、この問題については、『統計』編集部（二〇一九）「毎月勤労統計の不適切処理をめぐる問題の概要」『統計』七〇巻五号、日本統計協会、二-五頁などに詳しいが、いま、これらの論考からごく概要のみを紹介するなら以下のようなものである。二〇一八年一二月下旬、厚生労働省の毎月勤労統計調査において二〇〇四年以来、不適切な処理が行われていたことが発覚した（不正処理の経緯については上記論文の表1［三頁］参照）。その結果、延べ約二〇〇〇万人に及ぶ雇用保険等の受給者への過去の給付が過小であったことや、賃金上昇率が過大に推計されていたことなどが判明し、国会審議において連日取り上げられるなど、大きな批判を引き起こした。その後の調査により、毎月勤労統計調査以外にも、手続等の不備が三一件（二二統計）あり、そのうち一件では数値結果に大きな影響があったことが判明した。こうした事実はマスコミで大きく報道され、公的統計を「信頼できない」とする世論が高まるなど、日本の統計制度の根幹を揺るがす大問題となった。雑誌『統計』では、断続的に五号にわたって「特別企画／統計の信頼性向上をめざして」と題した特集を組んでいる。

この問題は一般に「統計不正問題」として知られているが、本章では、この現象は個々の官僚による個人的行為によるものではなく、歴史的・構造的現象であるという立場から、あえてこの語を採らず「統計不信問題」と呼ぶこととした。なお、この語は宮川公男《みやかわただお》一橋大学名誉教授の造語である。

▼3 「調査統計」とは、統計データを得ることを目的とした調査業務を実施して作成される統計のことである。現代日本

の例でいうならば、最も有名なのは国勢調査である。また、文部科学省の「学校基本調査」の多くの項目は、末端の調査対象である各学校に調査項目を提示して報告させているので、これも調査統計の一種といえる。また、「業務統計」とは、ある組織が許認可、届出、登録などの本来業務を遂行する過程で蓄積されたデータを利用して作成された統計のことである。現代日本の例でいうならば、貿易統計は財務省が関税徴収業務をするにあたって作成される資料（税関告知書など）を利用して作成される業務統計である。

▼4　国勢調査、家計調査、労働統計実地調査など。

▼5　一例を挙げれば、日本において国勢調査は大正九（一九二〇）年に初めて実施されたが、この際の大きな目的は戸籍《こせき》による人口把握の不正確さを修正することであった。しかし、第三回目の大規模調査年に当たる昭和一五（一九四〇）年の調査は、戦時下における国家総動員政策の一環としての、人的資源の配置に関する調査という性格を持った。

▼6　なぜなら、その社会にとって必要のなくなった統計は、早晩改変されるか、あるいは廃止されるからである。

▼7　「土着の統計」という語については第二章を参照。

▼8　「西欧的市民社会」をどう定義するかについては膨大な議論がなされてきているが、本書では、「自立した個としての市民が契約関係に基づいて組織する社会」というほどの意味でこの語を用いておく。

▼9　「日本的市民社会」とはいまだ仮説の域を出ない造語である。西欧的市民社会が「個」の論理で動くのに対して、日本的市民社会では、個の動きに対して「場」の論理が強い規制力となって作用していると考える。いわば「村の寄り合い」を元型とした市民社会である。「村の寄り合い」に関しては、宮本常一《つねいち》（一九八四）「対馬にて」『忘れられた日本人』岩波文庫（青一六四‐一）を参照。なお、同書は、もともと未來社から一九六〇年に刊行されたものである。

第二章　日本の統計史──西欧との比較から

この章では二つのことを論じている。

まず、本書全体の枠組みとなるモデルを組み立てる。このモデルは、統計にかかわる五つの人間集団（①統計学者、②統計政策の意思決定に当たる国家指導者、③統計の調査担当者、④調査の対象となる人々、⑤統計の利用者）それぞれの動機づけと行動の合成、つまりベクトルの和として定義されるが、簡略化のために二次元の座標として表した。

このモデルをもとに、西欧と日本の統計の歴史について比較してみる。その結果、西欧では統計史の中で、市民社会が統計編成に介入した時期があり、その結果として統計は市民社会の公共財であるという意識が生まれたのに対し、日本ではそのような過程を欠き、統計は行政諸機関の専有物であるという意識が強くなったという歴史的経路の相異が推定された。

一　日本の統計史の特徴──本章の課題

問題の所在

二〇一八年一二月に発覚した厚生労働省「毎月勤労統計調査」問題に端を発する、公的統計に対する強い疑惑

（以下「統計不信問題」と呼ぶ）は、一時よりは政治の場で取り上げられる機会が少なくなったものの、依然として公的統計の信頼性にかかる問題として広範囲にくすぶり続けている。本章の目的は、この問題について考えるための枠組みを、歴史学的な観点から組み立てることを通じ、日本と西欧の近代において、統計がどのように位置づけられてきたかを比較史的観点からみることにある。

統計不信問題に対しては、公的統計の作成者が担当大臣や首相の意向を「忖度《そんたく》」して統計をねじ曲げたという主張にはじまり、統計に携わる人材の不足に起因するという主張、単なる手続き上のミスであるという主張、さらには、ちまたでいわれるような「問題」は存在しないという主張まで、さまざまな議論が展開されている。このようなさまざまな立論にはそれぞれ根拠があるわけだが、共通していえることは、いずれの場合も、現時点に焦点を当てる形で問題を論じていることである。[▼1]

しかしながら、日本における統計（ここには統計学と、統計の生産・編成・利用のあり方を含めている）の現在のあり方には、明らかに日本固有の歴史的経験が反映されているとみるべきである。すなわち「経路依存性」[▼2]が存在するはずである。本章では、この点に着目し、まず、本章全体の枠組みを提示し（第一節）、次いで政治権力が一般的に持っている、数値情報把握への欲求を確認したあと（第二節）、近代西欧で統計がどのような経路で発達したか（第三節）、これと比較してみた場合に日本における統計の発達にはどのような特徴があるか（第四節）、という順序で述べていくことにしたい。本章におけるこの議論について、一つの比喩を用いて表現するならば、かつて「近代化における上からの道と、下からの道」という論争が存在したが、ある意味でその統計版ということもできる。

対象の限定と枠組みの提示

上記の目的を十全に果たすためには、各国、各時代にわたる広範囲な実証作業が必要となる。しかし、当然のことながら、この小論でそれを果たすことはできない。そこで、本章では、事実の提示は最小限にして立ち入った実証作業は省略し、「このような観点からみれば、今日の現象が整合的に解釈できる」という枠組みの提示にとどめる。

さて、統計について考える際に、対象として取り上げるべきプレーヤーはいくつも存在するが、本章ではこれについても限定を設ける。この点については少し説明が必要であろう。

統計の作成および利用には、どのような人間集団がかかわってくるであろうか。筆者は、以下に述べる五つの人間集団を、統計について考える際のプレーヤーとして想定している。なお、ここでいう人間集団は、社会的に果たす機能によって定義されており、属人《ぞくじん》的には定義していない。したがって、ある個人をとった場合、異なる集団に同時に属することもあるという点を、ここで断っておきたい。

人間集団の第一は、学問としての統計学の担い手、すなわち統計学者たちである。彼らは、統計が学問として発生してくる過程で誕生し、統計学を愛し、それを自らの職業とする集団である。統計学の発生、その理論の展開とともに、彼らは自らの理論を統計に適用しようとする。他の専門領域の研究者と同様、自分たちの専門領域に属することに関しては、微細な点まで大切に思う、一種の「オタク」集団でもある。

第二は、統計の作成に関する意思決定を下す集団である。歴史的にみたとき、この集団は多くの場合は政治家や一部の官僚である。ただ、特に近代西欧において、これが経過的にではあるものの、民間人の集団であった場合があることには注意を要する。統計学者たちは、この集団を説得しないかぎり、またこの集団が認めた範囲でしか、自己の求める統計を実現できない。

第三は、統計作成の実務にあたる人間集団である。ここには多様な人々が含まれる。業務統計についていえば、各官庁の各部局に属する役人や、民間機関や組織の業務担当者がそれに当たるし、調査統計▼3についていえば、末端の調査員からはじまり、それを取りまとめる市町村レベル、都道府県レベルの担当者、中央官庁の統計担当者、民間団体の調査部門に属する人々などが含まれる。いずれにしても、彼らには、統計を、他の業務の片手間に行う場合と、統計専担の場合とが存在する。その構成員を属人的に観察するならば、前者の場合には第二の人間集団と、また後者の場合には第一の人間集団と重なる場合が多いであろう。

第四は、特に調査統計の場合であるが、調査の対象となる人々である。この集団の範囲は、個々の統計によってさまざまである。国勢調査では国内にいるすべての人間が該当《がいとう》するし、経済センサスであれば、各会社や経営体、事業所など、主として法人やその一部分が該当する。人口動態調査は業務統計であり、報告単位は、市区町村から報告を受けた各地の保健所である。彼らは時代および社会によって、自己の意思表示をしない受動的な状態であることもあるし、自ら意思表示をして統計調査を拒否したり、変革を迫る主体として現れたりすることもある。

第五は、統計の利用者である。ここには、中央官庁、地方官庁などの行政機関のほか、マーケット・リサーチなどをする企業や事業所、学術研究や教育に統計を利用する人々、さまざまな政策に対案を提示しようとする市民団体など、人間集団のさまざまな下位集団が想定できる。

上記のような想定をもとに、以下に暫定的な枠組みを提示しておきたい。

統計のあり方を考える際には、本来、上記の人間集団それぞれについて、その利害、認識の枠組み、実際にとる行動などを明らかにする必要があると考える。[4] 本章の目的に即していうならば、まず第一の人間集団については、そもそも統計学が誕生し、そしてこの人間集団が形成されたのかという問題のほかに、政治権力（多くの場合は国家、以下同じ）の行政目的をいかに合理的に達成するかという国家科学と、[5] 種々の社会現象の中に何らかの法則性を見いだして問題に対処しようという社会科学の両極が存在する。[6] 第二の人間集団に関しては、政治権力に軸足を置くか、市民社会に軸足を置くかという両極がある。第三の人間集団には、統計調査を諸々の業務の一環として、一時的にこれに携わるのか、それとも、この業務に特化して専門職としてこれに携わるのかという両極が想定される。第四の人間集団に関しては、彼らが統計調査に対して受動的で、単に調査客体にとどまるのか、調査に対して何らかの意思表示ないし行動を起こす主体として現れるのかという両極がある。第五の人間集団に関しては、政治権力による行政目的（政策の策定など）に統計を利用するのか、市民社会における問題の解決（権力に対する対案の作成や、経済活動の指針を得るためなど）に統計を利用するかの両極が存在する。

このような発想に基づき、各人間集団の持つ傾向とそれに基づく行動の和、すなわちベクトルの和としての枠組みを想定した上で議論を尽くそうと思うならば、これら五つの座標軸が直交する空間を考えなくてはならないであろう。しかし、五次元の座標空間というのは、私たち人間が直感的にこれを思い浮かべることはできない。あえて表現しようとするならば、五つの説明変数を有する関数として表現するということになろうが、それを構成することは実際には困難だし、[7] 数量化して計測されるべきデータを得るのも至難の業であろう。つまりこの発想に基づく議論を十全に展開することは、筆者によるこの小論ではとうていできないということになる。そこで、本章では、次の三つの操作で枠組みの単純化を図ることとした。①第三の人間集団には変化がないものと仮定し、この座標軸を考慮からはずす、②第四の人間集団も、調査の客体として変化がないものと仮定し、この座標軸を考慮からはずす。[8] ③これで座標は三次元になったのであるが、それでも二次元空間に描き出すと見づらくなるので、第五の人間集団の軸を、無理を承知で第二の人間集団の軸とまとめて一本の座標軸として表現する、以上である。

この結果、本章で依拠する概念構成を図示すれば図2‐1のようになる。そもそも上記のような無理を冒して作った図であるから、統計にかかる現実の歴史的動向を描こうとするとき、本来あるべきモデル上では一本の曲線であるはずのものが複数の曲線として現れたり、各変数についてあり得べき誤差のために移動する曲面として現れたりして、混乱した印象を与えることもあろう（本章ではそれらをいちいち図示することはしない）が、それは筆者の能力の及ぶかぎり、記述的に補って議論を進めていこうと思う。

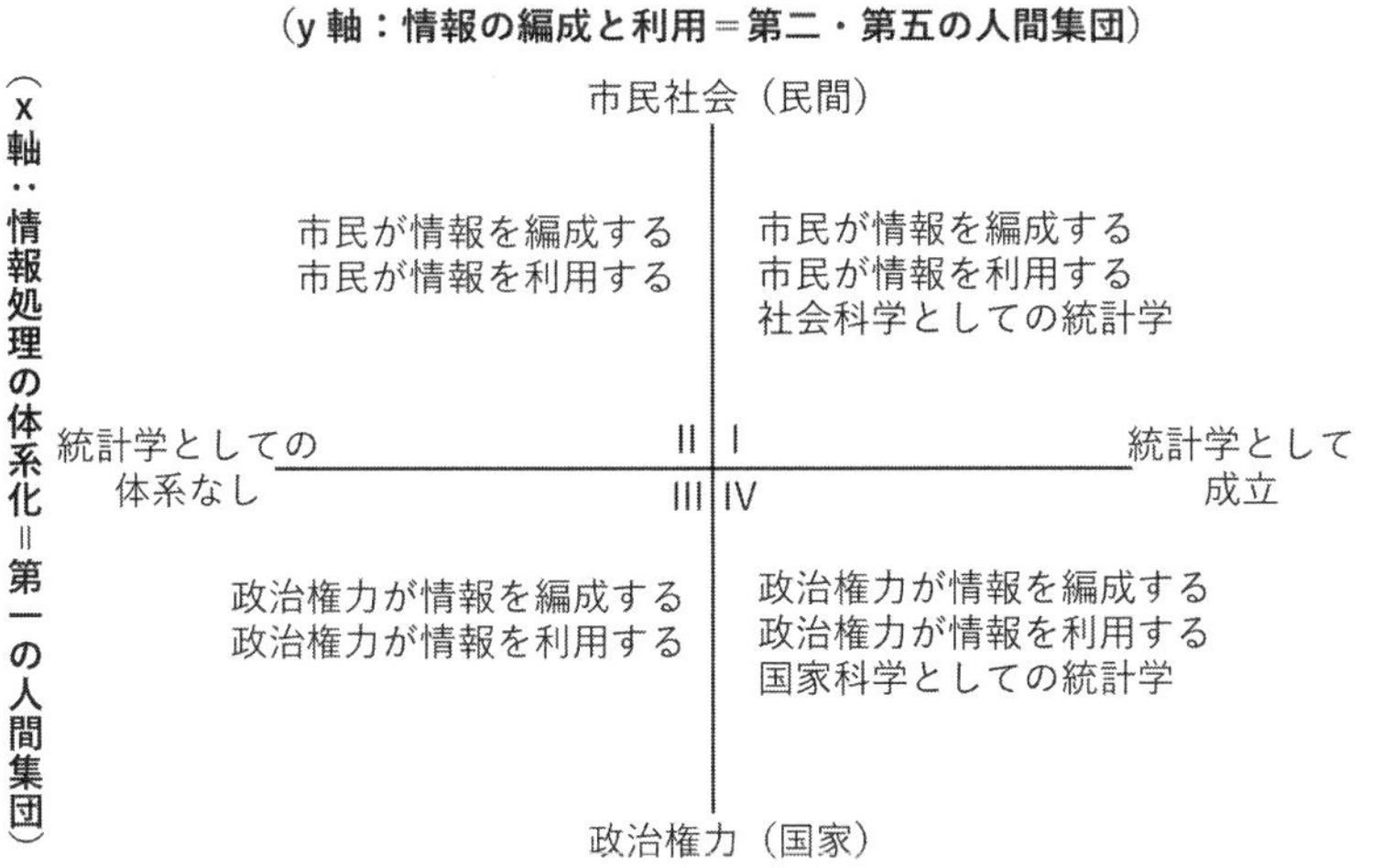

図2-1　情報の編成および利用と、情報処理の体系化の2要因からみた統計のあり方（筆者作成）

ここで、この図の読み方について簡単に説明しておく。人類最古の文書の一つとして、シュメールの楔形《せっけい》文字文書が知られているが、その内容には家畜や穀物の管理をするための数値情報が含まれている。これをこの座標上に描くことを考えよう。①紀元前二〇〇〇年代頃のメソポタミアで、近代市民社会が形成されていたとは考えがたい。すなわちこれらのデータの編成も利用も、政治権力が政治権力のために行った営みと考えられる。②いまでいう統計学は、当然のことながら発生していない。以上の二点を考えると、シュメール社会に現れてきた数値情報は、図2-1では第Ⅲ象限に現れることになる。

次に今日の公的統計、たとえば国勢調査の結果が、民間のシンクタンクなどによって加工され、マーケット・リサーチなどに用いられる場合を考えよう。この場合、①情報の処理は統計学によって行われ、②数値情報の生産は政治権力によって行われているが、その編成・利用は民間によって行われる。こう考えると、このケースでは数値情報は、①その生産、編成および加工ではx軸をまたがった上下に現れ、②情報処理については統計学を利用するのでy軸よりも右側に現れることになる。すなわちこの場合、数値情

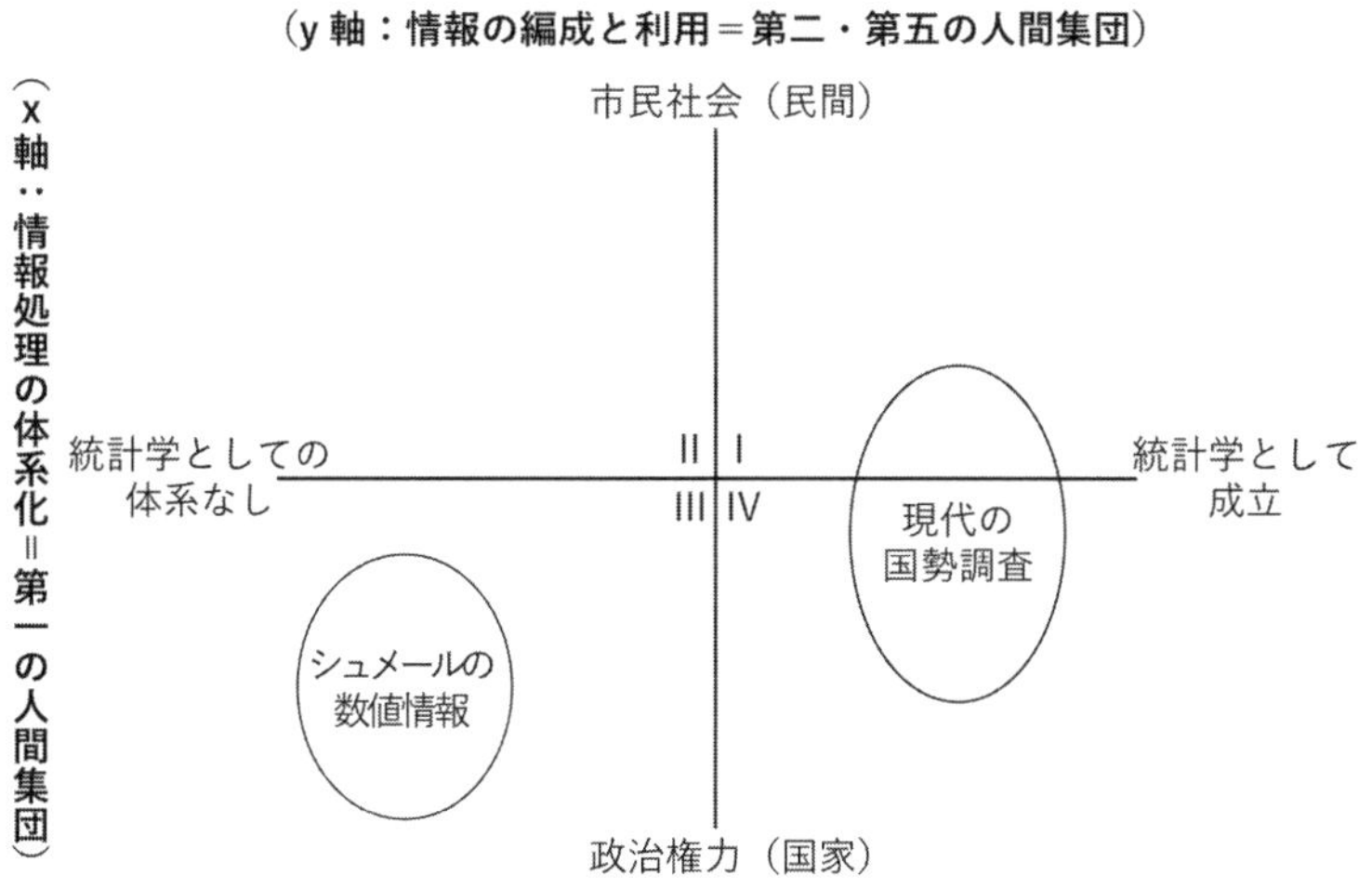

図2-2　シュメールの数値情報と現代の国勢調査（筆者作成）

報の位置づけは、第Ⅰ象限および第Ⅳ象限にまたがる形で現れることになる。図２‐２を参照されたい。

二　政治権力と数値情報

第二および第五の人間集団から検討をはじめよう。およそ政治権力と名のつくものは、多かれ少なかれ、また関心のありどころはさまざまであるとはいえ、自己の支配下にある人口、土地、生産など諸々の事象について、数量的な情報を手にしたいという欲求を抱く。その利用目的は、いうまでもなく支配の維持である。この欲求は古今東西を問わず存在するものである。

たとえば旧約聖書をみると、「民数記《みんすうき》」には次のようにある。

> 主は会見の幕屋でモーセに告げられた。「あなた方はイスラエルの全会衆を、それぞれの氏族と、その父祖の家によって調べ、男子一人一人の名を数え、兵役に就くことのできる二〇歳以上のすべての者を軍に登録しなさい（民１・１‐３）。▼9
>
> イスラエルの人々のうち、父祖の家へ登録された者

は皆、イスラエルの中から兵役に就くことのできる二〇歳以上の者であって、登録者の総数は六〇万三五五一人であった（民1・45－46）。

この記述が事実を伝えているとすれば、紀元前一六世紀から紀元前一三世紀頃のできごとであると推定される。聖書ではこのほか、旧約のサムエル記にもダヴィデ王が人口調査をしたという記述がある（サム下24・1－15）、また、新約聖書のルカによる福音書で、イエスがベツレヘムで生まれたのは、当時のローマの「皇帝アウグストゥスから全領土の住民に、登録せよとの勅令《ちょくれい》が出た（ルカ2・1）」ため、ヨセフがマリアを連れて、ダヴィデの子孫としての「本籍地」に帰ったからだということになっている。

西欧でも、同様な現象がみられる。時代は一一世紀と下るが、イングランドでは、いわゆるノルマン・コンクエストのあと、ウィリアム一世がその一部で土地と人口の調査を実施し、その記録がドゥームズデイ・ブックと呼ばれて今日にいたるまで残されている。[10] 同書には、たとえば、次のような記述がみられる。

II. The land of the Archbishop of Canterbury

THE ARCHBISHOP OF CANTERBURY holds NEWINGTON. It belonged and belongs to the church. There are 15 hides. There is land for 18 ploughs [...] Now in demesne [are] 6 ploughs, and 5 slaves; and 22 villans with 10 bordars have 13 ploughs. There are 15 acres of meadow and 2 furlongs of pasture, [and] woodland 1 league long and 1 broad; when it stocked it is worth 25s. Of this land Robert d'Oilly holds 1 hide and Roger 1 hide. TRE it was worth £15.[11]

この記述はオックスフォードシャーの一部であるが、カンタベリ大主教が領主として所有していた課税対象地、

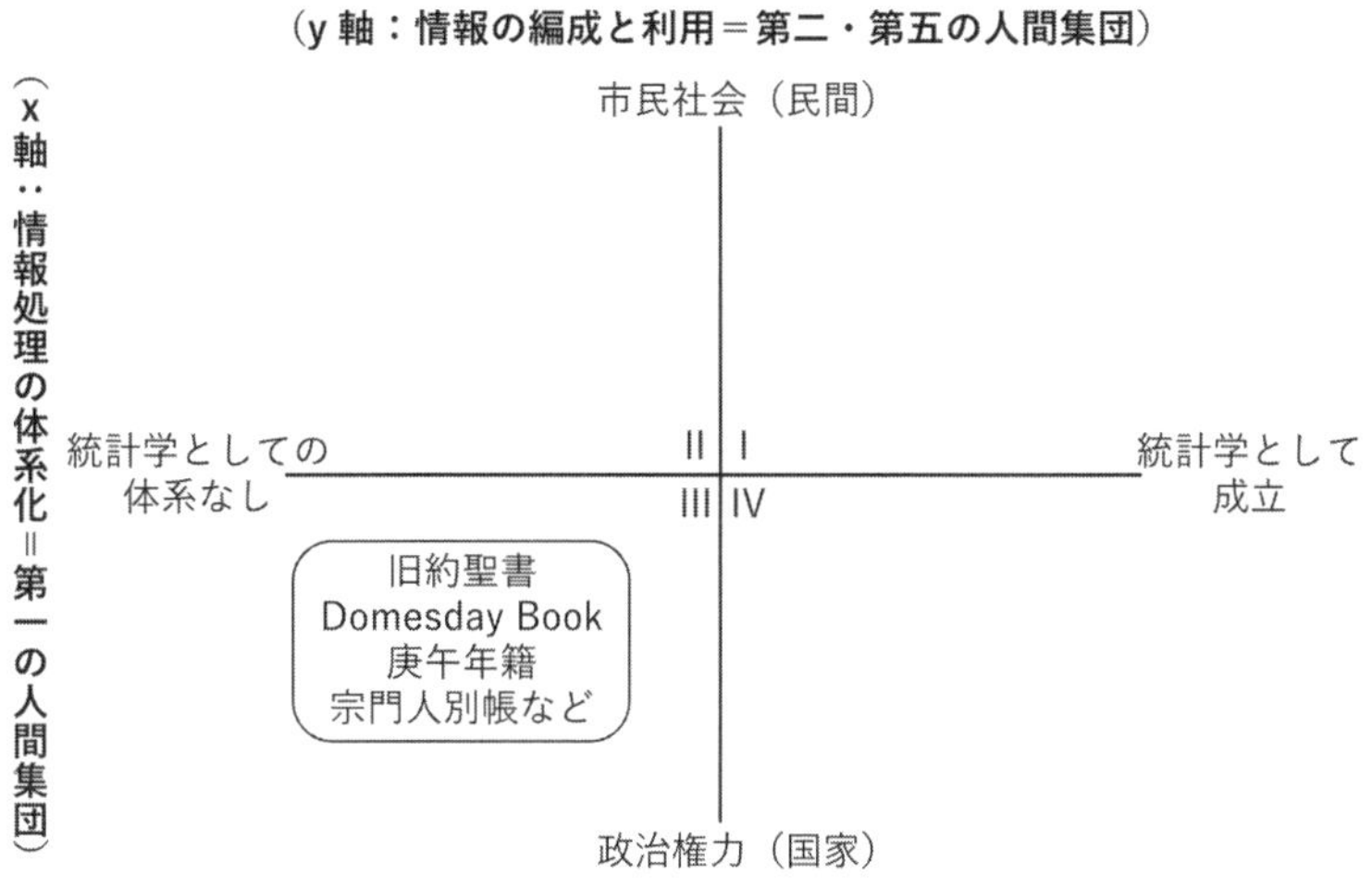

図 2-3　近代以前の数値情報の位置づけ（筆者作成）

森林、牧野、各階層の住民などに関して数値が列挙され、最後にエドワード王統治期の価値が加筆されていることがわかる。この本はイングランドの多くの地域をカバーしており、これを統計表に再構成して利用することも可能である。

V・ヨーン John によれば、中国でも紀元前二〇〇〇年代頃に、禹《う》王によって土地測量と人口調査がなされたという。▼[12]

また、日本における統計史の古典的労作である小島勝治《かつじ》の著作によれば、日本でも六七〇（天智天皇九）年、全国をカバーする「庚午年籍《こうごねんじゃく》」という戸籍《へじゃく》が作られた。▼[13] これは六年目ごとに更新されるたてまえになっていた。また江戸時代の「宗《しゅう》門人別帳《もんにんべつちょう》」（「宗門帳」「宗旨《しゅうし》改帳《あらためちょう》」など、各地で名称は異なる）は、もともとは切支丹《きりしたん》禁制の一手段として、すべての住民がいずれかの寺社に登録されていることを証明する「檀家《だんか》登録」（「寺請《てらうけ》制」と呼ぶ）の帳簿であったが、のちになると本来の意義よりも住民登録制度としての意義が大きくなり、事実上、一種の人口調査になっていった。

明治時代になり「戸籍《こせき》」制度が制定されたが、その最初期に作成された「壬申《じんしん》戸籍」は、記載事項に「職分」まで含み、五年周期（六年目ごと）で調査をして情報を更新する制度になっており、全国の調査結果を集計した結果表が作成されるなど、一種の人口統計調査として設計されていた。[14]

ここまで観察してきた事柄を、前掲の図を用いて整理してみよう。近代以前における社会の数量把握は政治権力によって行われ、その利用ももっぱら政治権力によっていた。しかもその処理方法は学問として体系化されていなかったから、図2－3の上では、この時期の数値情報生産・編成・利用の営みは、第Ⅲ象限に位置したことになる。

前述のとおり、前近代社会において、社会の数量的把握に対する政治権力の担い手としての第二の人間集団の欲求自体は普遍的にみられ、この集団が同時に第五の人間集団ともなっているのだが、国家の統治システムのあり方により、数量的把握に対する欲求の強弱や、把握のしかたには違いが生じる。

この点についても、実例を挙げて説明したほうがわかりやすいであろう。日本の例を挙げよう。江戸時代の人口把握と明治以降の人口把握とでは、その発想および方法に大きな違いがあることが知られている。江戸時代の人口把握は、寺請制度により、前述の「宗門人別帳」により行われていた。しかし、このシステムに登録される「人口」の定義は、地域（支配関係）によりまちまちであった。すなわち、出生とともに「当歳《とうさい》（数え年の一歳）」として帳簿に記載するケースがある一方で、当歳児は除外するケースも多い。その理由ははっきりしないが、乳幼児死亡率が高かった近世において、ある年に生まれた乳児が、年越しをするくらいまで生き延びれば、その後も生きられるだろうという経験則が作用したのかもしれない。なかには紀州のように、数え年で七歳になって初めて登録されるようなケースもみられた。このように「宗門人別帳」に記載される人口の中身、すなわち人口の定義が一定しないため、またさらには皇室を含む貴族、武家、平民という身分制度に応じて複数の異質な人口把握システムが併存したために、江戸時代の日本の、今日の意味での総人口を把握することは、実は困難な作業である。幕藩《ばくはん》制国家は中央集権制ではなかったため、日本の近世には、明治以降のような全国統一的な人口把握のシステムは存在しなかったのである。

これに対して、明治以降の日本では、脱法行為が行われる場合は別として、乳幼児は、身分を問わず、出生と同時に、その土地に属する人口として登録されるシステムになっている。わが国の戸籍制度に関しては、さまざまな観点から論議がなされており、「イエ」制度を前提としたその「前近代性」ゆえに批判的な見解を述べる論者が少なくない。しかし、この戸籍制度は、人口把握システムとしてみるかぎりは、世界でも有数の精度を持っている。

人口把握にみられるこのような相違は、どこから生じたのであろうか。最も重要な要因を挙げるならば、それは国家の存立基盤である徴税の仕組みの違いである。

江戸時代、最も重要な租税が「年貢《ねんぐ》」と呼ばれたことは周知であろう。いま、この税制に関する詳しい説明は省くとして、注目したいのは、その課税および徴収の単位である。年貢の課税は村を単位として行われた。ここで、領主によって課される年貢の額は、村を構成する百姓《ひゃくしょう》の世帯数が多少変化しても、原則として変わらない。個々の百姓世帯ではなくて、村が課税対象だからである。▼[15] この制度を「村請《むらうけ》制」と呼んでいる。村請制のようなシステムが行われているところでは、国家は、地域共同体を単位として把握しておいて、そこから取り立てられる租税の額が安定していさえすれば、それ以上詳細に立ち入って住民の数や属性を把握する必要を感じないであろう。同様の現象は、日本のみでなく、イギリスによるインド支配などにおいてもみられた。

これに対して、明治以後の日本では、租税は原則として個人（多くの場合「家」をもってこれに代えた）単位で賦課されることになった。このシステムでは、村請制と異なり、人口や世《せ》帯《たい》数の変化は、直接に租税収入の額に関係する。さらに、西欧から移植された近代的国家システムの根幹をなす諸制度、たとえば公教育、徴兵、衛生など、いずれをとっても、支配下にある個々の住民を直接に国家が把握していなくては成り立たない制度である。そのため、明治以降の日本国家では、江戸時代の国家に比べ、個々の住民の数と属性を、国家が直接に調査することへのインセンティブが急速に高まった。寺請制の下で作成された「宗門人別帳」と、明治以降の戸籍とで、人口把握の精度に格段の差があるのはこのためである。

事例が長くなったが、一言でまとめるならば次のようになる。第二および第五の人間集団、特に政治権力による社会的事象の数量的把握自体はいかなる社会にも存在するものであるが、その具体的なあり方は、それぞれの社会を形作る諸システムの性格に応じて、異なってくる。この視点は、西欧における近代的統計調査の成立(次節)について考える際にも踏まえておく必要がある。

三　近代西欧の経験——「土着の統計」から統計学へ

近代西欧における統計データの収集と編成、推計

自分たちの住む社会を、これまでになく詳細に、数量的に把握しようという欲求が、西欧各国で一七世紀末から一八世紀以降、急速に強まった。その具体的な形は、各国で異なっていたが、一つ共通していえることは、各国においてこの時代、国力が人口増加と結びついて理解されていたことである。各国政府は、いかにして自国の人口を増加させるかに腐心し、その基礎として人口の現状に対する数量的把握への欲求が強まった。

ここで注意を促しておきたいのは、一八世紀末にいたるまで、ヨーロッパの知識人の間では、世界人口は古代以来、一貫して減少し続けているという観念が強固であり支配的であったということである。[16]この「人口減少論」に基づく危機感は、一八世紀の西欧諸国で、人口センサス実施に向けた動きを顕在化させる一つの原動力となった。第二、およびこれと未分化な形での第五の人間集団が先行し、その欲求の強まりを背景として、図では省略したが、統計調査の実務を担う専門家集団としての第三の人間集団が生まれてきたわけである。

たとえばイギリスでは一七五九年に、イングランド、スコットランド、ウェールズを対象とした人口センサスが計画された。ただしこの時は、センサス実施の法令が下院を通過したが、上院で否決され実現しなかった。自己の支配する領地に王の役人が入り込むことを「イギリスにおける自由の侵害」として反対する土地貴族が、民

衆に根強かった「人口調査は神の怒りを招く」という観念などを利用して、反対多数を獲得したのである。[17]

イギリスの例について、もう少し述べよう。一八世紀後半から一九世紀にかけて、イングランドおよびウェールズでは急速な工業化（いわゆる「産業革命」）が進行したが、これにともなって各地で都市化が進行し、その結果として諸問題が発生した。たとえば、従来は英国教会によって教区ごとに把握されてきた人口が、人々の急速な移動により把握できなくなり、これにともなって救貧政策などが機能しなくなる恐れが生じた。年金制度や生命保険などの社会保障が、教会から切り離された形で、財政的な破綻《はたん》なく機能するためには、第一に、正確な生命表[18]の推計が必要である。また、これにともなって、出生、死亡、死因などに関する統計データの需要も急速に高まった。このような状況により、人口調査を教会から切り離して行うことへの欲求が強まった。その結果、イングランドで一八三七年には、教会の洗礼・婚姻・埋葬《まいそう》登録に代わる、世俗的な登録システム（身分登録本署 General Register Office の創設と、救貧監督官 overseers of the poor 制度を利用した末端登録機構の整備）が発足し、これをもとに人口動態統計（vital statistics）が作成されるようになる。[19]静態統計である人口センサスは一八〇一年、ジョン・リックマン Jhon Rickman の指揮の下で[20]実施されて以来、一〇年周期で実施されていたが、当初は英国教会の教区（ecclesiastical parish）制度に依拠するものであった。しかし一八四一年センサスからは、これも身分登録本署 Registrar General の管轄《かんかつ》下に入り、調査区 enumeration district（civil parish）が設置されて世俗化することになった。[21]

正確な生命表の推計への欲求は、別の方面からも高まった。一八世紀末から一九世紀初めにかけての時期は、イギリスはいわゆる自由貿易帝国主義の時代であり、その勢力圏に対して直接的な政治介入はしなかったといわれる。しかし、西インド諸島や、インドなどの熱帯地方には、常に軍隊を駐留させていた。こうした熱帯地方に駐留する兵士の、風土病その他による死亡率が高いことは、早くから問題として認識されていた。駐留期間をどの程度に設定すれば、兵士の損耗を最低限に抑えつつ、兵士の交代にともなう輸送その他のコストを最小にできるかを計画する必要があり、そのためには生命表の推計が必要だったのである。これと並行して、ジェンナーによる種痘法《しゅとう》の発明など、当時の医学発展の成果をいかに計測するかという欲求も急速に高まりつつあり、そのためにも正確な生命表の推計が必要とされた[22]。

以上は第二（統計作成の意思決定者）および第五（統計の利用者）の人間集団が政治権力と結びついて現れた事例であり、図の第Ⅲ象限から出ない話であったが、実はそれとならんで、これらの人間集団が市民社会の中にも生まれていたことに注意を促しておきたい。産業革命を経たイギリス国内では、各地に形成された工業都市において、工場労働者の貧困と不道徳、犯罪、疾病《しっぺい》などが緊急の課題と認識された。特にイングランド北部を中心とするいくつかの都市では、工場経営者ら新興富裕層（往々《おうおう》にして非国教徒で、スコットランドで教育を受けた人々。医師も多い）の中に、工場労働者の生活実態、道徳的環境などに関して調査を実施する者が次々に現れ、一八三〇年代には各地で統計協会（Statistical Society）が設立された。これらの統計協会は民間の手で統計調査を実施したが、多くの場合、これを継続的に実施するだけの人材と資金を欠いた。そのため、統計調査は国家によって肩代わりされていった[23]。つまりここでは、第五の人間集団が政治権力から分離した存在として市民社会の中に現れ、彼らが一時的に第二の人間集団としての機能をも担って調査を行ったが、長続きせず、第二の人間集団としての機能を政治権力に譲り渡す方向へと変質していったことになる。図によって説明するならば、ここで、それまで第Ⅲ象限に限られていた統計情報の生産・編成・利用が、第Ⅱ象限にもまたがる形に変化したことになる。この例では、第二の人間集団による営みはいったん第Ⅱ象限にも存在したものの、第Ⅲ象限に吸収されてしまい、第五の人間集団による営みは第Ⅱ、第Ⅲ象限にまたがって存在しつづけたことが推測される。図2-4を参照されたい。このようなケースの存在は、人々が調査結果を誰のものと考えるかという点に、すなわち第五の人間集団に属する人々の属性におのずと影響を及ぼす。ここで、統計は公共財として認識されるのである。後述する日本との対比において、この点には注意を促しておきたい。

イギリスに関して長く述べたので、他の諸国に関しては簡略に述べることにする。

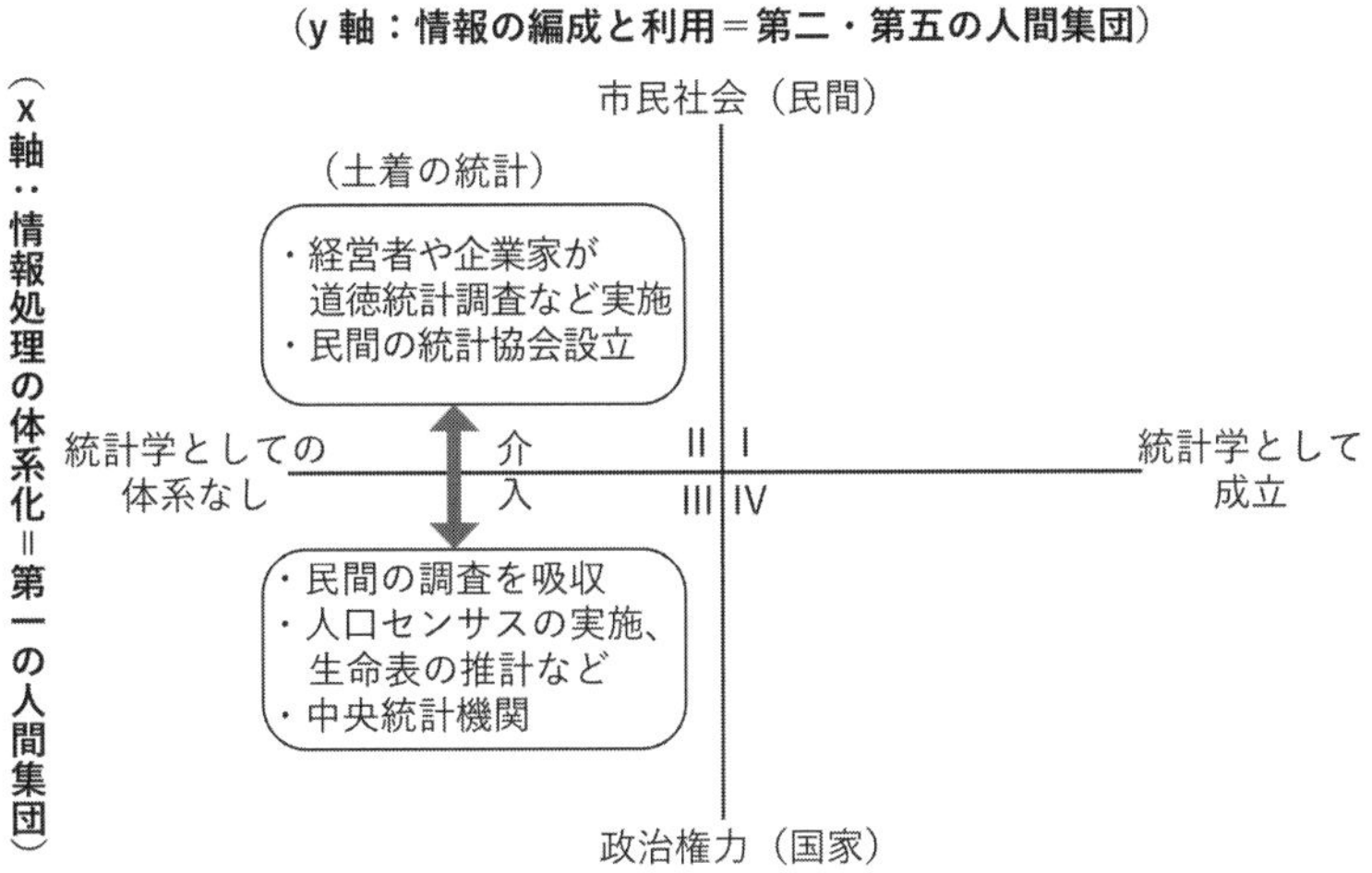

図 2-4　西欧における統計への市民社会の参入（筆者作成）

フランスでは、アンシアン・レジーム下における社会的不公正を客観的に示す道具として、啓蒙《けいもう》思想と結びついて統計的手法が発達した。その代表的な論者を一人挙げるなら、ケネーQuesneyであろう。彼は社会契約説には反対していたといわれるが、重農主義の立場から、経済生活に規制を加える絶対王政に反対し、その根拠として、経済循環を数量的に表現した「経済表」を推計した。

イタリアでは、一九世紀初頭から、各地で医師を中心に、人口の統計的把握が盛んに行われるようになった。当時小王国が分立していたイタリアでは、封建領主による支配は人間の十全な発達を阻害するという思想を前提とし、これを実証しようという意図があったという。各地の医師たちを中心的な担い手としたといわれる統計調査のこの動きは、ガリバルディ将軍の名とともに知られるイタリア統一運動（Risorgimento）の一つの理論的支柱をなした。▼24

フランスでもイタリアでも、第五の人間集団が民間で形成され、彼らが第二の集団も兼ねて統計編成にあたったが、その人々は時代とともに支配権力に変化するか、あるいは政治権力に吸収されていったといえよう。図２－４でいうなら、いったん第Ⅱ象限に現れた第五、第二の人間集団による営みが、第Ⅲ象限に吸収されていったことになる。

ドイツの状況は、これらの国々とは多少異なっている。一九世紀初め、ドイツは多くのラント（領邦国家）の集合体であり、各領邦が、その国家の状況を示す地誌《ちし》的な書物を刊行した。これをStatistik（ドイツ語で統計の意）と呼んだのである。ここには数値のみならず、記述的な資料も多く含まれた。その編纂《へんさん》の形式は、たとえば、冒頭に国家の地理的記述があり、続いて国庫収支に関する数値や各官署の人員などに関する数値があるなど、記述の順序を統一して各領邦のStatistikの比較を容易にする工夫がなされていった。このような手法を「旧派統計学」あるいはドイツ国状学と呼ぶ。この場合、第二の人間集団は各領邦の国家権力であり、第五の人間集団もこれと一致する。ここでは図の第Ⅲ象限の上での動きが主であった。

事例の紹介が長くなったが、これらの事柄が指し示しているのは、西欧の国々において、統計データの生産・編成・利用が、統計学の発生に先立って行われているということである。このことは、本章第二節で紹介した、政治権力がもともと有する、自己の支配下の事象に対する数量的把握の欲求に基づいた情報の収集ならびに編成という営みの延長線上でとらえることができよう。第一節二項で述べた人間集団に関連していうならば、この段階では、第一の人間集団すなわち統計学者は生まれていないか、あるいは萌芽《ほうが》的に存在するにとどまり、統計データを調査し、編纂や推計をしたのは第二の人間集団と第五の人間集団、ならびに生まれつつあった第三の人間集団であったことになる。つまり、統計学と統計学者があって統計データが生まれたのではなく、逆に、統計データが統計学と統計学者に先行して存在したのである。フォール Faure は、いみじくも「後世にならないと用いられない統計という語ではあるが、それがよって立つ素材は、遠く歴史を遡《さかのぼ》る」という。[25] このような意味で、「もともとあった」統計、あるいは統計学発生以前の、図の第Ⅱないし第Ⅲ象限に位置する統計資料、およびそれを作成する営みを、本章では仮に「土着の統計（endogenous statistics）」と呼んでおく。

「土着の統計」から統計学へ

さて、このようにして、統計データが統計学の成立より先に生産・編成・利用されたのである。しかし、おおむね一九世紀の初め頃までに、そのデータが蓄積されていくにつれ、これをいかに統一的に管理するかという行政上の必要性や、蓄積された情報をどう処理すれば正しい結果が得られるか、さらに、いかにすれば国際比較をして自国の位置を正確に把握できるかという欲求が高まった。

はじめに情報処理の方法論、すなわち今日いうところの統計学の発生について述べよう。ここで各国の例を細かく挙げているゆとりはないが、イギリスでは早くも一七世紀末にペティ Petty の『政治算術』が現れて社会の数量的把握への途を開き、正確な統計をとることの必要を説いた。また同時代、一般に天文学者として知られるハレー Halley は生命表の推計をはじめ、グレゴリー・キング Gregory King は暖炉税 (hearth tax) を用いて人口の推計を行っている。[26] また、一八世紀末、『人口論』で知られるマルサス Malthus は、社会科学への自然科学的方法の応用という点で、この動きを一歩進めた。[27] フランスでは一八〇一年センサスの結果から出生率を推計するにあたり、数学者ラプラス Laplace の提案した方法が採用された。[28] ラプラスは内務大臣（人口センサスの主務大臣）を務めたが、一八一二年に『確率の解析的理論』を著して、確率論に基づいた統計データの解析の途を開いたとされる。ドイツでは前述のように、各領邦の地誌的記述としての国状学 (Statistik) に関して、領邦間での記述の統一が図られ、相互比較が可能な形に発展していったが、われわれが今日思い浮かべるような統計学の先駆けとしては、一八世紀中葉にジュースミルヒ Süssmilch がいる。彼は、イギリス流に教区簿《ぼ》冊《さつ》を用いて人口統計を推計しており、ヴォルフ Wolf によって書かれた彼の主著の序言には、「確率論を生命推計に用いることの有効性」が述べられている。[29]

さて、日本では、西欧における学問としての統計学の発展について、一八三〇年代、ベルギー人のケトレー Quetelet によりイギリス政治算術、ドイツ国状学、フランス確率論が総合され、近代統計学が誕生したといわれている。ケトレーもまた、ラプラスやハレーと同様、本来は自然科学者であったが、社会の自然科学的研究に興味を持ち、『人間とその諸能力の発達について、もしくは社会物理学論』などの労作を著した。ヨーンは「ケトレーは、今日の統計学の最初の偉大なる発展期のあらゆる光線が、目的意識的に集中し、今日の道徳統計論の基本思想だけ増加して、独立の発展をするという形で再び散じていく焦点である」[30]と述べている。社会的事象を大量に観察することによって、個別の要因による影響は取り除かれ、法則的な要因の影響が検出されるという、確率論による基礎的な統計理論が「大数《たいすう》法則」として一般的に認知されるようになったのも、一八世紀末から一九世紀初めの頃のことである。[31]これらの動きにともなって、第一の人間集団が誕生していった。図2-5に示すように、第Ⅱおよび第Ⅲ象限から、第Ⅰおよび第Ⅳ象限の方向に、統計情報の生産・編成・利用のあり方が移動していったことになる。

さて、欧州各国では統計局、あるいはそれに相当する国家機関が成立していき、その統計担当者の間で、各国の統計の手法と概念を統一して、データを比較可能なものにしようという機運が生まれた。統計学の発展のためには国際的交流が必要だと考えたケトレーの提唱のもと、一八五三年、国際統計会議が結成され、ブリュッセルにおいて第一回の会議が開かれた。これは各国統計担当者の情報交換の場であり、一八七六年のブダペスト大会（第九回）まで開かれた。[32]この会議は、第一の人間集団である統計学者にとっては国際比較のための情報交換、統計調査様式の統一、統計学説の発達のための場であったが、それと同時に、この頃急速に強まりつつあった「国民国家」間の利害の対立も持ち込まれ、緊張の場ともなった。[33]第一の人間集団が目指すものと、第二の人間集団、特に国家権力の中枢にいる者たちが目指すものとの間には、矛盾が存在したのである。この矛盾は、生産・編成・利用されるべき情報が、第Ⅰ象限の範囲で処理されるか、第Ⅳ象限の範囲で処理されるかの対抗関係とみてよい。これに対応して、形成されつつあった統計学にも、社会問題を特定し、その解決策を見いだすための社会科学としての性格の強い場合と、国家が政策を掲げ、それにいたる最適経路を導き出すための国家科学としての

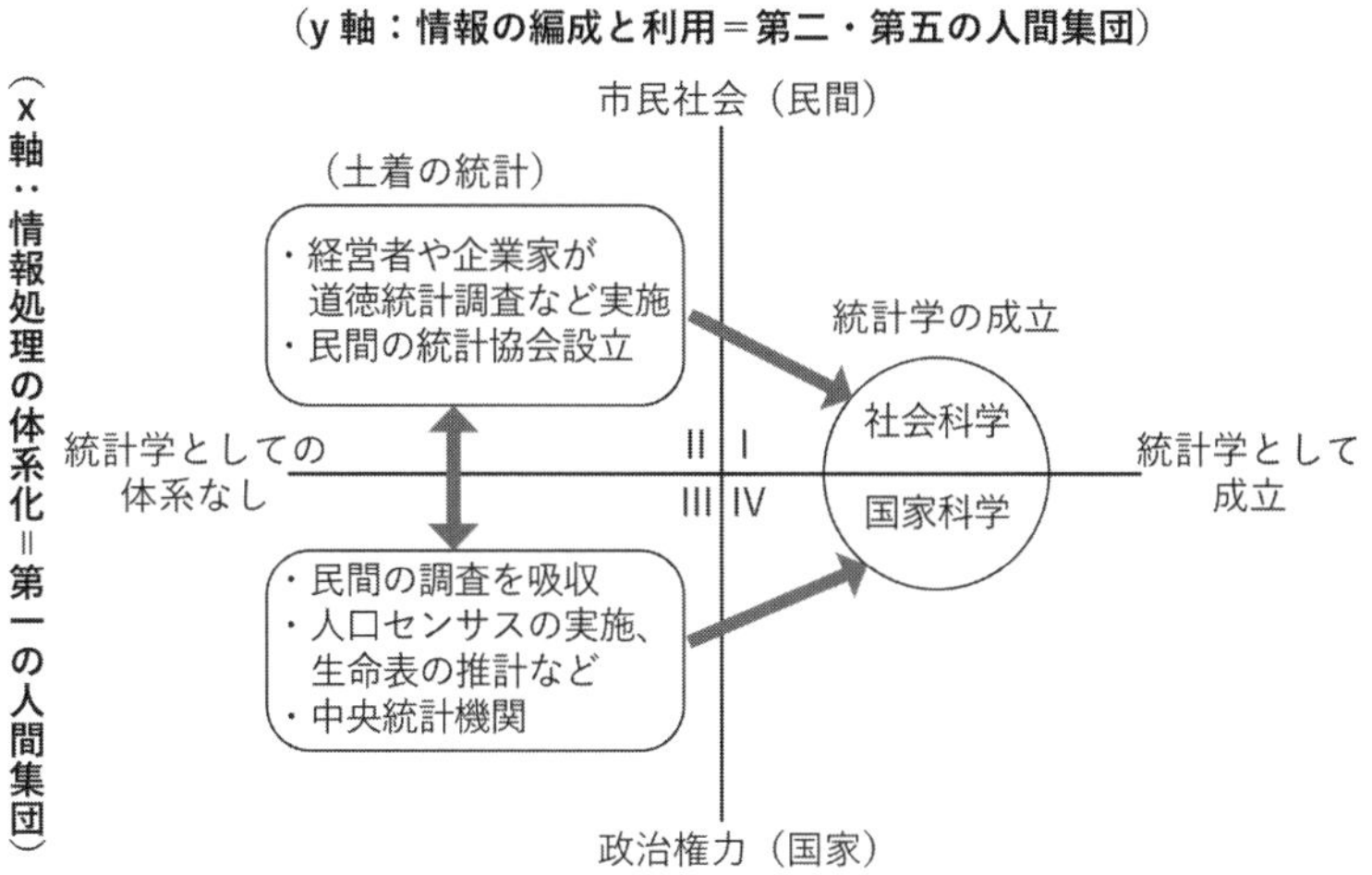

図 2-5　西欧における統計学の成立（筆者作成）

性格の強い場合とがあり、両者は当初、明確に区別されることなく混在していた。

以上、西欧における統計および統計学、統計行政の発達について駆け足でみてきたが、ここで確認しておきたいのは、西欧においては、学問としての統計学が、それに先行する「土着の統計」情報の蓄積の中から徐々に生み出されていったという点、そしてさらに、「土着の統計」およびその処理方法論としての統計学の少なくとも一部が、政治権力ではない市民社会の内部から生み出されたという点である。このことは、統計データの生産が、はじめは自然発生的に、そして統計学発生ののちにはこれと有機的に結びついて、政治権力や市民社会などとの、さまざまな緊張関係を孕《はら》みながら進んでいったことを意味する。

四　日本の近代化と統計——土着の統計と舶来の統計学

日本における「土着の統計」

日本においても「土着の統計」は存在した。第二節では古代の戸籍と江戸時代の宗門人別帳などについて述べたが、ここでは江戸時代についてもう少し補ってから、明治以降に話を進めたいと思う。

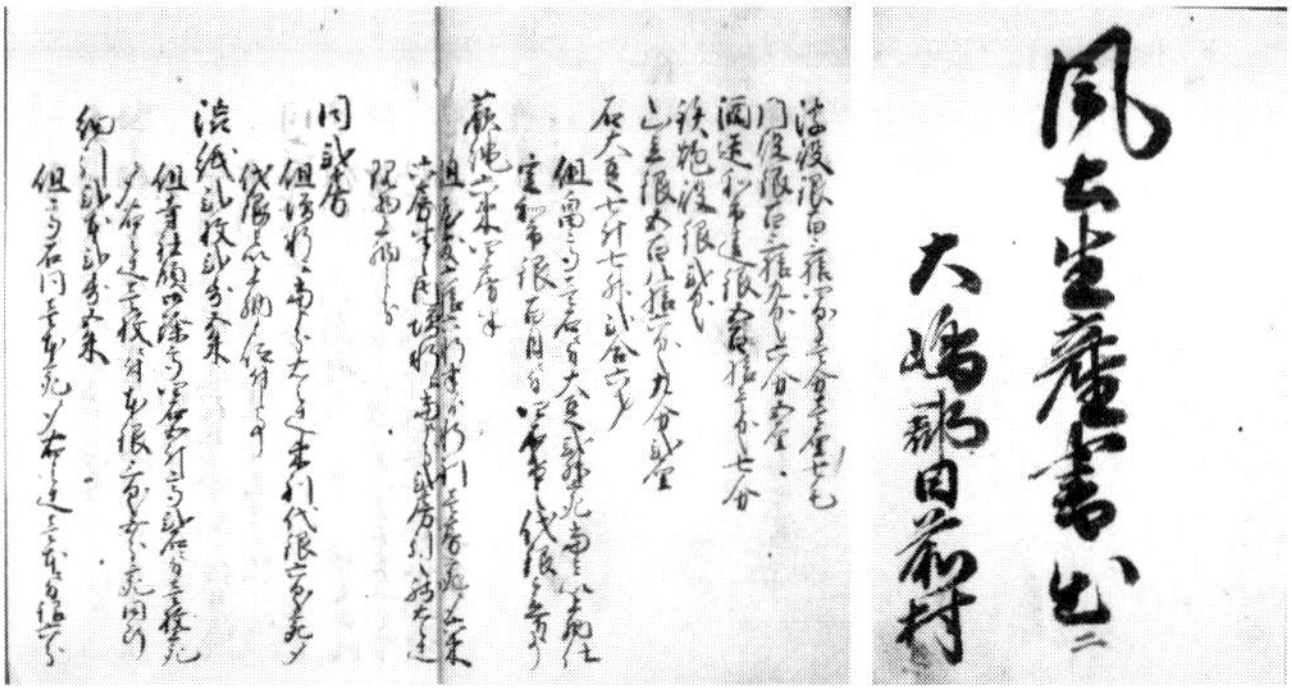

図2-6『防長風土注進案』の一部（風土生産書出　大嶋郡日前村）
諸物産の生産高などを列挙。山口県文書館所蔵

先に述べた人口統計以外に、江戸時代の「土着の統計」として注目すべきものとして、「村明細帳《むらめいさいちょう》」をはじめとする地誌的記録がある。「村明細帳」には、課税の基礎となる村高《むらだか》[34]のほか、人口、普請場《ふしんば》（堀や土橋など）、牛馬数、農閑渡世《のうかんとせい》（農業以外の余業）などが列挙されており、今日の意味での統計資料ではないが、これをデータとして分析することが可能である。[35]また、村明細帳の延長線上にある資料として特筆しておきたい事例に、『防長《ぼうちょう》風土《ふうど》注進案《ちゅうしんあん》』がある。これは萩《はぎ》藩が天保《てんぽう》年間に編纂した資料で、ここにはさきに紹介したような情報のほか、職業別の戸数や、各種の生産物の生産高と生産に投入される財などが、村ごとに詳細に記入されている。

この資料は、財政が逼迫《ひっぱく》していた萩藩が、天保の改革の基礎資料として編纂したものであり、統計表ではなく地誌的記述の形式をとっているが、その情報量は近代以降の統計調査にも匹敵する。実際、西川俊作らのグループは、これをもとに一八四〇年代の長州の投入産出表を推計しているほどである。[36]ドイツ国状学に対応する資料ともいえよう。江戸時代、農村統治の現場にあった代官クラスの役人には「牧民官《ぼくみんかん》（人々をよく治める人の意）」の発想があり、自己の統治する領域を数量的にも把握することへの欲求があったものと推測される。この牧民官的発想は、明《めい》治《じ》維新《いしん》を経て、近代日本の地方官、特に県知事や郡長クラスの人々に受け継がれていく。江戸時代の「土着の統計」として考えられるものは、

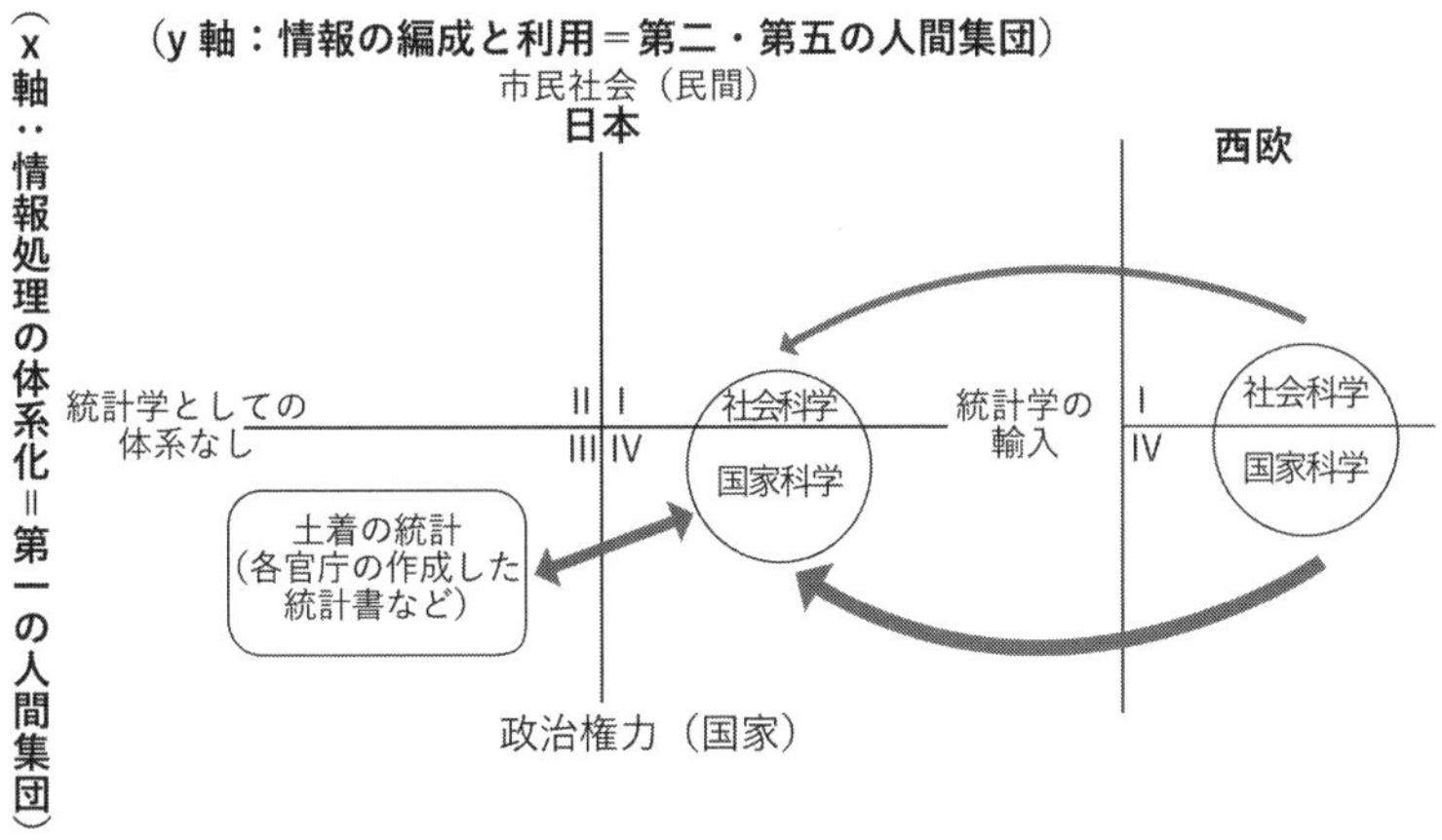

図 2-7　明治期日本における統計学と「土着の統計」（筆者作成）

このほか、藩政府の収支に関するものなどがあり、これもドイツ国状学と相通じると考えてよい。このように、江戸時代の統計データは、もっぱら政治権力者としての第二および第五の人間集団によって編成されたのである。イギリスやフランス、イタリアにみられたように、これらの人間集団に民間人、いいかえるなら市民社会の成員が属することは、ほぼなかった。幕末《ばくまつ》までの日本における数値情報の生産・編成・利用は、第Ⅲ象限の範囲内で、すなわち政治権力との結びつきの強い「土着の統計」の形で、行われていた。

　明治維新後も、この伝統はただちに維新政府に引き継がれた。明治維新の頃、西洋の統計学に接していたのは杉亨二《すぎこうじ》のほか、津田真道《まみち》、西周《にしあまね》、赤松則良《のりよし》程度であったとみられるし[37]、江戸時代に蓄積されたデータの処理の必要から日本固有の統計学が誕生するということはついになかったのであるから、少なくとも一八七六（明治九）年に杉が[38]「政表会議」を主宰《しゅさい》して、各官庁の統計担当者を召集し、統計の統一を図ろうとするまでの間に作成された統計は、杉自身による「駿河国沼津政表《するがのくにぬまづせいひょう》」「駿河国原政表《するがのくにはらせいひょう》」などをわずかな例外として、すべてが「土着の統計」であったと考えてよい。つまり日本でも西欧同様、第二、第五および第三の人間集団が、第一の人間集団に先立って形成されているのであるが、西欧とは異なり、そこには統計の生産・編成・利用に対する市民社会の介入、すなわち統計の第Ⅱ象限への移行という契機《けいき》が欠けている。

日本における「土着の統計」のこの特性をはっきりと表すのは、戦前期日本における政府統計の極端な分散型システムである。すなわち第二、第五および第三の人間集団に属する日本の官庁の当事者にとって、統計とは、市民社会で共有される公共財としてではなく、自己の管轄範囲に関して、その政策立案のために随意に行うものであって、これら各官庁は、その「縄張り《なわばり》」に何らかの形で外部の主体が介入することを嫌う。もちろん、そうして得た結果はその官庁の専有物となる。イギリスにみられたような民間人による統計の作成と利用という伝統を欠く日本では、統計データが公共の財産であるという発想は現れにくいであろう。

この事情は、第四節二項で述べるような、統計学者や中央統計官庁による官庁統計への介入がはじまってからも続き、実は今日にまでいたっているとみるべきである。戦前についていうならば、内務省《ないむしょう》と農商務省《のうしょうむしょう》を中心とする各官庁の統計は、本質的に江戸時代以来の政治権力による「土着の統計」の直接の子孫として位置づけることができると筆者は考えている。この二つの官庁の統計は種類も量も多く、『日本帝国統計年鑑《ていこくとうけいねんかん》』などにも採録されて、今日でも経済史や経済学の実証研究の基礎となっているが、こういう形で今日に残った統計は、作成された統計のほんの一部である。各官庁によってその時その時の政策立案のために消耗品として集められ、そのまま消滅してしまった統計が、実は現存するものよりもはるかに膨大な量、作成されていたのである。[39]

輸入学問としての統計学と「土着の統計」——統計学者による統計編成への介入

日本にとって統計学は、幕末維新期に、西欧的近代化を目指す一連の動きの中で西欧から輸入された諸制度、諸思想の中に含まれる一つの分野であった。杉亨二がその先覚者である。杉が統計に関心を抱いたのは、幕末、開成所で洋書翻訳の任にあたっている際に、Nieuwe Rotterdamsche Courant 紙[40]にバイエルンの教育統計について述べたくだりを見いだしたときであった。その後、江戸末期の一八六五年に津田真道、西周がオランダのライデン大学への留学から帰国したおりに、彼らの持ち帰った統計学関係の資料（フィッセリングVisseringの講義ノートなど）を読み、さらに一八七四‐七五（明治七‐八）年にはハウスホーファーHaushoferの本を入手して統計学を学んだ。ハウスホーファーの統計学は、第三節二項でも触れた当時の西欧統計学の発展過程でいえば、国家科学と社会科学の双方が混淆《こんこう》したものであった。この点につき、上藤《うわふじ》一郎はその論考の中で、次のように述べている。「ハウスホッファーの『統計学教程』は、基本的には国家科学としての統計学を構想しており、ドイツ国状学の知的伝統を継承し統計学の国家科学的性格を重視した統計学の入門書である。しかし、その一方で同書は、ドイツ・ケトレー学派の影響を受け、社会科学としての視点も見据えた著作でもあり（特に第二版）、したがって、ドイツの統計学における諸学説が混交、錯綜した産物であった」▼41。国家政策の合理化を志向した、すなわち国家科学を志向した杉にとって、これは絶好の教科書であったといえる。このことは、第一の人間集団が、政治権力との強い結びつきの中で生まれることを予示し、その後の日本における統計学の歩みの方向性を、大きく規定した。すなわち、図2‐7でいうならば近代日本における統計学者の歩みは第Ⅳ象限に軸足を置き、第Ⅰ象限からは距離をおく位置に出発点を有したことになる。

こうして統計学の理論を学んだ杉は、この理論を実地に応用する。明治維新にともない駿河に移封《いほう》された徳川家に従って静岡に移った彼は、藩の全域にわたる人口センサスを企画した。新政権に遠慮する藩の重役の思惑に左右され、その全体は実現できなかったが、府中、江尻、沼津および原に関しては調査を実施することができた。一八六九（明治二）年に実施されたこれらの調査結果の一部は、のちになって『駿河国沼津政表』『駿河国原政表』として刊行された。

さらに杉は明治政府に召し出され、太政官《だじょうかん》政表課大主記となった。彼は在任中の一八七九（明治一二）年、甲斐国（現在の山梨県）を対象とした人口センサスを試験的に実施した。これを『甲斐国現在人別調《かいのくにげんざいにんべつしらべ》』と呼ぶ。この調査については第三章で触れるが、これは西欧統計学を吸収し、日本社会に応用することを目的とした本格的なパイロットプロジェクトであった。

さて、この時期を通じて、杉は、一方で西欧の統計学の専門書を部下に翻訳研究させることによって学理の移植に努めると同時に、彼らを引き連れて山梨県の調査現場に赴《おもむ》き、統計調査の具体的な手順、手数、必要な予算などに関するノウハウを獲得していった。このときの杉の部下の中からは、高橋二郎、呉文聡《くれあやとし》、世良太一《せらたいち》、寺田《てらだ》勇吉《ゆうきち》、岡松径《かい》など、その後日本の統計学および統計調査を担う人々が現れ、杉を中心に一八七六（明治九）年に発足した「表記学社」や、七八年設立の「製表社」[42]などをよりどころとして活動を展開していった。[43]第一の人間集団、統計学者たちの誕生である。杉をはじめ、彼らは自分たちが学んだ西欧の統計学の観点から当時の官庁統計に介入し、また、そこから得られない情報は独自の調査を設計して実施しようとした。しかし、属人的にみるならば、この第一の人間集団は、第三の人間集団、すなわち官庁の統計当事者の部分集合ともいうべきで、しかも弱小集団として存在したにとどまる。明治の終わりに当たる一九一〇年代にいたっても、約一〇年間にわたって各地で開かれた統計講習会に参加した者の数は、全国で二万人程度であり、さらに中央官庁レベルでは約一〇〇〇名に過ぎない。中央地方を問わず、官庁の参加者は、官吏《かんり》という職業の性質上、いく年かすれば統計担当部署から異動してしまう。また、地方講習会についていうなら、参加者の中には郡市の書記などの職責上、好むと好まざるとにかかわらず義務として参加し、あまりよい成績を収めなかった例も多かったのである。[44]

ここで、第一の人間集団は、第二の人間集団による政治的意思決定や、第三の人間集団による「土着の統計」作成に介入し、統計編成業務を、西欧から輸入された自己の学説に適合するものとして再編しようとした。この動きについて、二つの事例を挙げておきたい。第一は集中型の統計編成を目指す試み、第二は統計調査実施の試みである。

第一の動き、すなわち集中型の統計編成への試みは、一言でいえば、今日にいたるまで挫折《ざせつ》の歴史であった。

この動きの主なものに、以下の四点がある。

①一八七六（明治九）年から翌年にかけての「政表会議」――杉亨二が太政官政表課大主記として主宰した。各官庁から統計担当者を召集し、製表の方法などについて、杉が細かに指示を出すなどの形で何度か続けられたが、西南戦争の勃発《ぼっぱつ》とともにうやむやなまま終わりを迎えた。

②一八八一（明治一四）年、統計院設置とともに設置された「統計委員会」――プロイセン（ドイツ）などの中央統計局が、各省の統計業務の総合調整を行っていたのに倣《なら》って設置された。しかし、各省の意見が対立する中での総合調整は困難であり、この委員会はほとんど実効を挙げることなく消滅してしまった。[45]

③一九二〇（大正九）年、柳澤保恵《やなぎさわやすとし》伯爵の提言に基づいて原敬《たかし》内閣が設置した「中央統計委員会」――この委員会は一九四〇（昭和一五）年までの二〇年間、各種の諮問《しもん》に答申を出しているが、所管は内閣統計局のものにほぼ限られ、当初目指されたような省庁間の統計の総合調整機能は果たせなかった。[46]

④一九三九（昭和一四）年に統計局長となった川島孝彦《かわしまたかひこ》による「中央統計庁」構想――川島は上記の中央統計委員会資料を読むなどして、分散型統計システムによるデータが相互に整合性を欠く上に、重複調査が多く、地方行政の過重な負担となっていることを問題視した。スターリン時代のソ連のゴスプランに倣った中央統計庁構想を打ち出し、首相に提案するなどしたが、各省の反対にあって受け入れられなかった。[47] 川島はさらに、戦後には大内兵衛《ひょうえ》を委員長とする「統計制度の改善に関する委員会」でもこれを主張したが受け入れられず、一九四七（昭和二二）年、失意のうちに統計局長を辞任している。[48]

こうした状況は、当時の統計学者たちによって危機的な状況と認識されていた。一九二九（昭和四）年、杉原太之助は、「統計中央機関の一展望」と題する、『統計集誌』の巻頭論文で次のように述べている。

統計中央機関として、集中型の組織が統計の統一と普及の発達上適当であるという見方が一層強調される今日の実態にもかかわらず、わが国の統計行政が依然として不統一な状態にあること、そしてそれ自体がいわば変則的な混合主義の傾向に導かれつつあることは、いうまでもなくわが国統計の進歩を妨げ、ついには権威のない統計、不正確な資料を収集編成することになるということを私は大変恐れるのである。要するにわが国の中央統計担当者は、理論上も実際上も高く集中型の考え方を掲げて、いまある中央統計機関の職分を発揮し達成するように努力することが、緊急で大切な仕事であろう。▼49

この訴えは、ついに実現されることなく今日にいたっている。

第二の動き、すなわち統計調査実施の試みは各種の分野で数多くなされているが、ここでは国勢調査の実施に関する事例をごく簡単に挙げておこう。国勢調査とはpopulation censusの日本での呼び名であるが、この語が採用された事情をみると、明治期の統計学者（第一の人間集団）と、国家政策を立案実施する権能を持つ人々（第二の人間集団）との関係が浮かび上がってくる。現代中国では、この種の調査のことを「人口普査」と呼ぶ。文字どおり、人口を普《あまね》く調べることだからである。しかし、明治三〇年代、統計学者たちが人口センサスの実施を主張したとき、彼らはことさらに「国勢」調査という語を用いた。彼らにとって、第二の人間集団に属する人々を説得し、国家予算（約三〇〇万円と推定。これは当時の文部《もんぶ》省の年間予算に匹敵する）を投じさせるのは容易ではなかった。戸籍制度があり、さまざまな問題を含みながらもこれによって徴兵、徴税、教育などは維持できていたからである。しかし、統計学者たちは同時に人口学者でもあった。人口学者たちは、現代においても‰（千分率）単位でものごとを考える。出入寄留制度[50]の不備から時とともに現住人口の把握が不完全になっていく戸籍制度では、統計学者たちの要求には到底応えられなかった。彼らが第二の人間集団を説得するのに用いた論法は二つあった。第一に、この調査を「国勢」調査と訳し、事前の説明にあたっては経済関係の調査をも含むものとしたこと、第二に、この種の調査は「文明国」ではどこでも行われており、それを行わなければ野蛮国とみなされて、不平等条約の改正に向けて努力している日本にとって不利になるとほのめかしたことである。しょせんは数値化して示すことのできない事柄ではあるが、あえていうならば、この第二の論拠のほうが、当時の国家指導者たちにはより強く訴えかけたようである。国家指導者たちは、こうした表看板に総論としては賛成し、「国勢調査ニ関スル法律」が成立して、一九〇五（明治三八）年が第一回目の調査と定められた。しかし、第二の人間集団に属する政治家や高級官僚たちは、実際にその必要性を切実に感じていたわけではなかったので、日露戦争が勃発し、国庫が逼迫すると、いとも簡単に調査を無期延期してしまった。第一回調査が実施されたのは、実に一五年後の一九二〇（大正九）年であった。[51]

五　おわりに

これまでにみてきたことから、何が浮かび上がってくるだろうか。ここでは「統計不信問題」を理解するために、第一節で提示した枠組みにしたがってこれまでの観察結果を整理することで、本章のむすびとしたい。

西欧と日本を比較したとき、共通する点は多い。どちらも「土着の統計」が発達し、たとえば、ドイツ国状学に匹敵する『防長風土注進案』などが編成されていた。維新後も、各官庁は自己の行政運営に必要な数値データを早々に編成しはじめていた。つまり、第二、第五および第三の人間集団は、日本でも西欧でも同じように形成され、同じように働いていたのである。ただし、ここで、西欧においては第二および第五の人間集団の一部に市民社会が入り込んでおり（ドイツではやや希薄）、すなわち図の第Ⅱ象限が意味を持ったのに対し、日本ではこれらの人間集団が、ほとんど政治権力の担い手のみによって構成されていた。すなわち、統計情報の生産・編成・利用が第Ⅲ象限のみにあったという相違点を見逃すことはできない。

西欧では、この状態に続く段階として、蓄積されたデータをどう合理的に解釈するかという方法論や、国際比較をするためにデータの編成方法をどう設計するかという方法論がその中から生まれ、その担い手たちが生まれてきた。すなわち、西欧ではデータの蓄積の中から自生的に統計学が生まれ、第一の人間集団である統計学者たちが生まれていった。このとき、彼らの担った統計学が、国家科学であると同時に社会科学でもあったことは、▼[52]統計への市民社会の関与、すなわち第Ⅱ象限と第Ⅰ象限を経由した統計の発展を示唆する。国際統計会議の例にみられるように、西欧においても、政治権力の意向（国家科学としての統計学）と統計学者たちの意向（社会科学としての統計学）との間には一定の緊張関係が存在したが、全体としてみるならば、こうした性格を持った統計学が「土着の統計」に大きな影響を及ぼし、これを再編していったとみてよいであろう。各国で、中央諸官庁の統計業務に対して一定の規制力を持った統計官庁が成立していったのは、その一つの証拠となり得る。

この点で、日本の状況は西欧と大きく異なる。西欧で「土着の統計」から統計学が生まれたというとき、「土着の統計」の担い手である第二、第五および第三の人間集団の間には、何らかの認識の変化があったと当然考えられる。同義反復になるが、そのような変化を生む必要性があって、統計学、およびその担い手である第一の人間集団が形成されたのである。ここには、すでに政治権力と市民社会のせめぎ合いが入り込んでいる。これに対し、日本、特に明治維新政府の時期（一八六八年から九〇年頃まで）の日本では、中央各官庁は、行政上の必要から、とりあえず自己の管轄業務に関する数値を集めていたのであり、その蓄積の中から、社会全体に関する何らかの整合的な理解を得ようなどということを考えるゆとりもなかったと思われる。もっぱら政治権力の座にある人々からなる第二、第五および第三の人間集団に属する彼らにとって、手もとに蓄積された「土着の統計」データは、自分らが政策立案に用いるための、いわば消耗品であり、それについて他の官庁や個人から口出しされる筋合いのものではないという感覚が強かったと推測できる。

日本における学問としての統計学は、こうした中央官庁の動きからとりあえず切り離されたところで、西欧から、一応完成した姿で輸入された。その際、西欧の統計学が国家科学と社会科学の混淆《こんこう》物であったことに大きな意味があることは、杉亨二について述べた際に触れた。すなわち日本における統計学は、その出発点において第Ⅰ象限へ向かうと同時に、第Ⅳ象限へも向かう、二方向のベクトルを持って輸入されていたのである。そして、少なくとも杉の流れをくむ統計学者についてみるなら、これら二つの方向づけのうちでは、第Ⅳ象限に向かう傾向が優勢であったとみられる（図2-7）。[53] さて、その担い手である第一の人間集団、すなわち統計学者は、日本の伝統にない新たな学問を手にし、日本の「土着の統計」をその学問体系に即したものに改変しようとした。その努力が、第四節二項でみた①から④のような、各官庁による統計に対する介入の試みであったが、これはすでに述べたように、全体としては失敗に終わった。[54] その結果、何がもたらされたのだろうか。

日本における統計データの生産・編成・利用の営みは、第一の人間集団による介入や、ましてや市民社会による介入を拒《こば》み、政治権力にとって私物としての、すなわち図では第Ⅲ-Ⅳ象限に位置する「土着の統計」であり、「国家科学としての統計学」であり続けたのである。これを第二、第五および第三、特に第三の人間集団に属する官僚たちの意識に即してみるならば、統計データは自分たちの所属する省庁もしくは部署の私有物であり、外から介入されることは迷惑であり、お節介であるということになる。こうした構造は西欧にもいくばくかは存在し、それが市民社会との葛藤《かっとう》を生んだとみるべきであるが、日本においてこの傾向が極端に強かったことは、現段階では実証できていないものの、いくつかの状況証拠からしてほぼ確実である。

さて、第二次世界大戦後の一九四七年、大内兵衛を委員長とする「統計制度の改善に関する委員会」で、川島孝彦の主張する中央統計庁構想が入れられず、結果的に、分散型の統計制度が採用されたことはすでに述べた。

このことは、戦前の構造と意識が――統計学の数理統計学化と、標本理論の導入という大きな変化を伴うものの――おそらくはそっくりそのまま生き延びたことを意味する。すなわち、統計の編成の方法は確率論に基づく標本理論の導入によって形を変えたが、日本における第二、第五および第三の人間集団――すなわち市民社会と歴史的に交わりを持った経験が少ない中央各官庁の当事者――による、自分たちの管轄内にある統計に対する姿勢は、相変わらずこれをいわば「私物」と感じることに変わりはなかった。したがって、調査の方法などについても統計委員会、すなわち自分たちにとって部外者である学者先生たちには適当に届けておいて、実際には自分たちの行政上の目的に合った結果が得られるように、もしくは、自分たちに与えられている人的資源や財政上の条件からみてより「合理的」かつ「有効」な形でやればよいという発想が、根強く温存されているとみるべきではないだろうか。

註

▼1 宮川公男《みやかわただお》（二〇一九）「「統計不信」論議は一九世紀明治からの日本の統計学の歴史に学べ」『UP』四八巻七号、東京大学出版会、一‐九頁は、その数少ない例外である。

▼2 経路依存性の例として、たとえば次のような事実を挙げることができる。日本においては道路交通法上、車は左側通行、歩行者は右側通行とされている。しかし、実際には歩行者も厳しい監視の目のないところでは左側通行をする強い傾向がある。右側通行をするか、左側通行をするかということは、今日の観点からすれば、どちらであってもよいと思われるし、実際、世界には車輛、歩行者ともに右側通行の国や地域もある。なぜ日本では戦前は車輛、歩行者ともに左であって、戦後は歩行者のみ右側通行に変わったのであろうか。ここには、江戸時代の状況が関係している。この時代、武士は刀を左の腰に着けて歩いた。そこで右側通行をすると、双方向から来た歩行者の刀の鞘《さや》が当たる確率が高くなる。いわゆる「さや当て」はときに刃傷沙汰《にんじょうざた》になる危険があったので、それを避けるために左側通行に

なったというわけである。廃刀令が出たあともこの習慣は続き、戦前は車輌も歩行者も左側通行であった。戦後占領軍の命令で歩行者が右側通行と定められたあとも、この習慣は根強く残っている。この例のように、何らかの歴史的先行条件によって、後世の社会や経済などの慣習が規定されてくることを、「経路依存性」と呼ぶのである。

▼3 「調査統計」と「業務統計」の定義については、第一章の註3を参照。

▼4 なぜなら、このように利害や、認識の枠組み、行動様式の異なる人間集団が持ついくつかのベクトルのいわば「和」として、私たちが現実に目の当たりにする統計のあり方が決まってくると考えるからである。

▼5 国家科学と社会科学の区別については、上藤一郎（二〇二〇）「杉亨二とハウスホッファーの『統計学教程』」佐藤正広編著『近代日本統計史』晃洋書房、三六頁を参照。

▼6 本章では、執筆の目的上、現実には統計学が有するもう一つの面、すなわち自然科学上の、あるいは品質管理という意味合いでのデータ処理に関する数学的道具であるという面を、とりあえず措《お》くこととする。

▼7 さらに述べるならば、本節冒頭で述べたように、この枠組みでは、検討の対象を一応「統計」と名づけ、その経路依存性についてみるということにしているが、実はここには「統計の生産・編成・利用のあり方」と「統計学」という複数の「変数」があり、被説明変数を絞り込めていない。したがって、ここでは厳密な意味でのモデルの構成をすることはできない。

▼8 実際には、特に一九七〇年代以降、世界的に調査客体である市民の意識に変化が現れ、その結果たとえばドイツやオランダでは人口センサスが中止されたり、日本においても国勢調査の実施が回を追うごとに困難になったりしているという事情がある。この傾向が年々強まりつつあることには注意が必要である。

▼9 日本聖書協会（二〇一八）『聖書　聖書協会共同訳』による。以下、聖書の引用はこの版により、引用個所の指示はページ数ではなく、聖書の引用で一般的に用いられる形（書名の略語 章番号・節番号）にした。

▼10 Baines, A., (1918), The History and Development of Statistics in Great Britain and Ireland, Koren, J. ed., (1918), *The History of Statistics: Their Development and Progress in Many Countries*, Macmillan, pp. 365–389 は、the first landmark of British statistics と評価している。

▼11 Williams, A. and Martin, G. H. ed., (1992), *Domesday Book: A Compelete Translation*, Penguin Books, p. 425. なお、この本がDomesday Bookと呼ばれる理由は、当時の西欧の人々の間に、キリストの再臨と最後の審判の日、すなわち昏び《ドゥーム》

の日《ズ・デイ》が近づいているという観念が存在したことと関係する。

▼12 John, V. (1835), *Geschichte der Statistik. Ein quellenmässiges Handbuch für den Akademischen Gebrauch wie für den Selbstunterricht, Von dem Ursprung der Statistik bis auf Quetelet*, Ferdinand Enke. V・ヨーン、足利末男訳（一九五六）『統計学史』有斐閣として邦訳。一九頁。

▼13 小島勝治（一九七二）『日本統計文化史序説』未來社、八五頁。

▼14 佐藤正広（二〇〇六）「人口センサスの始動」『環』Vol. 26、藤原書店、二〇二 - 二〇七頁。余談になるが、この「戸籍」という名称や、六年目ごとの更新ということからも容易に察しがつくとおり、今日の日本の戸籍制度は、古代の戸籍制度を復活させたものである。このような古代的な制度の復活は戸籍制度に限らない。明治国家は、少なくともその出発点においては、天皇親政に基づく古代律令《りつりょう》国家の復活という側面を持っていた。このことは、当時の国際情勢の結果生じた現象である。

▼15 これは税務にかかわるシステムの例であるが、このほかにも、領主や他の村との交渉など、あらゆる面において、近世の村は交渉権を持った主体、すなわち一種の法人として現れた。そして、村を構成する個々の百姓は、個人としての資格では村の外の世界と交渉する権能を持たないというのが制度上のたてまえだったのである。

▼16 この観念は、キリスト教神話に基づくとともに、黒死病による大量死を経験した西欧諸国の住民にとっては、強いリアリティを持っていたものと思われる。この「人口減少論」において、過去における人口の頂点をどこにおくかは、論者によって異なっていた。旧約聖書時代を頂点にそれ以降減少の一途を辿ったというものや、ローマ帝国時代が人口の絶頂であったというものなどいろいろであったが、彼ら自身の生きた時代が、以前の時代に比べて衰微の過程を経てきているという考え自体は、ほとんどすべての論者によって、自明のこととして共有されていた。そのため、重商主義時代の各国政府は、他国からの移民を導入してでも自国の人口を増加させる政策をとったのである。人々が、人口の減少ではなくて過剰人口の発生をこそ焦眉《しょうび》の課題だと認識するようになるには、一八世紀末以降、マルサスの登場を待たなくてはならない。

▼17 三〇頁で言及した旧約聖書（サム下24・1 - 15）を参照。「人口調査は神の怒りを招く」というのは、ダヴィデ王が人口調査を実施したため神の怒りに触れ、ユダヤ民族の上に災厄が降りかかったという記述に基づいている。

▼18 生命表とは、一定数の出生数を基数として、それが年齢を加えるにつれて、与えられた年齢別死亡率によって死亡し、

生存者がしだいに減っていく姿を表にまとめたものである。竹内啓ほか編（一九八九）『統計学辞典』東洋経済新報社、七六三頁。

▼19 ウェスターゴード（一九四三）『統計学史』森谷喜一郎訳、栗田書店、一七五頁。

▼20 Baines, A., (1918), p. 368.

▼21 山本千《ち》映《あき》（二〇〇七）「ヴィクトリアン・センサス」、安元稔編著『近代統計制度の国際比較』日本経済評論社、一五九頁。

▼22 この時期、医学において大きなパラダイム・シフトが生じた。従来の医学では、病気は化学物質との接触によって起きるという「瘴気《しょうき》説（miasma theory）」が優勢であったが、この頃からこれが「病原体説（germ theory）」に取って代わられたのである。このパラダイム転換は、人口および医学にかかわる統計にも大きな影響を及ぼした。

▼23 Cullen, M. J., (1975), *The Statistical Movement in Early Victorian Britain: The Foundations of Empirical Social Research*, The Harvester Press.

▼24 Patriarca, S., (1996), *Numbers and Nationhood: Writing Statistics in Nineteenth-Century Italy*, Cambridge University Press.

▼25 Faure, F., (1918), The Development and Progress of Statistics in France, Koren, J. ed., (1918), *The History of Statistics: Their Development and Progress in Many Countries*, Macmillan, p. 218. 訳文は引用者。

▼26 Baines, A., p. 366.

▼27 John, V., (1835). V・ヨーン（一九五六）、三〇五‐三〇六頁、三一七‐三一九頁など。

▼28 Faure, F., p. 286.

▼29 Würzburger, E., (1918), The History and Development of Official Statistics in the German Empire, Koren, J. ed., (1918), *The History of Statistics: Their Development and Progress in Many Countries*, Macmillan, pp. 333–334.

▼30 John, V., (1835). V・ヨーン（一九五六）、五頁。

▼31 この概念には、今日では確率論に基づいた数学的な定義が与えられているが、記述的には「結果が不確実な現象を同一の条件のもとで繰り返し観測すれば、一つの事象の現れる比率は一定の値に近づく」ということである。竹内啓（二〇一八）『歴史と統計学　人・時代・思想』日本経済新聞社出版社、一九二頁。

▼32 この会議は第九回で終わったが、これを引き継ぐ形で一八八五年からは国際統計協会（略称ＩＳＩ）が発足し、一八

八七年にローマで第一回会議を開催した。一八九九年にクリスチャニア（現オスロ）で開催された第七回会議からは日本政府も代表を派遣するようになった。このときの政府代表は柳澤保恵伯爵であった。なおＩＳＩは、今日にいたるまで活動を続けている。この協会は一九〇〇年に主要国で一斉に人口センサスを実施する方針を立て、日本政府に対してもそれに参加することを要請した。この要請は日本において国勢調査実施に向けた機運を高めることに大いに力となった。

▼33 Randeraad, N. (2010), *States and Statistics in the Nineteenth Century: Europe by Numbers*, Manchester University Press, pp. 5–6.

▼34 村高とは、江戸時代に村に課税された年貢の高を算定する基礎として用いられた数字であり、通常はその村でどれだけの米が収穫されるかを示すものであった。

▼35 野村兼《かね》太《た》郎《ろう》（一九四九）『村明細帳の研究』有斐閣など。

▼36 西川俊作（一九七九）『江戸時代のポリティカル・エコノミー』日本評論社など。なお、西川自身は、これを控えめに「経済表」と呼んでいる。

▼37 杉亨二（一九一八）『杉亨二自叙伝』（二〇〇五年に日本統計協会より復刻）など。

▼38 「政表」とは、「統計」という語が定着する以前にstatisticsの訳語として用いられた語の一つ。

▼39 佐藤正広（二〇一七）「両大戦間期における政府統計の信頼性――統計編成業務の諸問題とデータの精度について」『経済研究』六八巻一号、四六－六三頁。

▼40 この紙名については、三《み》潴《つま》信邦《のぶくに》（一九八三）『経済統計分類論』有斐閣、三七頁の註を参照。

▼41 上藤一郎（二〇二〇）、三一－五〇頁。

▼42 のちに「スタチスチック学社」に発展。また「製表社」は発足の翌年「統計協会」に改組された。これはのちの「東京統計協会」の前身である。

▼43 この第一世代の人々は、第一回国勢調査の準備期に、自らの体験談を後進に語り、甲斐国での人口センサスから約四〇年を経て途絶えかけていた調査ノウハウの継承に尽力した。

▼44 佐藤正広（二〇〇二）『国勢調査と日本近代』岩波書店、八八頁表６・２および九四－九八頁。

▼45 島村史郎（二〇〇八）『日本統計発達史』日本統計協会、五三頁。

▼46 島村史郎（二〇〇八）、一八〇‐一八二頁。

▼47 ここで、川島プランによる中央統計庁が、諸官庁のみならず民間による統計作成を規制する権限をも有するものとして構想されていた点に注意を促しておきたい。すなわち、川島プランは、潜在的にではあるが、日本における統計の歩みが、第I象限に踏み込むことまで想定していたともみられるのである。

▼48 佐藤正広（二〇一七）「近代統計発達史文庫解題」『近代統計発達史文庫目録』（統計資料シリーズNo. 73）一橋大学経済研究所附属社会科学統計情報研究センター、iii‐ix頁。および島村史郎（二〇〇八）、二七二‐二七五頁。

▼49 杉原太之助（一九二九）「統計中央機関の一展望」『統計集誌』五七七号、二‐三頁。原文は以下のとおり。

統計中央機関として単系主義〔集中型〕的組織が統計の統一及統計の発達上適切妥当なりとする見解が、一層強調せらるる今日の実際に於て、我国が依然として統計行政の不統一なること。而して其れ白身が所制変態的混合主義の傾向に導かれつつあることは、云ふ迄もなく我国統計の進歩を阻害し、遂には権威なき統計不正確なる資料を蒐集編製するに至ることを甚だ惧れるものである。要するに我国中央統計担当者は理論上実際上高く単系主義をかざして、与へられたる中央機関の職分の発揮達成に努むることが、蓋し緊切の要務であらう。

▼50 出入寄留とは、今日の住民基本台帳制度における転出、転入手続きに相当するものであるが、その届出はしばしば行われなかった。

▼51 佐藤正広（二〇〇二）。

▼52 上藤一郎（二〇二〇）。

▼53 高野《たかの》岩三郎《いわさぶろう》は杉亨二派の統計学を高く評価しなかったが、その原因の一つとして、杉派統計学の持つこの方向づけが、高野自身の方向づけと一致しなかったということが考えられないだろうか。

▼54 第四節二項で触れた調査統計の実施は、彼らによる実践の成果であったが、戦前日本における統計作成という営み全体の中では、相対的に小さなものにとどまるというのが、筆者の考えである。

第三章　日本における統計史の時代区分

この章では、第四章から第六章で取り扱う年代を定めるために、日本の統計史の時代区分を試みる。検討するのは①統計学者および統計実務家の養成の進展の程度、②統計編成を末端で担う地方制度の変遷、③統計編成の主体となる中央官庁ならびに統計主務官庁の変遷、である。これらの検討の結果、画期は二つ見いだされた。第一は、中央政治が内閣制に移行してまもなくの時期であり、地方制度が全国画一的になった一八八九（明治二二）年、第二は総力戦体制の下で、統計にかかわりの深い中央官庁の再編が頻繁になってきた一九三七（昭和一二）年である。

一　日本の統計史をどう時代区分するか——本章の課題

本書では、第四章から第六章で、日本における統計刊行物全体を見渡したときのその特徴について述べている。それに先立って、日本の統計調査史に関して、簡単な時代区分をしておくことが必要であろう。とはいえ、時代区分と一言でいっても、さまざまな観点からの区分が成り立ちうる。本章では、①日本への統計学の導入と第一の人間集団（統計家集団）の成立過程、②統計調査の末端をなす地方制度の変化（第三の人間集団に関係する）、③中央における統計担当官庁の成立と変化（第二、第三、第五の人間集団に関係する）という三点に着目して検討し、その上で本書における時代区分を試みようと思う。[1]

二　日本への統計学の導入過程と専門家の養成

本節では、幕末《ばくまつ》[2]から明治にかけて、日本で統計学ならびに統計調査技術がどのように受け入れられていったかについて、その概略を述べる。その際、統計家の人材育成のあり方から、いくつかの時代区分を設定し、それにしたがって考察を進める。

草創期の人々——統計学および統計調査の導入

幕末から一八八〇年代初頭（明治一〇年代半ば）までは、日本に統計学が導入され、第一の人間集団、すなわち統計学者および統計実務家の集団が形成されてくる端緒の時期である。この時期には、まだ統計学の教育訓練は制度化されておらず、個別の人物が手探りで統計学の学理や調査のノウハウを徐々に身につけていった。統計家集団の形成という観点から、これを第一期と第二期に分けてみていこう。

第一期（幕末から一八七〇年代中頃まで）　この時期は、日本の統計学の先駆けとなった杉亨二《すぎこうじ》が、統計的な社会観察の有効性に気づき、駿河国《するがのくに》（現在の静岡県）の一部で小規模な人口センサスを実施するなどして、統計学および調査方法を身につけていった時期である。杉については多くの伝記や研究が発表されているので[3]、ここではそれらに依拠しながらごく簡単に、彼の活動について述べることにしたい。

杉が統計に関心を抱いたのは、開成所で洋書翻訳の任にあたっている際、Nieuwe Rotterdamsche Courant紙[4]にバイエルンの教育統計について述べたくだりを見いだしたときであった。その後、一八六五年に津田真道《まみち》、西《にし》周《あまね》がオランダ、ライデン大学への留学から帰国したおりに、彼らの持ち帰った統計学関係の資料（フィッセリングの講義ノートなど）を読み、さらに一八七四‐七五（明治七‐八）年にはハウスホーファーの本を入手して統計学を学んだ。

こうして統計学の理論を学んだ杉は、この理論を実地に応用する。明治維新《めいじいしん》にともない駿河に移封《いほう》された徳川家に従って静岡に移った彼は、先に述べたように藩全域にわたる人口センサスを企画した。

以上のように、この時期は、杉亨二という先覚者による模索の時期であった。彼は、蘭学《らんがく》という窓を通じて統計学の理論を学び、全く前例がない手探りの状態で、これを日本社会に応用しながら、調査の実際の進め方を身につけていったのである。

第二期（一八七九年前後の数年間）　この時期は、一八七九（明治一二）年の『甲斐国現在人別調《かいのくにげんざいにんべつしらべ》』を通じ、杉が本格的な調査統計のノウハウを会得すると同時に、それを現場での訓練を通じて、政表課にいた一〇人程度の部下たち（以下、日本における統計家の第一世代と呼ぶ）に身につけさせていった時期である。

『甲斐国現在人別調』に関する詳細な解説は本節の課題ではないので先学の研究に譲るが、▼5 概略を述べておこう。太政官《だじょうかん》政表課に所属した杉が、一つの旧「国」全域にわたる人口センサスを実施することを最初に上申したのは一八七三（明治六）年三月であったが、実際に甲斐国（現在の山梨県）でこの調査が行われたのは、七九（明治一二）年一二月三一日である。調査対象は約一一万世帯《せたい》。調査項目は、①姓名、②住地および住家を所有しているか、借りているか、③世帯員および附籍《ふせき》、④年齢（満年齢）、⑤体性《たいせい》（男女の別）、⑥職業、⑦身上《しんじょう》の有様（婚姻関係）、⑧宗旨、⑨生国《しょうごく》、⑩不具の有無である。岡崎文規《あやのり》は、この調査項目が決定されるにあたって、第八回国際統計会議（一八七二年、サンクト・ペテルブルク）で採択された「人口センサスに関する国際調査事項」が参照されたようだと述べている。▼6 また、職業分類は一七大分類、六八一細分類からなるが、この大分類は、ケトレーの分類を基礎としたという。この調査は西欧で発達しつつあった統計学の最新の成果を吸収し、日本社会に応用する本格的な実験プロジェクトであった。

さて、この時期で特に注目したいのは、『甲斐国現在人別調』に前後して、わが国初の統計家集団が形成されたことである。高橋二郎による回想「明治十二年末甲斐国現在人別調顛末《てんまつ》」により、杉を中心としたこの間の動きをみよう。

> 私は一八七五〔明治八〕年に大学南校〔今日の東京大学の前身〕を卒業して太政官政表課に入った。すると杉氏は私がフランス語がわかるので、西周助〔西周〕氏の蔵書であるフランスの統計学者モロー・ド・ジョンネー氏の『統計原論』を借りてきた。この本を開いてみると大変興味深く、特にその後編である「デモグラフィー〔人口学〕」の部は一六章ほどあって、人口の静態動態を国際的に詳しく論じており、目新しい議論も多かったので、これを翻訳しはじめ、一八七五年から七七年までの三年間〔明治八―一〇年〕を費やして翻訳した。わが国でもこのような調査をしたいものだという気持ちが高まっていたちょうどその頃、杉課長は人口調査のため人材を集め、相原、呉《くれ》、宇田川氏など大学出身者のほか、物集女《もずめ》、小野、小川氏たちのような若手の洋学者を集めて統計事務のほか、統計学の研究発達に努めたので、政表課は太政官の大学とあだ名されるほどだった。
>
> 『甲斐国現在人別調』の実施過程で、八月三〇日、杉課長は部下を伴って山梨県を巡回することとなった。私もその命を受けたが病気のためにこれを断ったので、世良、鈴木、呉、小川、宇田川、岡松などの諸氏が杉課長に同伴し、山梨県下の町村を巡り、〔調査事務に関して〕いちいち点検した。この年の暮れには記入済みの調査個票が続々と政表課に到着することとなった。▼[7]

この記述からうかがわれるのは、政表課長として、杉が、一方で西洋の統計学の専門書を部下たちに翻訳研究させることによって学理の移植に努めると同時に、彼らを引き連れて山梨県の調査現場に赴《おもむ》き、統計調査の具体的な手順、手数、必要な予算などに関するノウハウを獲得していったことである。このときの杉の部下たちの中からは、上記の高橋二郎をはじめ、呉文聡《くれあやとし》、世良太一、寺田勇吉、岡松径《かい》など、その後の日本の統計学および統計調査を担う人々が現れ、杉を中心に一八七六（明治九）年に発足した「表記学社」や、七八年設立の「製表社」[8]などをよりどころとして活動を展開していった。これらの団体を結成する中心的役割を担った人々（杉の部下たちを中心とする）を、ここでは日本の統計家の第一世代と呼んでおく。

組織的な統計教育——統計家集団の拡大

一八八三（明治一六）年以降、統計教育のための学校、講習会などが開設され、統計家が組織的に養成されるようになる。これらの養成組織のあり方により、第三期と第四期とに分けて考える。

第三期（一八八三年から九〇年代中頃まで）　一八八三（明治一六）年に開設され、八六年に卒業一期生のみで閉校を余儀なくされた「共立統計学校《きょうりつとうけいがっこう》」の卒業生が、各方面に分散して統計学の啓蒙《けいもう》活動や、国勢調査実施運動に従事した時期である。この組織の概要に関して、『総理府統計局八十年史稿』などから紹介しよう。[9]

共立統計学校は、ドイツ統計局付属のゼミナールをモデルとして設立され、一八八三（明治一六）年七月に実施された入学試験の結果、五六名が入学を許可された。このほか聴講生一九名がいた。教授科目は、ハウスホーファー「統計論」、モーリス・ブロック「統計論」、ヴァッポイス「人口統計学」、マイヤー「社会統計学」、ペ・ド・セメノー「万国統計公会決議条目」、その他哲学、論理学、経済学、地理学、歴史学、物理学など広範にわたったほか、統計実地演習があり、この学校が机上の学問ではなく、一種の実学として統計学を修得させることを目指していたことをうかがわせる。統計学に関する講師陣には、杉亨二のほか、第一世代に属する高橋二郎、寺田勇吉、岡松径らが名を連ねている。一八八六（明治一九）年には三六名が卒業証書を、九名が証明状を、また一八名が修学証書を授与された。[10]『スタチスチック雑誌』第一号および第三号でその顔ぶれをみると、河合利安、和田詮吉、横山雅男、水科《みずしな》七三郎、山中政太、竹田唯四郎、和田千松郎[11]など、その後の日本における統計調査および統計学の中心的担い手となっていく人々が名を連ねている。彼らはその後、官界を中心として各所に職を得て、それぞれの持ち場で統計の普及に努めることになる。本書では、彼らを日本における統計家の第二世代と呼ぶことにする。一八九〇（明治二三）年の彼らの状況は、以下のとおりである。

全科卒業三六名中、北海道庁を含む地方庁にいるもの一八名、統計局三名、宮内《くない》省二名、逓信《ていしん》省二名（相原氏を除く）、郵便電信局二名、民間にいて統計の普及に努める者一名、小学校教員一名、死亡三名、不詳四名で、証明状九名のうち中部地方庁四名、逓信省一名、農商務《のうしょうむ》省一名、兵役一名、私立学校（慶應義塾か）一名、不詳一名で、また修学証書一八名のうち、小学校教員三名、商業学に従事する者一名、民間の会社一名、兵役一名、職工学校生徒一名、警視庁一名、宮内省一名、函館商船学校一名、林務《りんむ》官一名、死亡一名で不詳六名である。[12]

共立統計学校が廃校になった一八八六（明治一九）年には、「表記学社」の後身である「スタチスチック学社」と、共立統計学校在学生有志の「スタチスチック同朋会」とが合併して、「スタチスチック学社」（のちに「統計学社」）が結成された。こうして統計家たちは、活動の拠点として、スタチスチック学社と、「製表社」の後身である東京統計協会という二団体、ならびにそれぞれの機関誌『スタチスチック雑誌』『統計集誌』を得たのである。

また、共立統計学校の教員と卒業生有志は、同じく一八八六年に「牛淵《ぎゅうえん》同窓会」を発足させた。この会はその

年	中央	道府県	郡市	町村	その他	合計
1899	2	1				3
1900	2	5	1			8
1901	1	2	1			4
1902	1	5				6
1903	1	8	8		1	18
1904		7	4		2	13
1905		4			2	6
1906	1	10	1		1	13
1907		6			1	7
1908	1	11	2			14
1909		15	1		1	17
1910		14	2			16
1911		25	2	1	3	31
合計	9	113	22	1	11	156

註　①『統計集誌』に記載のもの。②「中央」には、東京統計協会主催の中央統計講習会のほか、中央省庁主催のものを含む。③「その他」は、商業会議所、農会その他の各種団体によるもの。
出典：佐藤正広（2002）88 頁

表 3-1　統計講習会の開催件数の変化（地域レベル別）

後、長期間にわたり定期的に会合を開き、会員相互の情報交換の場として機能していく。

第四期（一八九〇年代中頃以降）　第一世代、第二世代が中心となり、中央および地方の統計講習会、高等教育機関の統計学講座、初等教育への啓蒙活動などを通じ、組織的かつ広範囲に統計学および統計調査制度の啓蒙を展開していく時期である。一八九〇年代に入ると、いくつかの高等教育機関でも統計学が授業科目として採用され[13]、輸入学問として出発した統計学は、自国でその専門的研究者を養成できることとなった。

さらに、一八九九（明治三二）年七月には中央統計講習会が発足した。この講習会は一九〇六（明治三九）年の第六回まで開催され、この間の受講生は約九〇〇名で、多くは道府県レベルの統計担当者であった[14]。また中央統計講習会をきっかけに、各地の道府県レベルでも独自に統計講習会を開催するようになった。その回数は一八九九年から一九一一年（明治三二‐四四年）までの期間で一四七件、参加者は約一万八〇〇〇人にのぼる（表3‐1、表3‐2）。

年	中央	道府県	郡市	町村	その他	合計
1899	141	n.a.				141
1900	156	551	35			742
1901	228	87	59			374
1902	185	476				661
1903	151	1,044	60		n.a.	1,255
1904		781	80		103	964
1905		445			116	561
1906	111	1,161	246		45	1,563
1907		874			55	929
1908	95	1,465	182			1,742
1909		2,961	96		46	3,103
1910		1,963	262			2,225
1911		4,397	324	n.a.	130	4,851
合計	1,067	16,205	1,344	n.a.	495	19,111

註　①「n.a.」は、『統計集誌』に講習会を開催したという報告があって、参加人数の記載がないもので、その年にはその１件しか開催されていない場合。②数値が記入されている年次であっても、①と同様、参加人数の記載のない講習会が含まれる場合がある。したがって、実際の参加者数は、ここに表示したよりもいくらか多くなるはずである。

出典：佐藤正広（2002）88頁

表3-2　統計講習会の参加者数の変化（地域レベル別）

なかには、大分県講習会のように、教授科目の一環として、地域的なセンサス調査を実施するものもあった。講習生の多くは、郡市役所の書記など統計実務にあたる人々である。彼らは、講習を終えて自らの郡市に帰ると、こんどは町村の吏員《りいん》などを対象とする郡市レベルの講習会で講師を務めるケースが多かったようである。[15] このようにして、この時期には、それ以前とは比較にならないほど組織的に、かつ大規模に、統計実務家の養成が図られた。それまでは道府県の担当者程度にとどまっていた統計実務家の養成が、この時期にいたり、一挙に全国の各市町村レベルにまで及んだのである。ただし、彼らの統計に関する知識のレベルが高かったかといえば、必ずしもそうとはいえない。

道府県レベルの講習会で講師を務めた面々の中から、その回数の多い順に何人かを挙げれば、最多の横山雅男をはじめ、呉文聡、相原重政、岡松径、高橋二郎、花房直三郎、水科七三郎、柳澤保恵《やなぎさわやすとし》、渡辺洪基《ひろもと》などであり、第三期までに養成されていた統計家の第一、第二世代の面々を中心としていた。[16] なかでも、道府県レベルの講習会に最も多く出講した横山雅男が、その内容を『統計通論』として教科書にまとめ、多くの講習会で用いたことは特筆に値する。この本はその後三〇回以上も版を重ね、統計調査事務担当者の間で、レファレンス・ツールとして広く流布したものと思われる。[17]

この時期にはまた、各地で、道府県レベルの統計協会を結成する動きが相次いだ。その多くは講習会をきっかけとしており、結成にあたっては、中央から講師として赴いた統計家たちの勧めもあったものと思われる。[18]

最後に、第一回国勢調査が予定された一九〇五年以降、各地で郡市などの自治体が主体となった地方センサスが実施されたことに注意を促しておきたい。これらの調査は、規模も、実施の具体的方法もまちまちであったが、それだけに統計家たちにとっては、各種の調査方法について、具体的に必要とされる手順や手数、予算などに関するリアリティを獲得するための、実験プロジェクトとしての意味を持った。[19]

三　統計の生産現場としての地方制度

次に、明治初期を中心に、地方制度について、特に統計生産の現場となった末端行政機構に着目して述べる。明治初期の地方制度は、きわめて頻繁に変更がなされている。末端におけるその実態について詳しくは別稿に譲るとして、ここでは中央官庁が定めた制度についてだけ触れておこう。

まず、一八七一（明治四）年までは、江戸時代の村制度がそのまま踏襲《とうしゅう》された。村には村方三役と呼ばれる名《な》主《ぬし》（地方により庄屋《しょうや》、肝煎《きもいり》など）、組頭《くみがしら》、百姓代《ひゃくしょうだい》が置かれた。維新政府が政権を奪取したからといって、地方行政機構について、すべてをいきなり独自の制度に置き換えることはできなかった。維新政府は、とりあえずは出来合いの制度ではじめるしかなかったのである。これは、多くの革命政府でみられる現象である。

一八七一年、明治政府は旧来の町村を廃止し、戸籍《こせき》管区としての「区」を設けた。これは人々の従来の生活圏とは別に、上から機械的に定められたものであり、ここに戸籍吏《り》としての区長がおかれた。しかし、当時の人々の生活はまだ江戸時代以来の村を単位としたから、この「区」は、そのままでは機能しなかった。そこで、政府は旧来の村、あるいはいくつかの村をまとめた連合村を「小区」とし、そこに戸長《こちょう》を置くこととした。これにともない、「区」は、「大区」と呼ばれるようになる。この制度を一般に「大区小区制」と呼んでいる。

一八七八（明治一一）年、政府は「郡区町村編制法」「府県会規則」「地方税規則」を施行した。これを「地方三新法」と呼ぶ。このうちの郡区町村編制法により、従来の大区、小区は廃止され、府県の下に郡、区（今日の制度では「市」に相当する）が置かれ、郡の下に町村が置かれることとなった。町村には戸長ならびに町村会が置かれ、それぞれ公選制とされた。この時期は、町村会規則の制定も各地の便宜に任されたため、戸長の選任方法、町村会の運営方法ともに、各地で、江戸時代以来の慣行を引き継いださまざまな形をとり、全体としての統一を欠くことになった。

この時期には、折しも西南戦争に際して不換紙幣《ふかんしへい》が乱発されて生じたインフレーションと、その後の「松方《まつかた》デフレ」と呼ばれる不況期とが含まれる。特にデフレーション期に入ると、社会的な諸矛盾が増大し、そのはけ口として自由民権運動が盛んになった。地方制度もその影響を受けずにはいられなかった。戸長役場（町村役場）、町村会ともに、時として自由党を中心とする自由民権運動の一派に、すなわち政府からみれば反体制派に乗っ取られることも、全国的に数多くみられたのである。

こうした状況に危機感を覚えた中央政府は、一八八四（明治一七）年六月に、「戸長管区制」をしいた。いくつかの町村をもって戸長管区とし、そこに官選の戸長を置いたのである。町村会は公選であったが、一つの町村単位の場合もあれば、連合町村単位の場合もあって、地域により一定しなかった。また、この時期には、末端の地方官吏《かんり》であった戸長の質も、決して良いとはいえなかったようである。今日でいうなら町村長にあたる位置にあった彼らは、選出母体となる地域が狭小（江戸時代の村）である上に、薄給のため有能な人材を得られず、文盲に近い者や、地域の有力者に強要されて仕方なく就任するケースも見受けられた。[20]

次いで一八八九（明治二二）年、「市制町村制」が施行された。これにより、地方制度は一応末端まで全国統一的なものとなる。この町村は、江戸時代までの人々の生活圏としての旧村ではなく、戸長管区を基礎に、旧町村を合併してできあがった、いわゆる「行政村《ぎょうせいそん》」であった。ただし、人々の生活は、なお旧町村を単位とすることが多かったので、便宜的に、その下に区（のちの大字《おおあざ》など）を設置した場合が多い。この区の区長にも、町村長の補佐をすべしという制度的な枠が設けられた。

このように、一八八九（明治二二）年にいたるまでは地方制度の改変もめまぐるしく、地域差もあった。このため、各地で作成される行政文書類は混乱していた。

以上のような状況を一言でいうなら、明治維新からこの時期にいたる明治国家は、臨時革命政府の様相を呈していたのである。歴史上多くの革命政府にみられるのと同様、その地方制度は、自前のものではなく、江戸時代まで各地で行われていたものを踏襲せざるを得なかった。江戸時代の日本は一種の連邦国家であり、種々の法律も制度も、各地で異なっていた。これを受けて、明治初期の地方制度も、各地で異なったものとならざるを得なかったのである。この状況が一応克服され、まがりなりにも全国に統一的な地方制度がしかれるのは、一八八九（明治二二）年の市制・町村制施行まで待たなくてはならない。この制度が施行されることにより、北海道と沖縄を除く全国で末端行政機構の業務が画一化され、したがって作成される業務資料の種類や質も次第に統一されていった。統計資料の中でも特に業務資料に依拠する業務統計の質も、これを画期に均質化されていったと考えられる。

地方行政における次の大きな変化は、一九二六（大正一五）年の郡役所廃止である。従来、統計行政の流れは中央官庁から府県、府県から郡市、郡から町村というものであったが、郡役所廃止にともない、府県から町村に直接調査の指示、依頼などが行くようになった。ただ、この変化は統計編成事業の観点からいうと、さほど大きな影響を及ぼしてはいない。

四　中央官庁の変遷と統計制度

最後に、中央官庁の変遷と統計主務官庁の変遷について述べておこう。

中央官庁

表3-3（巻末）は、明治初期から一九四五（昭和二〇）年にいたる中央官庁（国内、植民地）と統計主務官庁の変遷を一まとめにしたものである。まず中央官庁についてみることにしよう。これをみると、明治初期の一八七三（明治六）年頃までは中央官庁の改廃が著しく、これを過ぎると外務省、内務《ないむ》省、大蔵省、陸軍省、海軍省、司《し》法《ほう》省、文部《もんぶ》省など、後年に引き続く組織が設置されていることがわかる。また、統計資料の生産という点で重要な意味を持つ農商務省は一八八一（明治一四）年に、また逓信省は一八八五（明治一八）年に設置されている。この年はまた、太政官制度から内閣制度へと移行した年でもある。植民地官庁は、日本がその帝国版図《はんと》を広げていく過程で設置されるので、一八九五（明治二八）年の台湾総督府《そうとくふ》から、一九二二（大正一一）年の南洋庁にいたるまで、各年代に分散している。

この次に中央官庁の改廃が激しくなるのは、大正の中後期から昭和初期であり、一九二〇（大正九）年に鉄道省が設置されたほか、一九二五（大正一四）年に農商務省が農林《のうりん》省と商工《しょうこう》省に分離、一九二九年（昭和四）年に拓《たく》務《む》省が置かれるなど、産業の発展と帝国経営の複雑化を反映した姿になっている。

戦時期になると、一九三八（昭和一三）年に厚生《こうせい》省が設置された。また一九四二（昭和一七）年には拓務省が大《だい》東亜《とうあ》省に改組された。一九四三（昭和一八）年に農林省と商工省が合併して農商《のうしょう》省となり、同時に軍需《ぐんじゅ》省が設けられる。この体制は敗戦まで継続した。このようにこの時期には、時局の急変にしたがって、中央官庁レベルの組織も頻繁に改変されていったのである。

以上、中央官庁レベルでみるならば、一八八五（明治一八）年の内閣制度発足の前後をもって、当分の間、安定した組織構成が成立する。大正期の改変は日本の社会、経済の変化に応じてこれを微調整したものといえよう。これに対して、戦時期の動きは従来の中央官庁組織を、少なくとも統計の編成という観点からは、大きく揺さぶるような動きといってよい。

統計主務官庁

日本の統計システムはすでに述べたとおり分散型であり、統計主務官庁といっても、公的統計すべてを作成したことを意味しないが、政表課をはじめ、統計局、国勢院といった一連の組織が、『日本帝国《ていこく》統計《とうけい》年鑑《ねんかん》』のような重要な総合統計書を刊行したり、国勢調査や労働統計実地調査などの調査を実施したりしている。

再び表3－3をみよう。明治初期においては、今日の統計局に連なる太政官政表課と、大蔵省統計寮との間で、統計行政をめぐる勢力争いが繰り広げられた。その発足は統計寮のほうが早く、また当初の組織も統計寮のほうが格段に大きかったが、一八七七（明治一〇）年には政表掛《かかり》（政表課の後身）が、国内の統計を取りまとめることとなった。[21]一八八一（明治一四）年には、大隈《おおくま》重信《しげのぶ》のイニシアチブで政表課の後身である統計課は大幅改組され、統計院となった。細谷《ほそや》新治《しんじ》によれば、統計院設置の背景には、帝国議会の開設を見据えた大隈が、議会での答弁資料を得るために総合的な調査機関を欲したという事情があったという。[22]早稲田大学図書館には、フィッセリング述、杉亨二訳（一八六九）『形勢学論——一名政表学論』が所蔵されており、これは杉による手書き本で、大隈家から寄贈されたとされている。このことからは、大隈は統計に関心を寄せて杉と良好な関係を持ったことがうかがわれる。この統計院も、内閣制度発足とともに、統計局となり、その後一時は統計掛に格下げになったり、一九二〇（大正九）年から翌年まで国勢院に組み込まれたりする変化は被りながらも、組織としての連続性は第二次世界大戦の敗戦まで保たれた。

統計局とならぶ統計主務官庁とはいえないながら、その性質上、統計業務を数多く受け持ったのが、一九二七（昭和二）年に設置された資源局である。この組織は総力戦に備えて物的人的資源を把握し、動員可能な状態にすることを目的としており、そのために統計を大量に作成することになる。一九三七（昭和一二）年に企画院に改組されてからは、一層その性格を強めたといえる。

　以上が統計作成機関であるが、これとならんで、分散型の弊《へい》をただすために何度かチェックするための組織も立ち上げられた。その最初のものは、一八七六（明治九）年に杉亨二によって設立された「政表会議」であり、杉はここで各省の統計担当者と連絡会議を開き、統計表の作成方法や、調査の概念などについて詳細にわたる調整を試みた。しかし、この組織は、翌一八七七年に西南戦争が勃発《ぼっぱつ》し、国事多端になったため、自然消滅の形になってしまった。

　一八八一（明治一四）年に統計院が設立された際にも、統計委員会が設置されたが、島村史郎《しまむらしろう》によれば、あまり実効ある議論をすることもできないうちにうやむやになったようである。[23]

　一九二〇（大正九）年には、原敬《たかし》内閣の下で、分散型統計システムにより各官庁が勝手気ままに統計を作成する状態の改善を目指し、中央統計委員会が設置された。この組織は一九四〇（昭和一五）年まで存続し、いくつかの諮問《しもん》に対して答申を出しており、その中にはのちに触れるような重要な資料も含まれるのであるが、諸官庁間の統計の調整という役割を充分に果たすことはできなかった。このように、中央レベルでは、分散型統計システムに対するチェック機能の構築に、戦前日本はついに失敗したといわざるを得ない。

五　おわりに

　ここまで、統計学者および統計実務家の養成、地方制度、中央官庁の組織という順でみてきたが、これらを総合的に判断したとき、日本の統計作成の歴史にどのような時代区分を立てることができるだろうか。

まず、統計学者および統計実務家の養成の観点からは、一八八三（明治一六）年に開設され、一八八六年に第一期の卒業生を出して廃止された共立統計学校の存在が大きいように思われる。これによって、少なくとも中央官庁レベルでは、統計学の何たるかを知った人材が配置されていったからである。

次に、統計作成の末端である地方制度に着目するならば、一八八九（明治二二）年に市制・町村制が施行され、全国的に基礎自治体の組織や業務が統一されたことは、明確な画期となろう。

中央官庁についていうなら、一八八一（明治一四）年に農商務省が設置された頃に、経済統計を作成する主要な官庁が出そろったといえる。また統計主務官庁についてみると、一八七一（明治四）年に太政官政表課が置かれて以来、今日の統計局にいたるまで組織は一貫していたわけだが、一八八五（明治一八）年に内閣制が行われるにともなって内閣統計局が置かれたことが一つの画期となろう。

以上のように、それぞれの指標はまちまちであり、どこをもって明確な画期と定めることは難しい。しかし、ここでは、できあがってきた統計資料の品質の統一性という点を重視し、統計作成の現場における業務の統一性がまがりなりにも定まったとみられる一八八九（明治二二）年の市制・町村制施行を一つの画期としておきたい。

また、昭和に入り総力戦の時期を迎えた一九三七（昭和一二）年には企画院が設置されたほか、これ以後中央官庁レベルの改廃が頻繁に行われるようになるので、戦時期における一つの画期とみなすことにしたい。

註

▼1　各人間集団に関しては第二章を参照。

▼2　幕末とは、日本近世の終わりの時期という意味であって、幕藩制という体制の終期を意味しているので西暦に置き換えることになじみにくい。また西暦何年頃からを幕末とするかについても諸説ある。本書では、一八四〇年代ぐらい

からあとを幕末と考えている。

▼3 杉亨二に関する文献で、今日でも比較的手に入りやすいものとしては、杉亨二（一九一八）『杉亨二自叙伝』（二〇〇五年に日本統計協会より復刻）、大橋隆憲（一九六五）『日本の統計学』法律文化社、藪内武司（一九九五）『日本統計発達史研究』（岐阜経済大学研究叢書7）法律文化社、佐藤正広（二〇二〇）「杉亨二と統計――維新を生きた蘭学者」佐藤正広編著『近代日本統計史』晃洋書房、三 - 三〇頁などがある。

▼4 この紙名については、三猪信邦《みつまのぶくに》（一九八三）『経済統計分類論』有斐閣、三七頁の注を参照。

▼5 松田泰二郎（一九四八）「国勢調査発達史」大原社会問題研究所編『高野岩三郎先生喜寿記念論文集1　インフレーション・統計発達史』第一出版株式会社、細谷新治（一九七八）『明治前期日本経済統計解題書誌――富国強兵篇（上の二）』（統計資料シリーズNo.8）一橋大学経済研究所日本経済統計文献センター、藪内武司（一九九五）など。

▼6 岡崎文規（一九三五）『統計学全集第一一巻　国勢調査論』東洋出版社、三七頁。

▼7 高橋二郎（一九〇五）「明治十二年末甲斐国現在人別調顛末」『統計集誌』二八八号、東京統計協会。もとのテキストは以下のとおり。

> 小生は明治八年を以て大学南校を出で同課〔太政官政表課〕に入るや杉君は小生が仏語を解するを以て西周助氏の蔵書なる仏国統計家モロー、ド、ジョンネー氏の統計原論を借せり披て之を見るに頗る興味あり殊に其後編「デモグラフィー」の部は十六章許りありて人口の静態動態を国際的に詳論し斬新の議論も多ければ其反訳に従事し〔明治〕八、九、十の三年を費やして之を訳成し我邦に於ても斯る調査を為し度しとの念益盛なる折柄杉課長は此新事業の為め人材網羅を務め相原、呉、宇田川氏等大学出身のものその他物集女、小野、小川等の諸氏の如き若手の洋学者を集め政表事務の他統計学の研究発達を努め政表課は太政官の大学と綽名せらるるに至り〔『甲斐国現在人別調』の実施過程で〕八月三十日杉課長は僚属を伴ひ該県を巡回することとなれり余も其命に接せしが病気の為め之を辞せしを以て世良、鈴木、呉、小川、宇田川、岡松等の諸氏随行し管下町村を巡り一々之を点検し此の年の暮には記入家別表追々政表課へ到達することとなれり

▼8 これらの団体は官立ではないが、その構成員からみて半官半民的色彩が強い。

▼9 総理府統計局（一九五一）『総理府統計局八十年史稿』総理府統計局。

▼10 卒業証書はともかく、証明状と修学証書の違いが何であるかは残念ながらわからない。

▼11 『スタチスチック雑誌』掲載の共立統計学校卒業生一覧には、秋山嘉一という人物の名がみられる。東京統計協会の会員名簿にも、この名は含まれている。しかし、総理府統計局（一九五一）一〇五‐一〇七頁には、共立統計学校の卒業生として永山嘉一の名があり、秋山の名はない。藪内（一九九五）は総理府統計局の記載を支持しているようである。この人物が永山嘉一であるならば、のちに台湾総督府勤務を経て満洲に行った人物の可能性がある。

▼12 河合利安（一八九〇）「同窓会諸君に告ぐ」『スタチスチック雑誌』四七号。原文は以下のとおり。

> 全科卒業三十六名中、地方庁（北海道庁を含む）十八名、統計局三名、宮内省二名、逓信省二名（相原氏を除く）、郵便電信局二名、民間に在てスタチスチックを唱ふる者一名、小学校教員一名、死亡三名、不詳四名にして、証明状九名中、中部地方庁四名、逓信省一名、農商務省一名、兵役一名、私立の義塾一名、不詳一名。又修学証書十八名中、小学校教員三名、商業学従事一名、民間の会社一名、兵役一名、職工学校生徒一名、警視庁一名、宮内省一名、函館商船学校一名、林務官一名、死亡一名にして不詳六名とす

▼13 『統計集誌』第一二六号の記事によれば、一八九二年二月当時、統計学の講座がある高等教育機関は一〇校で、その内訳は、帝国大学法科大学、慶應義塾大学部、東京専門学校、高等商業学校、専修学校、東京商業学校、陸軍経理学校、名古屋商業学校、横浜商業学校、学習院であった。

▼14 関三吉郎（一九一一）「中央統計講習会」『統計集誌』第三五九号。

▼15 福島県について筆者が調べたところでは、こうした講習の結果、一九〇九年の時点で、県下の各市町村に最低一人は講習を受けた吏員がいる状態になっていたとみられる。

▼16 佐藤正広（二〇〇二）『国勢調査と日本近代』岩波書店、第六章を参照。

▼17 横山雅男（一九〇六）『統計通論』統計学社。同書の内容は、国立国会図書館デジタルコレクションから検索し、ダウンロードすることができる。

▼18 地方統計協会の多くは、道府県など地方政府の外郭団体のような位置づけを持つものであり、本来の意味での民間団

体ではない。この点、イングランドで一八三〇年代に各地に設立された統計協会（Statistical Society）が、産業家や医師など（往々《おうおう》にしてユニテリアンなどの宗教的少数派に属する）による純然たる民間団体であったのとは様相を異にする（Cullen, M. J., [1975], *The Statistical Movement in Early Victorian Britain: The Foundations of Empirical Social Research*, The Harvester Press）。しかし、こうした協会が組織されることで、各地で統計に対する興味が高まり、かつ人々が意見交換をする場が形成された意義は大きい。

▼19 佐藤正広（二〇〇二）第四章を参照。

▼20 佐藤正広（二〇一八）「明治前期における公的統計の調査環境と地方行政」『経済研究』六九巻二号、一六〇－一八五頁。

▼21 大蔵省統計寮と太政官政表課の縄張《なわば》り争いの経緯については、細谷新治（一九七六）『明治前期日本経済統計解題書誌――富国強兵篇（上の一）』（統計資料シリーズ No. 4）一橋大学経済研究所日本経済統計文献センターを参照。

▼22 細谷新治（一九七六）を参照。

▼23 島村史郎（二〇〇八）『日本統計発達史』日本統計協会、五四頁。

第四章　革命政府明治国家の縮図——一八八四年

この章では、最初に以下の三つの章で取り上げるベンチマーク年について紹介したのち、一八八四（明治一七）年の統計関係出版物を紹介し、続いて『府県統計書様式』の成立過程と、これを受けた県レベルでの統計調査の実態についてみる。そして最後に、中央レベルで編集される『帝国統計年鑑《ていこくとうけいねんかん》』の編集現場で何が起きていたかについて観察する。ここに描き出されてくるのは、成立して間もない明治国家が、その支配の末端を把握することに苦心惨憺《さんたん》している姿である。

一　ベンチマーク年の設定と本章の課題

第一章でも触れたが、統計の歴史に関する従来の研究の特徴の一つは、それらの議論が、統計が作成された時代の最新の、調査統計を中心とするものであったことである。しかしながら、今日われわれが利用できる統計の多くの部分は業務統計であり、また、調査統計であっても、何回か回を重ねて調査担当者にとっては一種のルーティンとなったものであることが多いことはすでに述べた。以下三つの章ではこの点を考慮に入れ、一八八四（明治一七）年、一九二〇（大正九）年、一九四〇（昭和一五）年をベンチマーク年として、これらの年に刊行され

[1]た統計関係書について横断的観察を行い、それぞれの時期の統計刊行物全体としての特徴をみると同時に、その中で特徴的と思われる個別の統計や、統計に関係する資料に関して、その成り立ちや社会的位置づけに関して考察を加えていくことにしたい。[2]なぜこれらの年次を選んだかということについて説明しておくと、第四章で取り上げる一八八四年は、第三章でも触れたとおり、中央では各省の体制が形をなすとともに内閣制度が導入される直前であり、地方ではのちの市町村制につながる戸長《こちょう》管区制が導入された年であって、明治《めいじ》維新《いしん》後のさまざまな混乱が収束に向かいはじめた時期である。また第五章で取り上げる一九二〇年は、各省庁や地方制度などの国家機構が安定した時期であると同時に、明治以来の日本の社会、経済の急速な変化が顕在化した時期でもある。さらにこの時期は、国勢調査が実施されるなど統計学者が設計した調査統計の存在感が増し、また中央統計委員会が組織されるなど統計システムに関する見直しの動きが現れた時期でもある。第六章で取り上げる一九四〇年は、日中戦争が泥沼化し、総力戦の様相を呈した時期である。一九四〇年以降は、中央官庁の改編もたびたびあり、また地方でも戦争の影響を受けて統計のあり方が流動的になる。第六章では、この時期の統計書の刊行状況を切り取って、総力戦と統計のかかわりをみることにしたい。

その手始めとして、この第四章では、①一八八四年に刊行された統計関係出版物を俯瞰《ふかん》し、②内務省《ないむ》が各省庁による報告要求を取りまとめた『府県統計書様式』の成立、③これを受けた県レベルでの統計調査の実態について述べ、最後に④中央における『帝国統計年鑑』の編成のあり方についてみて、この時期の統計のあり方と当時の社会状況との関係について考える。

二　統計関係出版物の概観——中央における報告様式の成立と地方統計の草創

はじめに、一八八四（明治一七）年に刊行された統計関係出版物を一覧しよう（表4-1）。国会図書館、CiNii Books、および一橋大学で確認できたかぎり、この年に刊行された統計関係出版物は四九点あり、そのうち一六

表4-1　一八八四（明治一七）年刊の統計関係書籍

通番	内容	中央・地方	編・著・発令	タイトル	編・著・発令	典拠
一	統計学	その他	著	Von dem Ursprung der Statistik bis auf Quetelet (1835)	V. John	国会
二	統計学	その他	著	和氏人員寸多知寸知久	和田垣謙三	一橋
三	様式	中央	発令	各省達府県統計材料様式	統計院	一橋
四	様式	中央	発令	内務省統計材料様式	内務省	一橋
五	様式	中央	発令	監獄経理諸表中賭博犯記載方	内務省	国会
六	様式	中央	発令	府県統計書様式	内務省	国会
七	様式	中央	発令	陸軍報告例改正	陸軍省	国会
八	様式	中央	発令	海業の男子17歳より40歳までの人口届出方	海軍省	国会
九	様式	中央	発令	海業者口数届出表式	海軍省	国会
一〇	様式	中央	発令	海軍省報告例	海軍省	国会
一一	様式	中央	発令	統計材料取調差出方	海軍省	国会
一二	様式	中央	発令	報告書差出方	海軍省	国会
一三	様式	中央	発令	民事訴訟件数中金額及価額の階級取調方	司法省	国会
一四	様式	中央	発令	外務文部工部三省統計材料様式を定む	太政官	国会
一五	様式	中央	発令	宮内省元老院統計材料様式を定む	太政官	国会
一六	様式	中央	発令	太政官統計材料様式	太政官	国会
一七	様式	中央	発令	大蔵司法両省統計材料様式を定む	太政官	国会
一八	様式	中央	発令	内務省及警視庁統計材料様式	太政官	国会
一九	様式	中央	発令	農商務省統計材料様式	太政官	国会
二〇	様式	中央	発令	陸軍海軍両省統計材料様式を定む	太政官	国会
二一	様式	中央	発令	〔大蔵省書記局中に旧開拓使事業報告編纂残務掛を置く〕	大蔵省	国会
二二	様式	中央	発令	農商務通信規則に拠り報告の事項	農商務省	国会
二三	様式	中央	発令	明治15年第3年鑑に係る照会文綴込	統計院	一橋
二四	記録等	中央	編	統計院書記官巡回紀事	統計院	一橋
二五	記録等	中央	編	興業意見——未定稿	農商務省	CiNii

二六	統計書	中央	編	大日本外国貿易年表	大蔵省主税局第一部	国会
二七	統計書	中央	編	工部統計志	工部省	一橋
二八	統計書	中央	編	勧業会統計部日誌	農商務省	一橋
二九	統計書	中央	編	内外商務統計要略――従明治元年至明治15年及16年	農商務省	一橋
三〇	統計書	中央	編	水産博覧会第四区出品審査報告・統計部	農商務省	CiNii
三一	統計書	中央	編	大日本帝国内務省統計報告	内務省	CiNii
三二	統計書	中央	編	内国統計全書	吾妻健三郎	CiNii
三三	統計書	中央	編	［日本帝国］統計年鑑　第3回	統計院	国会
三四	様式	地方	発令	商務・工業通信事項	山口県	一橋
三五	統計書	地方	編	群馬県統計書・完	群馬県	CiNii
三六	統計書	地方	編	愛知県統計書	愛知県	一橋
三七	統計書	地方	編	和歌山県統計概書	和歌山県	CiNii
三八	統計書	地方	編	石川県統計表	石川県	一橋
三九	統計書	地方	編	勧業統計表	島根県	一橋
四〇	統計書	地方	編	静岡県統計書	静岡県	一橋
四一	統計書	地方	編	鳥取県統計表	鳥取県	CiNii
四二	統計書	地方	編	島根県統計表	島根県	一橋
四三	統計書	地方	編	富山県勧業年報	富山県	一橋
四四	統計書	地方	編	長崎県統計表	長崎県	一橋
四五	統計書	地方	編	兵庫県県勧業年報	兵庫県	一橋
四六	統計書	地方	編	宮崎県統計書	宮崎県	国会
四七	統計書	地方	編	富山県越中国射水郡治一覧表　その1	富山県射水郡役所	国会
四八	統計書	地方	編	富山県越中国上新川郡治一覧表	富山県上新川郡	国会
四九	統計書	地方	編	民間経済盛衰比較一覧表	出版者不明	国会

註　典拠「国会」は、国立国会図書館サーチ（https://iss.ndl.go.jp/　二〇二〇年二月一九日現在）で「件名」に「統計」を、「出版年」に「1884」を入力した結果。典拠「一橋」は、一橋大学経済研究所附属社会科学統計情報研究センターの蔵書検索中「詳細検索」（https://opac.lib.hit-u.ac.jp/opac/opac_search/?lang=0　二〇二〇年二月二〇日現在）で、「全ての項目から」に「統計」を、「出版年」に「1884」を入力した結果。典拠

「CiNii」は、CiNii Books の詳細検索（https://ci.nii.ac.jp/books/ 二〇二〇年三月一三日現在）で、「フリーワード」に「統計」を、「出版年」に「1884」を入力した結果。通番五〇は岡山県で刊行されている。

点が地方もしくは地方の民間、三一点が中央省庁もしくは東京の民間によるもの、二点が地域レベルにかかわりのない統計学書である。

　地方の刊行物についていうと、一八八四年直前の時点では、のちにすべての府県で刊行される「府県統計書」の類はまだすべての府県では刊行されておらず[3]、群馬県、愛知県、和歌山県、石川県、島根県、静岡県、鳥取県、富山県、長崎県、兵庫県、宮崎県の一一県で、「統計表」「統計書」「勧業年報」などの名称で県レベルの統計書が刊行されていることがわかる[4]。また山口県では、統計調査の項目が布達の形で出されている。このようなケースは、山口県のみでみられる現象ではなく、他の府県にも存在したものと推測できる。また、富山県では郡レベルの「郡治一覧表」が刊行されている。明治期の地方官僚は、江戸時代の「牧民官《ぼくみんかん》」の発想の流れをくむものが多かったと想像されるので、このようにして第二章四節一項で触れた、図でいえば第Ⅲ象限に属する「土着の統計」が刊行されたのであろう。著作者不明の『民間経済盛衰比較一覧表』は岡山県で刊行されたもので、地方レベルで、民間に経済統計を編成する動きがあったことを示しており、注目に値する。土着の統計が第Ⅲ象限のみならず、第Ⅱ象限にもわたって現れはじめているとみることができるが、それはまだごくわずかの範囲にとどまる。

　中央の刊行物は、『統計年鑑』『大日本外国貿易年表』など八点の統計書を除けば、各省庁による報告様式の発令が多い。大蔵《おおくら》省、太政官《だじょうかん》（統計院）、内務省、陸軍省、海軍省、農商務省《のうしょうむ》、司《し》法《ほう》省などの官省の名が挙がっており、主要官庁が出そろったこの時期に各官庁が、自己の管轄《かんかつ》下の事象に関して、てんでに情報を求めはじめていたことがわかる。分散型統計システムがここにはっきりとみてとれるわけである。また、この時期は統計学が日本に紹介されつつあった時期でもあった（第三章二節一項を参照）ので、V・ヨーンの *Von dem Ursprung der Statistik bis auf Quetelet*（1835）や、和田垣謙三講述、横山雅男筆記による『和氏人員　拸[illegible]契』[5]などもリストアップされている。

ここで注目に値するのは、内務省が『府県統計書様式』を、また太政官統計院が『各省達府県統計材料様式』を発していることである。典型的な分散型統計システムとして出発した日本の統計であるが、これを整理して重複を防ぎ、末端行政機構の負担を軽減しようという動きは、明治初期からみられたわけである。

三　『府県統計書様式』の成立

内務省は、自己の管轄下の事項に関して『内務省統計材料様式』を、太政官を通じて発令しているが、これとは別に、『府県統計書様式』（以下『様式』と呼ぶ）を出している。この両者の違いは、前者が内務省管轄の事項に関する情報だけを集めようとしているのに対し、後者は、各省庁の、それぞれの「報告様式」などに基づいて、内務省の出先機関であった府県に報告を要求する事項を一覧表の形でまとめたものであるという点にある。すなわち、内務省は、分散型統計システムの中で各省庁が思い思いに発していた情報への要求を、いったん整理して『様式』の形に編纂《へんさん》することにより、管下の各府県の便宜を図ったのである。この『様式』は、一八八四年に出されたきり、改訂されずに終わってしまうのであるが、その後も、内務省の出先機関であった府県レベルでは横の連絡を取りながら、変化してゆく各省庁の報告要求を反映した形で『○○県報告例』などのタイトルのもと、『様式』を改訂しながら一九四〇年代にいたるまで府県統計書などの刊行を続けた場合が多い。

ここで、『府県統計書様式』の前書きをみると、以下のように書かれている。

この様式は、各省の通達などに基づいて調査する材料を使って県統計書を編製する趣旨で作ったものである。

しかし緊要だと判断される事項などは、各省の通達などになくても調査事項としている。これらの事項のうち調査に多くの手数がかかるものは、しばらくの間、これを欠いても差し支えない。ただし中央官庁の通達などに変更があって調査の事項が変更されるときは、そのつどこの様式〔も改定し、あらためてその〕大体を指示することとする。▼[6]

つまり、この様式は内務省が独自に編成したものだけではなく、各官省が府県に報告を求めた事項を内務省が取りまとめたものであり、その報告内容が変化するにしたがい、この様式も改訂されるべきものだというのである。また、以下のような記述もあり、当時の地方官庁の担当者が統計表の作成に慣れていなかったことをもうかがわせる。

一　数字の位取りの方法は、様式中で特に端数を表示するように指示がある場合以外は、四捨五入の方法を用い、一の位にとどめること。

一　数字の区切り点は、一の位は「・」（一の位以下の小数を記入しない場合はこの点は必要としない）を用い、千と百万の位には「、」を、それぞれ右側下に振り、一の位の右側にその数量の単位を記すこと。

一　表の中に調査できなかった事実があるときはその欄に「?・」を、また全く記入する事実がない場合は「――」を記入すること。▼[7]

端数の処理法、小数点と位取り点の区別、調査できなかった欄と調査をしたが事実がない欄との区別などについて述べられている。初歩的な作表法に関する注記である。

『府県統計書様式』の調査項目について、表番号とタイトルのみを列挙すれば以下のとおりになる。▼[8]

表4-2　府県統計書様式に現れる項目

篇名	表番号	タイトル
土地	第一	地勢
	第二	本府県管轄地の沿革
	第三	本府県の位置
	第四	国郡の面積及広袤《こうぼう》
	第五	地目別の面積
	第六	有無税地及耕不耕地の面積
	第七	山嶽《さんがく》の景状
	第八	原野の景状
	第九	河川の脈絡
	第一〇	池沼湖の周囲及面積
	第一一	島嶼《とうしょ》の位置及周囲面積
	第一二	寒暖
	第一三	郡区区画
	第一四	裁判区画
	第一五	警察区画
	第一六	元標より各所への里程
	第一七	田畑の段別《たんべつ》及地価
	第一八	田畑地価の最高最低
	第一九	宅地の段別及地価
戸数及人口	第二〇	郡区の戸数及建物
	第二一	島嶼の戸数
	第二二	郡区の人員
	第二三	島嶼の現住人員
	第二四	本籍人員の族籍《ぞくせき》
	第二五	本籍人員の年齢
	第二六	現住夫婦及結婚離婚
	第二七	現住結婚者の年齢
	第二八	現住結婚者年齢の対照
	第二九	現住者の出産
	第三〇	現住者の死亡
	第三一	現住死亡者の年齢
	第三二	出入寄留《きりゅう》の人員
	第三三	棄児《きじ》
	第三四	在留外国人
	第三五	兵員
	第三六	徴兵人員
農業	第三七	農家
	第三八	農業者
	第三九	耕地の作付及不作付段別

農業	第三七	農家
	第三八	農業者
	第三九	耕地の作付及不作付段別
	第四〇	自作及小作地の段別
	第四一	米の収穫高及植付段別
	第四二	米の播種《はしゅ》及収穫時期
	第四三	米の被害段別
	第四四	大麦、小麦、裸麦《はだかむぎ》の収穫高及播種反別
	第四五	粟《あわ》、黍《きび》、稗《ひえ》の収穫高及播種反別
	第四六	蕎麦《そば》、蜀黍《もろこし》、大豆の収穫高及播種反別
	第四七	小豆《あずき》、蚕豆《そらまめ》、豌豆の収穫高及播種反別
	第四八	藍、菜種、藺《い》の収穫高及播種反別
	第四九	甘蔗、芦粟《ろぞく》、烟草《たばこ》の収穫高及播種反別
	第五〇	甘藷、馬鈴薯、蘿蔔《らふく》の収穫高及播種反別
	第五一	綿、大麻、苧麻《ちょま》の収穫高及播種反別
	第五二	桑園
	第五三	養蚕家及繭糸《けんし》の産額
	第五四	茶園の段別
	第五五	製茶家及製茶の産額
	第五六	農事会
	第五七	他府県及海外へ輸送の種苗
	第五八	他府県及海外より輸入の種苗

牧畜	第五九	牛
	第六〇	産牛及屠斃牛《とへいぎゅう》
	第六一	牛乳搾高
	第六二	牛市場の売買頭数及金高
	第六三	牛の相場
	第六四	馬
	第六五	産馬及斃馬《へいば》
	第六六	馬市場の売買頭数及金高
	第六七	馬の相場
	第六八	牧場
	第六九	牧畜の増減
	第七〇	疫牛馬
	第七一	屠殺《とさつ》の牛豚
山林	第七二	官林の箇所及段別
	第七三	官林の木数
	第七四	官林の伐木及損害
	第七五	著名官林の段別及木数
	第七六	著名官林の伐木及損害
	第七七	民林の段別及山番人
	第七八	民林所有者の数及所有に由て別ちたる段別
	第七九	民林の伐木及損害
	第八〇	木材の相場

山林	第八一	銃猟《じゅうりょう》人員
漁業	第八二	漁浦
	第八三	漁戸及漁人
	第八四	漁船
	第八五	海産
鉱業	第八六	有鉱質借区現行の坑数
	第八七	有鉱質借区休業の坑数
	第八八	有鉱質試掘の箇所
	第八九	有鉱質の精錬出来高
	第九〇	無鉱質借区現行の坑数
	第九一	無鉱質借区休業の坑数
	第九二	無鉱質試掘の箇所
	第九三	無鉱質の掘採高
鉱業	第九四	塩田《えんでん》段別営業人及工数
	第九五	製塩及価額
	第九六	鉱泉の性質
工業及製造	第九七	製作及製造品
	第九八	工場
	第九九	工場の製品及代価
	第一〇〇	度量衡《どりょうこう》の製作高
	第一〇一	酒類の醸造
土功	第一〇二	道路の坪数《つぼすう》及延長
土功	第一〇三	道路の新開及修繕《しゅうぜん》坪数
	第一〇四	道路の新開及修繕費
	第一〇五	橋梁《きょうりょう》の個数及坪数
	第一〇六	著大橋梁の長さ及幅
	第一〇七	橋梁の新架換及修繕費
	第一〇八	堤防の築造及修繕
	第一〇九	堤防の築造及修繕費
	第一一〇	溜池《ためいけ》及水路
	第一一一	修繕の溜池及水路
	第一一二	溜池及水路修築費
	第一一三	上水の枡樋《ますひ》管《かん》及井戸
	第一一四	上水修繕の箇所坪数及費金
	第一一五	港津《こうしん》の築造及修繕
商業	第一一六	著名港津輸出入物品の元価
	第一一七	著名港津の輸出物品
	第一一八	著名港津の輸入物品
	第一一九	著名港津出入の船舶
	第一二〇	海運の賃銭
	第一二一	某米商会所《こめしょうかいしょ》
	第一二二	某米商会所売買出来高
	第一二三	某米商会所限月平均相場
	第一二四	商業諸会社

商業	第一二五	卸《おろし》売《うり》商
	第一二六	仲買《なかがい》商
	第一二七	小売《こうり》商
	第一二八	雑商
	第一二九	市場《しじょう》の問屋《とんや》及仲買
	第一三〇	市場の売買金高
貨幣の融進［ママ］	第一三一	公債証書《こうさいしょうしょ》の所有者及額面金高
	第一三二	公債証書の種類
	第一三三	公債証書売買の額面金高
	第一三四	銀行
	第一三五	銀行の株主及株金
	第一三六	銀行株金百円に対する純益
	第一三七	銀行の預り及貸付金
	第一三八	銀行の為替《かわせ》金
	第一三九	銀行の諸手形《てがた》
	第一四〇	質屋《しちや》の貸金
	第一四一	銀行及質屋の金利歩合《ぶあい》
	第一四二	某株式取引所
	第一四三	某株式取引所の売買出来高《ばいばいできだか》
	第一四四	某株式取引所株式百円の相場
	第一四五	地所の売買及券面金高
	第一四六	地所の書質入《かきしちいれ》貸借及券面金高

貨幣の融進［ママ］	第一四七	建物の売買及書質入
賃銭及物価	第一四八	市街職人及雇人《やといにん》の賃銭
	第一四九	郡村職人及雇人の賃銭
	第一五〇	重《おも》なる物品相場《そうば》
	第一五一	日用品の平均相場
交通	第一五二	街道の里程
	第一五三	汽車鉄道の里程及敷地
	第一五四	汽車の乗客荷物及賃銭
	第一五五	諸車
	第一五六	郵便
	第一五七	通運会社
	第一五八	電信
	第一五九	港湾の景況
	第一六〇	灯台の景況
	第一六一	灯船の景況
	第一六二	浮標《ふひょう》及礁標《しょうひょう》の景況
	第一六三	河川の舟路《しゅうろ》
	第一六四	通船の堀河
	第一六五	船舶
	第一六六	船舶の所有者及船数
	第一六七	難破船
貯蓄及保険	第一六八	備荒貯蓄物《びこうちょちくぶつ》

貯蓄及保険	第一六九	備荒貯蓄の場処《じょうしょ》及所管
	第一七〇	備荒貯蓄金の貸助を受けし人員
	第一七一	備荒貯蓄金の出入
	第一七二	町村の貯蓄物
	第一七三	貯金の銀行及会社
	第一七四	貯金
	第一七五	保険会社
	第一七六	海上保険会社の保険金
	第一七七	生命保険の人員及保険金
	第一七八	救済所
慈恵及褒賞	第一七九	救済所の現在人員
	第一八〇	救済所の資金
	第一八一	国費救恤《きゅうじゅつ》の人員
	第一八二	国費救恤の米高及代金
	第一八三	慈恵《じけい》の義捐《ぎえん》金及義捐人員
	第一八四	義捐金にて救済せられし人員及金員
	第一八五	受賞者の成績
	第一八六	受賞品の種類
衛生	第一八七	医師産婆及鍼灸《しんきゅう》
	第一八八	病院の患者
	第一八九	黴毒《ばいどく》受検人員
	第一九〇	公私立病院患者の病症
衛生	第一九一	公私立病院患者の男女
	第一九二	伝染病及地方病の患者
	第一九三	種痘人員
	第一九四	病死者の病症
	第一九五	病死者の年齢
	第一九六	伝染病及地方病の病死者
	第一九七	薬舗及売薬
社寺	第一九八	神社
	第一九九	寺院
	第二〇〇	神官及住職
教育及図書新聞紙	第二〇一	就学の学齢及非学齢人員
	第二〇二	就学人の年齢
	第二〇三	小学校及教授者生徒
	第二〇四	小学校教授者の類別
	第二〇五	公立小学校教授者の年齢及勤務年限
	第二〇六	小学の卒業生徒
	第二〇七	小学の中途退学生徒
	第二〇八	中学及諸学校
	第二〇九	中学及諸学校の教授者及生徒
	第二一〇	公立小学費の収入
	第二一一	公立小学費の支出
	第二一二	中学及諸学校費の収入支出

教育及図書新聞紙	第二一三	出版図書
	第二一四	新聞紙及雑誌発行高
警察	第二一五	警察署及警察官
	第二一六	盗難に罹《かか》りし家屋船及人員
	第二一七	盗難に罹りし財産の価額
	第二一八	変死人員
	第二一九	変死人員の署別
	第二二〇	変死せんとして死に至らざりし人員
	第二二一	変死せんとして死に至らざりし人員の署別
	第二二二	途上にて保護せられし人員
	第二二三	火災に罹りし家
	第二二四	火災の原由
	第二二五	火防組
	第二二六	水災
	第二二七	捕《ばく》に就きし犯罪人員
	第二二八	違警罪《いけいざい》処断人員
	第二二九	附加刑監視人員
	第二三〇	特別監視人員
	第二三一	新聞紙雑誌の停止
	第二三二	政談演説
	第二三三	民有銃砲
	第二三四	銃砲弾薬の売買

警察	第二三五	取締に関する諸営業
	第二三六	貸座敷
	第二三七	娼妓《しょうぎ》
監獄	第二三八	監獄《かんごく》官
	第二三九	監獄の敷地及建物
	第二四〇	在監人員
	第二四一	監獄の出入人員
	第二四二	在監人の死亡
	第二四三	在監人の延人員及極数
	第二四四	在監人の賞
	第二四五	在監人の罰
	第二四六	監獄の経費
府県及区長村会	第二四七	府県会の議員及撰挙《せんきょ》被《ひ》撰挙《せんきょ》権を有する人員
	第二四八	府県会の常置委員
	第二四九	府県会の開会日数及議事件数
	第二五〇	府県会議員の投票
	第二五一	区町村会開未開の町村及議員
府県及区町村歳入出	第二五二	国庫支出の府県費
	第二五三	地方税収入の予算
	第二五四	地方税収入の決算
	第二五五	地方税収入の郡区別
	第二五六	営業雑種及特別課税

府県及区町村歳入出	第二五七	地方税の税率
	第二五八	地方税支出の予算
	第二五九	地方税支出の決算
	第二六〇	地方税支出決算の細目
	第二六一	賦金《ふきん》の収入
	第二六二	賦金の支出
	第二六三	協議費の収入
	第二六四	協議費収入の郡区別
	第二六五	協議費の支出
	第二六六	協議費支出の郡区別
	第二六七	水利土工会決議の収入
	第二六八	水利土工会決議の支出
国税	第二六九	国税
	第二七〇	国税の郡区別
国税	第二七一	地租の類別
	第二七二	酒税の類別
	第二七三	国税怠納《たいのう》の人員
	第二七四	国税怠納の金員
官吏及文書	第二七五	府県庁各課の分科
	第二七六	府県官の分課
	第二七七	府県官の現員及任罷《にんひ》
	第二七八	郡区《ぐんく》町 村吏《ちょうそんり》
	第二七九	勧業衛生学務に関する人員
	第二八〇	府県官の俸金
	第二八一	郡区町村吏の俸金
	第二八二	勧業衛生学務に関する人員の俸金
	第二八三	収受の文書
	第二八四	送発の文書

出典　一橋大学経済研究所附属社会科学統計情報研究センター所蔵『府県統計書様式』より筆者作成

このように、各府県には二八四の事項に関する報告が求められた。報告事項の種別を示す「篇名」を列挙してみれば、土地、戸数および人口、農業、牧畜、山林、漁業、鉱業、工業および製造、土木、商業、貨幣の融通、賃金および物価、交通、貯蓄および保険、慈善および報賞、衛生、社寺、教育および図書新聞紙、警察、監獄《かんごく》、府県および区長村会、府県および区町村歳入出、国税、官吏《かんり》および文書の二四篇である。なかには数値情報でなく、記述式の情報を求めるものもある（特に「土地」に多くみられる）が、これが当時中央諸官庁から府県庁に報告を求めた情報の一覧である。繰り返しになるが、内務省は、それらを各府県がてんでに回答するのではなく、一定の秩序をもって回答することを求めているわけである。この報告例に基づいて各府県の「府県統計書」がこれ以後編纂され、さらには『帝国統計年鑑』も編纂されていく。そのため、この報告例は各府県の統計書を相互に比較したり、数値を合計したりしやすくする役割も果たしている。この点は、第二章三節一項にみたドイツ国状学のあり方によく似た発想であるといえよう。これだけで、この統計のあり方が「土着の統計」の性質を強く持っていた（図２－１で第Ⅲ象限に位置する）と述べるのは根拠が薄弱かもしれないが、筆者はそういう印象を強く抱いている。すでに述べたとおり、この様式はそのうたい文句にもかかわらずこれ以後改訂されることはなかったのであるが、いずれにせよ、この様式が出発点となり、以後は各官庁が求める報告内容の変化を追いつつ、内務省の出先機関であった道府県が横の連絡を保って「○○県報告例」の類を自主的に改訂していく形で、『道府県統計書』は第二次世界大戦期まで編纂されていくことになった。

四　府県レベルの統計書の成立過程

次に、明治初期、すなわち内務省による報告様式の成立以前における府県レベルの統計書の編纂の様子をうかがわせる資料を紹介しておこう。[9] このことを通じて、明治期の中央官庁と、地方政府との関係を確認しておきたいと思う。

表紙に「明治十六年　府県統計書様式案通達書　永井《ながい》久一郎《きゅういちろう》」[10] と書かれたこの資料は、長崎県の用箋に毛筆縦書きで、県統計書の成立のいきさつが記されている。

まず、一八八三（明治一六）年六月八日の日付のある文書には、以下のようにある。

本県の県治《けんじ》統計表は明治一三年まですでに刊行し、一四年分はただいま調査中で近いうちに完成する。それから順次一五年分に着手するということである。しかしながら本県の統計表を通してみると、まことに大雑把な統計表であって〔中略〕ただいま取り調べ中の統計表〔一四年表〕も一三年の様式をモデルとする以上のものではなく、まことに遺憾であるけれども、過ぎたことにこだわらず一五年表からは大いに改良を加え、一歩進めようとしている。しかし統計調査にあたっては各府県が統一的に用いるべき様式がないので一定せず、そのためしばらくの間は主任の意見によって表の様式を定め、県内の各課署、郡区役所に対して材料を収集して得たさまざまなものの結果を統計表にまとめようとするという前述の心づもりである。[11]

ここからは、長崎県を含む各府県が遅くとも明治一三年までには府県レベルの統計書を刊行していたこと、しかし、各府県が準拠すべき様式がないので、府県が独自にこれを定めていたことがわかる。これに続く文章では、統計資料の収集、編纂が当時の長崎県にとっては難事業であったことがうかがわれる。

県治年報は本県ではいまだかつてない新事業であり、これを創始するにあたっては各課署を煩《わずら》わせるだろうけれども、年報の功用は県政上まことに欠くことのできないものであるから課署を励まして材料を収集し、県政上、管轄下のものごとが増加・減少する理由などもれなく記して将来の政策立案の道具として提供し、同時にこれまでの実績が消えてしまわないようにする。しかし遠い過去に遡って編集することは、人手が足らないので着手すべき事業ではなく、〔着手したとしても〕ただただ時間がかかって、いろいろなことを整えてもそれはすでに古い情報になってしまう恐れがある。そのため、左記のとおり順次着手する方針なのである。[12]

それにしても、県レベルの統計書を「県治上寔《まこと》に欠くべからざるもの」と語るなど、この資料は、当時の地方官僚が数値情報をいかに重視していたかを物語っているといえよう。地方の「牧民官」が、統治の必要から、土着の統計を求めている姿であるということができる。

次に、一八八三（明治一六）年九月一二日決議という日付のある文書をみると、次のようにあり、内務省がこのころから管下の府県に対して、一応の様式を示して報告を求めはじめていたことがうかがわれる。

> 統計表様式の件につき伺い
>
> かつて申し述べましたとおり、一五年統計表では編纂方法と表の様式を一変しようという意見があるので、内務省統計課が編纂した表様式にならって各府県の統計書を参照し、それに私の意見も勘案して品目を分類し、別冊のとおり一七類七八項目一七九表としました。しかし、これが完全であるというわけではなく、ただ本県の従来の統計表に比べてきわめて詳細なものにしただけであります。もし完全を望むならば、掲げるべき項目もわずか一〇〇以下では済まず、表の様式もまた数百という多数にのぼるでしょう。ことにその材料については、あらかじめ収集方法を決めておかなければ、すぐには調査できないものが多いでしょう。したがって現時点で完全なものを望んでも、実際には実行不可能な恐れがあります。▼[13]

内務省統計課の要求に準拠した表様式を勘案して表式《ひょうしき》を作ったが完璧なものではなく、また完璧を求めようとしても、その収集方法をあらかじめ決めないことには収集ができず、実現は難しいだろうというのである。

しかし一八八四（明治一七）年一一月一八日決議の文書をみると、次のようにあり、最終的には同年の「府県統計書様式」通達により、これを県の実情に合うように読み替えて運用することになったことがわかる。

> 本県統計書様式を支庁および郡区役所へ通達の件

本年内務省乙第三六号によって通達のあった府県統計書様式に準じ、本県統計書の編纂に着手するべきですが、材料のうち支庁郡区役所に対して調査をしなければならないものが過半数あります。これについて右の様式を改めて本県統計書様式とし、先に伺いを出し定めておいた各項目にそれぞれ修正を加えました。修正の条項は別紙のとおり。▼14 乙号をもって支庁および郡区役所に通達することとなりました。これは将来の材料収集にあたって大いに便宜となることなので、通達案を添えてこの件につき決裁を仰ぎたく存じます。

乙第　号
厳原《いずはら》支庁
郡区役所

本県統計書はただいまより別冊に準じ編成するので、心づもりのためこのことを通達する
年　月　日　　長官▼15〔下略〕

「府県統計書様式」では、支庁および郡区に報告を求めなくてはならない項目が多くあるので、支庁および郡区に対して報告を求める項目について、県の実態に合った形に字句を修正して▼16「長崎県統計書様式」として通達するというのである。この時期、おそらく同様の動きが各府県でみられ、また各府県間で横の連絡を取りあってそれぞれの府県の「統計書様式」「報告例」といった様式が定められていったのであろう。

五　『帝国統計年鑑』の編纂

私たちが今日、歴史的統計データとして利用できる資料の中でも、最も広い領域について、長期にわたって刊行され続けた総合統計書は、『帝国統計年鑑』[17]であろう。一八八二（明治一五）年に刊行された初めてのもの（『統計年鑑』）には二七九表が掲載された。ここでこれらの表全部の目録を載せることはしないが、これらは以下の二一編に分類されていた。すなわち、①土地、②人口、③農業、④山林、⑤漁業および製塩、⑥鉱山、⑦工業、⑧通運、⑨銀行および金融、⑩外国貿易、⑪衛生、⑫社寺、⑬教育、⑭警察、⑮監獄、⑯司法、⑰陸軍、⑱海軍、⑲財政、⑳政事、㉑北海道、である。当時の中央官庁（表3-3）による管轄事項のほぼすべてをカバーしていることがわかる。[18]このあと、一九四〇（昭和一五）年分まで刊行されたこの年鑑は、中央官庁の管轄事項の変化にしたがって内容を時代とともに変化させていくが、一九四一（昭和一六）年に前年分が刊行されたところで、戦時体制下での刊行が続けられなくなり、休刊した。

『帝国統計年鑑』は、統計局[19]が中央各官庁や、全国の道府県に対して調査事項を照会《しょうかい》し、その結果を取りまとめて刊行されたと考えられる。しかし、その編纂《へんさん》の現場でどのようなことが起きていたか、資料が十分に存在しないため、いままで明らかにはされていない。ここでは、ごく初期に属する第三統計年鑑を中心とし、その中でも限られた事項に関することではあるが、統計年鑑編纂の現場でのやりとりがわかる資料を紹介したい。

利用する資料は、統計局統計図書館が古資料として所蔵している『明治十五年第三年鑑に係る照会文綴込《つづりこみ》』[20]である。ここには一八八四（明治一七）年一月二七日付からはじまって、同年七月一〇日付にいたる約半年分の九一件の公文書が製本されて一冊になっている。文書の多くは、中央官庁や府県に対する統計情報提出の催促《さいそく》や、提出された情報を検算した結果、不整合が発見されたために報告元に対して行われた照会の案文であるが、まれに、報告を求められた側、すなわち各中央官庁や府県からの照会などの書簡が含まれている。ほとんどの文書は、統計院属《さかん》の佐藤桂馬《さとうけいま》、間庭又次郎《まにわまたじろう》、河村良作《かわむらりょうさく》という三人によって作成されている。

統計院では、統計年鑑の編纂に際し、報告されてくるデータの内容ごとに担当者を決めていたらしい。経済史を研究する立場からは、この佐藤、間庭、河村の三人が人口や物産に関するデータを担当してくれていれば、データの内容に立ち入った議論がここでも展開できたであろうが、残念なことに、次の資料に明言されているとおり、物産は彼らの担当外であったようである。

一六年の統計材料は五月二八日付第二九八号によってご提出になったという電報のご趣旨、了承しました。しかし、これらは物産調べなどであって、左に記した私の受け持ちの分はまだ届いておりません。なにぶん編纂作業上差し支えが甚《はなは》だしいので、どうか早くのご提出をお取りはからいください。以上お答えとともにご依頼申し上げます。

七月一〇日　　統計院

佐藤桂馬

札幌県統計掛

齊藤応漯殿

一　県庁で「官」および「雇《やとい》」の身分を持つ者の等級別人数

一　警察官の等級別人数

一　監獄で「吏《り》」の身分を持つ者の等級別人数

一　「官」および「雇」の身分を持つ者の出身地別人数

一　「官」の身分を持つ者の所属する課別人数

一　学校職員の等級別人数

一　県会

一　町村会

全部で八表[21]

彼らの受け持ちは何であったのか、一覧リストはできあいの形では存在しないので、資料に表記された順に拾っていくと以下のようになる。

度量衡《どりょうこう》調査、官員調、戸長および戸長役場事務傭《やとい》給料、監獄吏等級別、居留地《きょりゅうち》内外在留外国人表、営業雑種両税納税者（納税人員、金額）、雇外国人表、公使館および領事館書記、町村会（類別、会数、議員、被選権を有する者、選挙権を有する者）、郡区町村吏員《りいん》（等級、家族、士族、平民、合計／人員、月給）、学校職員等級別、本庁〔県庁〕職員等級別、地方税収支表、賦金《ふきん》〔協議費などいわゆる民費〕収支表、陸海軍部官、女紅場《にょこうば》教員（給料、本籍、族籍《ぞくせき》）、公立病院医員（給料、本籍、族籍）、県会常置委員（区部郡部別）、郡区役所および戸長役場の員数、北海道事業管理局技術官（等級別）、内務省集治監《しゅうじかん》官員及傭階級別、農商務省技術官人員、町村協議費収入支出、郡区吏員、警察官等級別、神官（等級、本籍、族籍）、鉱山

どうやら彼らは、中央官庁や府県、郡町村など諸官庁の人員配置、給与、地方税や地方財政などにかかるデータを担当していたらしいことが、これらの項目をみると推測される[22]。

このように、取り扱う対象は限られているが、この資料は『帝国統計年鑑』編纂の現場の「息づかい」をありありと感じさせてくれる資料なので、本書でも取り上げることとした。次に、データチェックの方法としての検算の例、データ報告の催促の例、若干の地方的な特徴、そして地方からの反論の順で、『帝国統計年鑑』の編纂にかかる作業のごく一部を覗いてみよう。

データの検算

報告されてきたデータは、統計院において検算され、あるいは類似の他の報告と比較対照され、不自然だと思われる場合にはそこに符箋をつけて中央官庁あるいは府県に送り返された。

まず、検算の例を挙げよう。

先ごろ貴県から三月二九日付離[23]第四一一号によって本院へご送付になった一六年統計材料の郡町村吏員表の中で、戸長役場の事務雇員は五円以上が二七六人で月給三六六円、同じく五円未満が四八人で月給五一七円三〇銭とありました。それぞれの人数で月給を割り、一人あたり月給を試算してみたところ、前者は五円未満の額になり、後者は一〇円以上の額になりましたので、もう一度お調べの上、至急ご回答ください。事態を表向きにしてご照会してはかえってお手数をおかけすると思い、簡略に問い合わせる次第です。

統計院四等属
佐藤桂馬

一七年五月日

宮崎県統計掛
三沢立身殿
小野次郎殿

追伸　現在、年鑑編纂中なので折り返しご回答をいただきたく存じます。[24]

この資料は、宮崎県の統計掛にあてたもので、戸長役場の雇員で月給五円以上の者が二七六人でその月給総計が三六六円とあるが、月給の総計を人員で割ると五円未満になってしまう、また、五円未満の者が四八人でその月給総計が五一七円三〇銭とあるが、同様の検算をすると一人あたり一〇円以上になってしまうので、再調査してその結果を報告してほしいという問い合わせである。なお、文末に「事態を表向きにしてご照会してはかえってお手数をおかけすると思い、簡略に問い合わせる次第です」という文言があるが、これはこうした問い合わせの決まり文句である。この文言が何を意味するか、少し説明が必要であろう。こうした質問を「照会」として発すると、その宛先はこの資料にあるような「統計掛」レベルではなくて、県令（県知事）あてになる。県令あてにこのような照会が行けば、その部下である統計掛の失態が公然と県令に伝えられることになり、統計掛は県令などから何らかの形で注意を受けることになる。そこで、統計院側では地方の統計掛の面子《めんつ》を保った形にするよう配慮していますよということを、この文言は言外に意味しているのである。

次に挙げる例は、いくつかの表の間の不整合を指摘したもので、これは県令あてに「照会」をしたものである。

明治一七年七月七日　　　　佐藤桂馬

幹事　　　　属

書記官

広島県へご照会案

今月二〇日付第二八九八号によって一五‐一六両年の統計材料で先ごろお送りくださった残りの表をお送りくださるとお申し添えの件、了承いたしました。右のうち一五年吏員および雇員の本籍別について、別紙符箋のように照らし合わせた結果、先《せん》だってお送りくださった同じ年の等級別三表の人数と符合しませんので、至急再調査の上、ご回答くださるようご照会申し上げます。

幹事

県令宛▼25

吏員および雇員に関する調査の「本籍別表」と「等級別表」とで、本来同一であるはずの人数合計が食い違っているので、再調査の上、回答してほしいという内容である。

報告の催促

このように問い合わせや照会がなされたが、それに対する中央官庁や府県の反応は鈍かったようである。おそらく各官庁や府県では、日常の行政事務に多忙である中、自分たちの専有物であるべき（と彼らが感じている）統計データに関して、ああでもない、こうでもないと統計院から要求され指示されるのがうっとうしかったのであろう。このようなところにも、当時の統計か各官庁や府県にとって「土着の統計」であったことがうかがわれる。すなわち統計データは、図2-1でいえば第Ⅲ象限に位置したわけである。

次に挙げる例は、いったん問い合わせをしたが、回答がないので催促するという内容である。

明治一七年三月二一日　佐藤桂馬

院長　属

幹事　書記官

警視庁へのご照会案

昨一六年一二月四日付第四八七八号によってお送りくださった一五年の官員調査の中に食い違いがありまし

たので、同年同月一二日付第五五〇号によって再調査していただきたいという趣旨のご照会をしましたが、いまだにお送りいただいておりません。〔統計年鑑の〕編纂上差し支えがありますので至急ご回答いただきたく、この件につきご催促申し上げます。

月日　院長

警視総監宛▼26

このように官庁のトップに照会をされたのでは、現場の担当者はさぞかし困り、またうるさく思ったことであろう。

同様の催促の例をもう一つ挙げておこう。以下は山梨県令に対する照会である。

三二七号　五月二三日出す

明治一七年五月二一日　佐藤桂馬

幹事　属

書記官

山梨県へのご照会案

昨一六年一〇月二三日付第三八六号によってご照会しました明治一五－一六年統計材料の官員調査の諸表が、期限を過ぎてもご送付いただけないのでその後何度もご照会いたしましたが、いまだにお送りいただいておりません。他の府県はすでに大体揃っており、〔年鑑の〕編纂上少なからず不都合なので至急ご提出くださいますよう、この件につき重ねてご照会申し上げます。

月日　幹事

県令宛

追伸　一昨年来ご照会申し上げている一二年から一五年までの町村協議費収入支出の調査もいまなお差し出しがなく、編纂上甚だ差し支えますのでこれもまた至急お送りくださいますように[▼27]。

官員調査の報告が遅れ、何回も催促したがまだ出てこないので、県令に照会するという文面である。おそらくここにいたる前に、統計掛に対して何回か「問い合わせ」をしたが回答が得られず、統計院も最後の手段に出たものであろう。ここで、「他の府県はすでに大体揃っており、〔年鑑の〕編纂上少なからず不都合なので至急ご提出ください」という言い回しは、催促状の決まり文句である。

ここには事例を紹介しないが、こうした文言に重ねて、いつまでに提出するか、あらかじめその日限を知らせるように求めるケースも多い。

問い合わせ状や照会状によらず、たまたま統計担当者が上京した際に、問い合わせの符箋つき文書を手渡すこともあったようであるが、やはり、なかなかすみやかには回答がなされなかったようである。埼玉県の例を以下に掲げる。

埼玉県へ

昨年お差し出しになった統計年鑑材料の中で、官員調査の部には間違いが見当たり、その際さいわい貴君が東京に出てきていたので原資料を直接お渡ししてご訂正の上お送りくださるようお願いいたしましたが、いまだにお差し出しがありません。当院でも目下〔年鑑の〕編集にあたって大変至急を要することなので、幾《いく》重《え》にも早く事をお取りはからいくださるようにご依頼申し上げます。

二月六日　河村良作

加藤炳殿[28]

東京に来ていた埼玉県属《さかん》の加藤炳に直接原表を渡して訂正を頼んだが、まだ回答がない、どうしたかというのである。加藤君には気の毒なことに、『明治十五年第三年鑑に係る照会文綴込』には、彼が河村に対して書き渡した次のような受領書が綴り込まれている。証拠を握られた形である。

記

一　統計材料のうち官員調査　一括

右の手直し分について、お下げ渡しをたしかに受け取りました。県に戻りまして再調査し、結果の書面を差し出します。

一六年一二月一五日　　埼玉県四等属　加藤炳（印）

統計院
河村良作殿[29]

図版としてその受領書を掲げておくが[30]、一見していかにも雑に書き流したという印象を受ける筆づかいである。日付は一二月一五日であるから、二月六日付の督促状にいたるまで、加藤が預かった原表は一ヶ月半以上寝かされていたことになる。

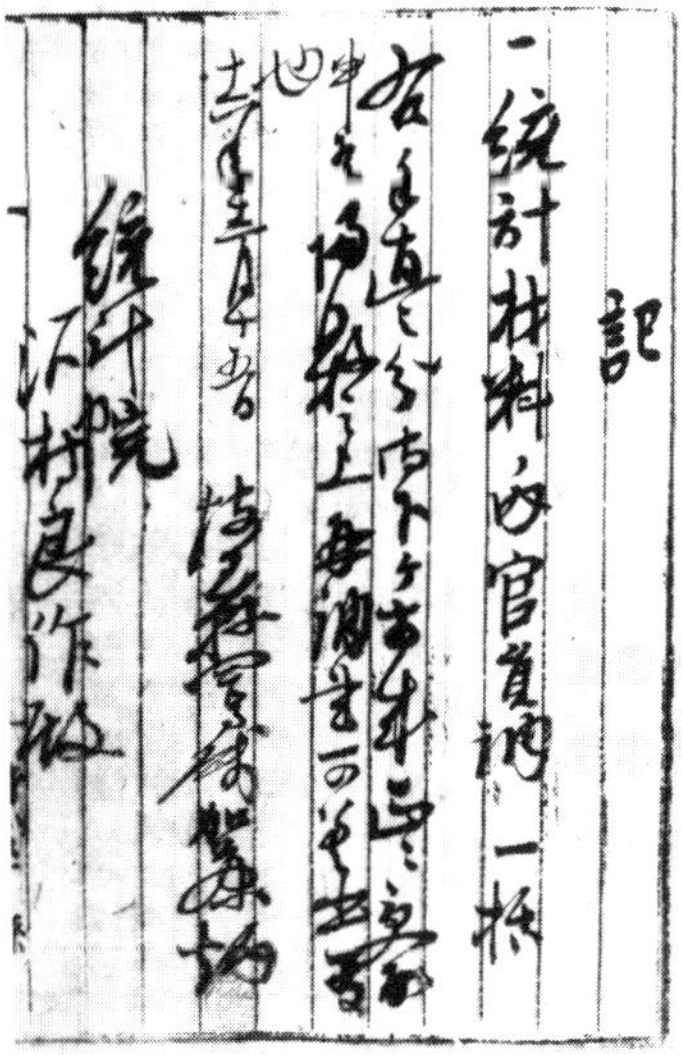

図 4-1　埼玉県属による受領書
『明治十五年第三年鑑に係る照会文綴込』の一部。一橋大学経済研究所附属社会科学統計情報研究センター所蔵

地方的な特徴

資料の中には地方的な特徴を示すものも含まれている。すべてを紹介することは本書の趣旨ではないが、今日の目からみて注目しておいてよいと思われる例を三件紹介しておこう。

第一は、県域の変更に関係する例である。一八八〇年代、府県の境界はしばしば変更されており、今日とは異なっていた。たとえば今日の奈良県は大阪府に含まれていた時期があるし、現在の東京都西部、多摩地方と呼ばれる地域は神奈川県に含まれていた。富山県は一時石川県に含まれていたが、これは、江戸時代の支配関係が本藩と支藩という関係であったためであろう。

富山県は一八七六（明治九）年に石川県に併合され、一八八三（明治一六）年に再び独立している。第三統計年鑑が編纂された時期はちょうどその変化の時代に当たるので、編纂者である統計院は、そのことで統計データが混乱しないよう、神経を使ったようである。石川県統計掛あての問い合わせの中に、以下のような追伸がみられる。

〔本文略〕

五月五日　統計院四等属　佐藤桂馬

石川県統計掛

橋本一斎殿

森　淳成殿

追伸　県会表の中で、常置委員および議員は、以前お差し出しになった石川県に属する県会表の中に、富山に属する分も含んでいると考えてよろしいでしょうか。かつ一六年の官員調査について、諸表のご調査のご都合はいかがでしょうか。なるべく早くお差し出しくださるようお取りはからいください。一六年分をお差し出しになる際は、常置委員の人員、手当ともに、本文にある区別のとおりご記載ください。▼31

一八八二〈明治一五〉年分の県会常置委員と議員の表には、石川県の中に富山県の分も含んでいると理解してよろしいかと問うているのである。

第二は、開拓途上にあった北海道ならではの、調査の困難に関する例である。資料は以下のように語る。

〔本文略〕

五月二六日　統計院四等属

佐藤桂馬

根室県統計掛《ねむろけん》
村上幹当殿
藤井次郎殿

追伸　一六年材料の中で、千島《ちしま》に属する分をなるべく至急ご回送くださるようお取りはからいください。かつ一五年の材料について、昨一六年一二月二七日付乾第三七六号[32]によってご送付くださいました際、追伸で振別《ふれべつ》、網走《あばしり》の両郡役所戸長役場の事務雇員以下については通信閉塞のため省略するとありましたが、その後間違いについてご照会した際には訂正なしとありました。この不足分についてはお調べいただけましたでしょうか。まだ済んでいないようでしたら至急調製の上、お送りください[33]。

根室県[34]で、振別[35]、網走両郡の戸長役場に関するデータが「通信閉塞」のために省かれているが、その後の照会に対しても変更がないとの答えであった。これら両郡に関するデータは追加しないのか、という主旨の問い合わせである。「通信閉塞」とは、情報インフラが整備される途上にあった北海道や千島地方で、一二月という厳冬期の季節的な理由から通信ができなくなっている状況を指すものであろう。

第三は、外国人居留地を抱えた神奈川県の例である。

（第五一〇号）

明治一六年一一月一四日　佐藤桂馬

幹事　属

書記官

神奈川県へご回答案

今月一〇日付第五五七号による問い合わせの趣旨、了解いたしました。けれども、在留外国人三表は貴県でこれまで取り調べがなく、さらに各領事への照会についてはどうしても期日を過ぎてしまうということではありますが、その遅れの情況によってはついに統計年鑑の編纂に際し貴県だけ調査を欠いてしまうことにもなり、少なからず不都合がありますので、なるべくすみやかにご調製ください。かつ一五年度の営業、雑種両税の納税者表は、すでにお差し出しになった一四年度のようにご調製ください。また鳥獣猟、牛馬、諸車のように国税を課するものも、地方の都合によっては地方税をも課する向きもあります。ゆえに説明文の中にこれらの項目があったとしても、貴県が地方税を課していなければご掲載にはおよびません。

月日　幹事

神奈川県令宛▼36

在留外国人に関する調査に関して、神奈川県から、この調査は既成の資料で回答することができず、各国の領事に問い合わせる必要があるので時間がかかり、統計院の設定した期日には間に合わないという申し出があった模《も》様《よう》である。これに対して統計院の側から、報告が遅れると統計年鑑の編纂に支障を来《きた》すので、できるだけ早く報告するようにせよという回答をしたものである。当時の日本は治外法権の不平等条約下に置かれていたので、外国人の人口を日本の当局が直接把握できず、各国領事に問い合わせる必要があったという事情を、この資料は示していると思われる。

地方からの反論

以上のように、統計院はあの手この手で、時には下手《したて》に出たり、時には照会という公式のルートを通して権威的に出たりして、なかなか集まらないデータの報告を求めたのであるが、各地方には、単に統計データの報告を面倒がったという理由だけではなく、制度上の困難があって報告できないという事情もあったようである。以下に挙げる例は、残念なことにどの府県から送られた文書かは不明なのであるが、「町村会議員の選挙権と被選挙権を有する人員」のデータについて、統計院がいうほど簡単には調査できない事情があるという訴えをしている。

第一六五〇号

一五年と一六年の統計表ご編製の材料調査の件について、第三七八号でお申し越しになりましたが、その表式の中で、町村会議員の選挙被選挙権を持つ人員は容易には取り調べられません。たとえ調製などをしたとしても、他との比較参考にはならないものと考えます。その理由は、町村会、連合会とも各村が適宜に規則を定めているため、もとより府県会と異なり選挙被選挙権ともにまちまちな状態です。たとえば甲村では府県会規則第一三条の条文にならい、乙村では官吏および教導職の退職者などに被選挙権をもたせ、その他財産の多少、地方税協議の等級や非負担などにより、村民一〇〇名だとして一〇〇名みなが選挙権を持つ村もあり、あるいは制限によりそうでないものもあります。本県では管内に六四〇余村あり、一～二村ないしは五～六村に一戸長役場を設置し、全部で三二二の役場がありますが、各村に村会があり、各部内に連合会があるので、村会と連合会と二重になることもあります。〔一字読めず〕数十万人になるかもしれません。これを取り調べることは容易ならぬ手数がかかるばかりではなく、むりにこれを取り調べたとしてもまちまちのものを集めて統計することになるので、統計の本来の趣旨にも叶わないことになります。はたまたこれを取り調べるためには各郡村に通達してその材料を収集することになりますので、その間多くの日にちを要し、一五年分はとてもお申し越しの期日に取り揃えて進達することは難しい見込みです。そのようにごちゃ混ぜで行き届かないものでも取り調べて進達すべきでしょうか。この取り調べ延期の件について、ご照会かたがたこのような事情について申し上げる次第です。▼37

町村会議員の選挙権と被選挙権を有する者の人数を調べろというのは、一見簡単そうに思えるが実はそうではないというのが、この文書を出した府県の言い分である。なぜなら、府県会と違って町村会は、その議員選挙の規定が各地に任されていてまちまちである上、町村会そのものの制度も、単独の町村で会を持つこともあれば連合会の形でいくつかの町村が一つの会を持つこともあり、さらには単独と連合の両方にまたがって会を設置していることもあるので、それらすべてを調べようとしたら数十万人になってしまう（たぶんこれは選挙権者のことであろう）。それでもあえて調べろというなら調べるが、そこにはいろいろな属性を持つものが混在してしまい、統計データとしては意味をなさないものになるだろう。しかもそのデータを収集するには長期間かかり、とても統計院からいわれた期限までには提出できない、というのである。

ここには一八八四（明治一七）年という時期の地方制度の抱える問題点と、統計データの精度にかかわる問題点が述べられている。

第三章三節にも述べたとおり、この時期、明治国家の地方制度は流動的であった。一八八四年以前には各地で江戸時代以来の町村がおかれ、その町村長および町村会の設置と運営は各地の裁量に任されていたが、自由民権運動の隆盛とともにこれらが「反体制派」である自由党に乗っ取られることを恐れた中央政府は、一八八四年六月に、「戸長管区制」をしいた。いくつかの町村をもって戸長管区とし、そこに官選の戸長を置いたのである。町村会は公選であったが、一つの町村単位の場合も、連合町村単位の場合もあって、地域により一定しなかった。先に紹介した町村会議員の選挙被選挙権者というのは、こうした状況の下にある町村会の選挙権者と被選挙権者を調査せよということなのであった。当然のことながら、誰が選挙権者であり、誰が被選挙権者であるかということは制度的に一定せず、一律に調査すれば済むものではない。また、調査したとしても、異なる制度に基づいて選挙権者、あるいは被選挙権者とされたものが混在してしまう。この府県の言い分のとおり、これではいったい何を調査したのか、調査定義が不分明であろう。

実はこのような問題は、議員の選挙権者、被選挙権者に関するものだけではない。少なくとも一八八四（明治一七）年五月までの間、府県が地域の実態を把握する際の末端に当たる町村（時代によって小区）の実態は、江戸時代の慣行を引きずっており、地域によってときには大きく異なっていたと考えられる。そのため、ある調査を統計院（あるいは政表課）から要請されたとしても、それを府県が調べる際には、各地で慣行を異にする末端の行政組織に問い合わせることになり、得られるデータが均質であるという保証がなかったのである。また、この時期、明治新政府による統治の正統性が、全国の住民に十分に浸透していたとはいえない状態であり、新政府を代表する末端行政組織の長である「戸長」になることを忌避《きひ》する状況もみられた。この結果、戸長の質（教育程度や人格）は低く、統計報告を府県から求められても、それに適確に回答できないケースが多かったと考えられるのである。このような状況が改善され、明治国家の地方制度が安定するとともに、地域住民による明治国家の統治に対する正統性の認知度が向上して、町村長にいわゆる「地方名望家」が選任されるようになるには、一八八九（明治二二）年の市制・町村制の実施を経たのちの明治二〇年代半ば、すなわち一八九〇年代を待たなければならなかったと思われる。▼[38]

六　おわりに

これまでにみてきたことから、どのようなことがわかるであろうか。以下五点にまとめておきたい。

第一にいえることは、この時期は日本における統計学の草創期でもあり、西洋から輸入された統計学教科書の翻訳などが出されていたことである。

第二に、この時期、中央各官庁は報告規程を次々に制定していた。明治維新にともなう混乱も沈静化に向かい、各官庁が自己の管轄事項に関して情報を系統的に収集しはじめていたことがうかがわれる。

第三に、これを受けた内務省は、そうしたさまざまな官庁による報告要求を『府県統計書様式』として取りまとめ、出先機関であった各府県から統一的な報告を出させることを目指した。ドイツ国状学にも似たこの発想は、各府県が中央官庁に報告を提出すると同時に、統一的な書式で「府県統計書」を編纂し、これを取りまとめ、かつこれに中央各官庁からのデータも取り込んで『帝国統計年鑑』を編纂することまで見越した制度であったと考えられる。

第四に、地方官庁である府県の側にも、早い時期から自己の管轄区域を数量的に把握する欲求があり、各府県がてんでに「県治一覧」などのタイトルで統計書を刊行していたが、その書式は統一されていなかった。長崎県の例をみると、一八八四（明治一七）年に『府県統計書様式』が制定される以前から、内務省は統計書の様式を統一することを試みていたがうまく行かずにいたことがうかがわれる。『府県統計書様式』はそうした試みの集大成であり、以後、各府県はこれに準拠して、該当《がいとう》するもののない事項を削除するなどしてそれぞれに「府県統計報告規則」などと呼ばれるものを編纂して、管轄下の情報を収集するようになっていった。

第五に、ただし、こうしたことによって『府県統計書』から『帝国統計年鑑』にいたる総合統計書の系列が順調に編纂されていたかといえば、この時点では必ずしもそうではなかった。

ごく初期における『帝国統計年鑑』の編纂の現場にみられたのは、統計院の担当者たちが、あまり協力的でないとみられる府県や中央諸官庁に対して、催促、照会などを繰り返して、大変な手間をかけて統計年鑑を編纂している姿であった。特に一八八九（明治二二）年以前の段階では、明治国家による地方統治のシステム自体が不安定であり、問い合わせを受けた府県の側でも、回答に窮することもあった様子がうかがわれた。

このような状況は、以下のようにして改善されていったと考えられる。

まず、末端行政の整備という点では、一八八九年の市制・町村制実施によって、全国に均質な末端行政組織が置かれ、その業務も斉一になっていった。これを通じて、統計データの作成業務にみられた不安定性も、次第に解消に向かったと考えられる。その背景には、それまで明治国家に対していぶかしく思っていた地域の住民の間に、明治国家の定めた制度的枠組みにしたがっていれば、経済的にも社会的にも安定、ないし発展できるという観念が広がったことがあろう。

また、中央官庁についていうならば、のちに第五章三節一項でも触れるように、それぞれの管轄業務に関する官庁ごとの総合統計書が編纂されるようになり、統計局が『帝国統計年鑑』の編纂をするにあたっても、各官庁にとって余分な業務を増やすことを要求することなく、すでにできあがっているデータを受け取れば済む状態になっていったと思われる。

明治前期の統計資料を利用しようとするとき、私たちは、データ編成プロセスにおける以上のような不安定さが存在したことを念頭におくべきなのである

▼註

1　ここで扱う資料が、それぞれの年を刊年とするものであることには注意を促しておきたい。つまり、それぞれの資料の対象年は、これより一年から三年程度遡《さかのぼ》るということである。それではなぜ対象年を用いずに刊年を用いたかというと、単純に、図書館の検索システムが刊年によっているという技術的制約があるためである。内容年で検索することが容易であれば、ベンチマーク年として内務省の統計書様式が施行された一八八四（明治一七）年を用いることは、もっと大きな意味を持ったであろう。

▼2 ここで検索の対象とした図書館は、国立国会図書館（館外の蔵書も含む）、一橋大学図書館の二館と、CiNii Booksである。ただし、この作業をしてから約一年後に確認したところ、主として国会図書館のネットワーク拡充により、他館や他システム（CiNii Booksなど）から多くの資料が取り込まれており、結果は表4-1とは多少異なった。同様のことは表5-1、表6-1についても当てはまる。

▼3 府県レベルの統計書の刊行にばらつきがあったのは、この直前の時期にまだ中央から府県統計書の刊行が命じられていなかったことと、地方長官（県令など）の中に、自分の管轄下の情況を数量的に把握したいという欲求を強く持つ人々がおり、それぞれ独自に統計書を編纂したためだと思われる。

▼4 県レベルの統計書は、「〇〇県治概表」などのタイトルで明治六-七年ごろから各地で刊行されていたが、その内容は統一されていなかった。一八八三（明治一六）年に農商務省が「農商務通信規則」を設けて各府県に報告を求めたことから、これと前後して各道府県で「〇〇県勧業年報」などの名称で地方統計書が刊行されるようになった。いわゆる府県統計書はこれに続く時期のものであり、「勧業年報」と同時に並行して刊行されていたケースも多い。この点については松田芳郎編（一九八〇）『明治期府県の総括統計書解題』（統計資料シリーズ No. 15）一橋大学経済研究所日本経済統計文献センターを参照のこと。http://rcisss.ier.hit-u.ac.jp/Japanese/introduction/tss/tss015.pdf（二〇二〇年三月五日最終閲覧）。

▼5 この三文字は、杉亭二《すぎこうじ》がstatisticsは和訳すべきではないとして造ったもので「スタ チス チク」と読む。

▼6 一橋大学経済研究所附属社会科学統計情報研究センター所蔵。本文中に「統計院図書印」という蔵書印があり、総務省統計局統計図書館の「古資料」からの複製本と思われる。なお、前書きの原文は以下のとおり。引用は傍線部分。

〔表紙〕

明治十七年九月内務省乙第三十六号達

一函一七五

府県統計書様式

〔手書きの本文〕

内務省乙第三十六号

府県　函館　沖縄　札幌　根室の四県を除く

府県統計書様式別冊之通相定候条自今刊行候統計書は右様式に倣ふべし此旨相達候事

但様式は本省統計課より送付す可し

明治十七年九月三日

内務卿　山県有朋

製表通則

一　此様式は官省の令達等に依て調査せる材料に基き統計書を編成するの主意を以て調製せしものなり然れども緊要と認むる事項の如きは右令達等に依て調査せざる者と雖其式を設けたり此事項の内調査に多くの手数を要するものは暫く之を欠くも可なり但官省の令達等に変更ありて調査の事項を変更せし時は都度其様式の大体を指示すべし

一　様式を示せる事項の外他に緊要の事項を調査せし者あらば書式を見合せ適宜に其表を増加す可し或は様式に五ヶ年の比較を示せるものを六七年若くは八九年とし又市街を人口一万以上と限れるものを五千以上若くは一千以上となす等之を取捨するは府県の便宜に任す

一　看者をして先づ総体の数に注目せしめんと欲する者は総数の字を以て合計の字に代へ表の上罫若くは首項に置き反之累年の比較を要する事実及各科目を開示するの必要あるものは表の下罫若くは備考に合計を付す可し

一　本書を調製する年間の事実よりは一年若くは二年前の事実を掲載するものは其表題の下に何年の事実たる旨を明記するを要す

一　累年の事実を掲ぐ可き式を示せるものは五ヶ年の事実を以て対比するものとす然れども前年以上の事実中遡

りて調査し得がたき者は之を将来に採る可し但年次の配列は最近の年を以て前項或は上罫に置く可し
一　会計年度調に係る事実は暦年調の事実より半年前までの事実を掲ぐるものとす例へば明治十六年中　暦年調　の事実を掲ぐる時は同十五年度　会計度調　の事実を載するが如し
一　郡の内に二郡以上を併て一郡役所を置けるものも其事実は一郡毎に掲載す可し
一　市街とは人口一万以上群居せる地を云
一　年次とは暦年、年度とは会計年度を云
一　表中に郡区又は署とある欄内に再掲、某市街々其他（市街にあらざる場所を云ふ）と記せるものは先づ各郡区又は各署の事実を掲げ而して後再び市街の事実を掲ぐ可し
一　数位記入の例は様式中特に端数の称を示せる者の外は四捨五入の法を用ひ一位に止む可し
一　数字の句点は一位は「・」（一位以下の小数を記せざる者は此点を要せず）千位及百万位には「、」を其右側下に施し一位の右側に其数量の名称を記す可し
一　表中調査未了の事実あらば其の欄へ「?」を全く登記す可き事実なき者は其欄へ「――」を記入す可し

▼7　註6に同じ。

▼8　詳しくは、松田芳郎編（一九八〇）を参照。

▼9　中央官庁も含めた明治最初期の統計に関しては、細谷《ほそや》新治《しんじ》（一九七四 - 一九八〇）『明治前期日本経済統計解題書誌――富国強兵篇（上の一 - 三、下、補遺）』（統計資料シリーズ No. 3, 4, 8, 11, 14）一橋大学経済研究所日本経済統計文献センターに詳しい。同書は一橋大学経済研究所附属社会科学統計情報研究センターのウェブサイトからダウンロードして閲覧可能である。

▼10　永井久一郎は永井荷風《かふう》の父。なお、この資料は毛筆による手書きで、永井久一郎編『府県統計書様式案通達書――明治十六年』一橋大学経済研究所附属社会科学統計情報研究センター所蔵。

▼11　永井久一郎編（註10に同じ）より。原文は以下のとおり。

本県々治統計表は十三年迄既に刊行十四年分は即今調査中にて不日脱稿すべし因て順次十五年分着手の趣に有之

然るに本県統計表を通見するに寔に概表なるを以て〔中略〕即今取調中の計表も十三年表式の模型を出でず寔に遺憾鮮からずと雖も既往を顧慮せず十五年表より大に改良を加へ一歩を進めんとす然るに統計を調査するには各御府県一般適従すべき表式なきを以って一定ならず因て姑く主任の意見を以て表式を定め各課署に対し郡区役所に向ひ材料を徴集して取請諸般事物の結果を表出せんとする前述の心算に有之候

▼12 永井久一郎編（註10に同じ）より。原文は以下のとおり。

県治年報は本県に於て未曾有の新事業にして之を創始する各御課署を煩わすべしと雖も年報の功用は県治上寔に欠くべからざるものなれば課署に励し材料を徴収し県治上事物の消長増減する理由等無漏叙記将来施政上の画策如何の要具に供し併せて既往の聖蹟を湮滅に帰せざらしめんとす若し遠く既往に遡り編輯せんには寡少人員にて着手すべき事業に非ず且荏苒歳徂き諸般調理の事物陳腐に帰するの恐れあり因て左記の通順次着手せんとす

▼13 永井久一郎編（註10に同じ）より。原文は以下のとおり。

統計表様式の儀に付伺

曽て申陳せし如く十五年統計表は編纂方及表様式を一変するの意見あるを以て其方式を草案するに臨み主として内務省統計課編纂の表様式に倣ひ各府県の統計書を参観し交ふるに鄙見を以てし品類を分ち項目を設け即ち別冊の通十七類七十八項百七十九表とせり然るに敢て之を以て完全なりと為すに非ず唯本県従来の統計表に比して頗る詳密を加へたるのみ若し完全を望まば掲ぐべきの項目も僅々一百以下に止らずして表式も亦数百の多きに至るべし殊に其材料の如きも予め蒐集法方法を設くるに非れば遽かに調査し得ざるもの多からん然らば則今仮とひ完全を望まんと欲するも実際能はざるの虞なしとせず

▼14 「乙」は戦前日本で用いられた順序づけの記号の一つ。「12345」や「あいうえお」「いろはにほ」「ABCDE」に相当するもので、「甲乙丙丁戊《こうおつへいていぼ》」の順に並ぶ。

▼15　永井久一郎編（註10に同じ）より。原文は以下のとおり。

本県統計書様式支庁及郡区役所へ御達の件
本年内務省乙第三十六号を以て被達候府県統計書様式に準じ本県統計書編纂着手可致の処材料の内支庁郡区役所に就き調査を要せざるを得ざるもの過半有之就ては右様式を改めて本県統計書様式となし曩きに伺定め置き候各項等夫々修正を加へ　修正の条項別紙の如し　乙号を以て支庁及郡区役所へ御達相成候方将来材料蒐集上大に便宜を得可申候に付御達案相添此段仰　御決判候也

乙第　号

厳原支庁
郡区役所

本県統計書自今別冊に準じ調製候条為心得此旨相達候事

年　月　日　　長官〔下略〕

▼16　永井久一郎編（註10に同じ）より。その一部分を紹介すれば、次のような文言がある。

一　府県統計書様式を長崎県統計書様式と改め目次様式及び備考中之れに抵触する文字は総て修正削除す
一　製表通則第一項を改むること左の如し
一　此様式は官令及本県の達等に依て調査せる材料に基き統計書を編纂するの意を以て調製せしものなり然れども緊要と認むる事項は右令達に依て調査せざるものと雖ども其式を設けたり又目今本県に無き所の事項を載するものあるは他日或は其事実あらんことを慮るを以てなり
一　同上第二項削除
一　同上第五項を改むること左の如し
一　累年の事実を掲ぐべき式を示せるものは五ヶ年の事実を以て対比するものとす然れども調査上多くの手数を

要する者は減じて三ヶ年とし又実際遡りて調査し難き事実は之を将来に採るも可なり但年次の排列は最近の年を以て前項或は上野に置くべし

▼17　タイトルは『統計年鑑』『日本帝国統計年鑑』『大日本帝国統計年鑑』などと変化した。また戦後も『日本統計年鑑』として刊行が続けられている。

▼18　ここで注意を促しておきたいのは、『帝国統計年鑑』を含め、第二次大戦敗戦前の統計データの刊行物は、国勢調査など調査統計のわずかな例外を別にすれば、ほとんどで分類表やデータの定義が示されていないことである。たとえば、織物の中に「紬《つむぎ》」という項目があり、そこに生産量や生産価額が示されていても、実際に調査するにあたって、属地《ぞくち》的に、たとえば道府県内の製品について調べたのか、あるいは属人《ぞくじん》的に調べたのかはわからない。一例を挙げるなら、茨城県に結城《ゆうき》紬の生産量が計上されていたとして、それが茨城県内で生産されたものを指すのか、それとも栃木県までまたがるその生産者が加入していた同業組合単位で生産量を計上したのかはわからない。後者の場合、当然のことながら、茨城県の生産の中に栃木県の生産が混入していることになる。このように調査の定義が明示されていないデータなので、これらを利用する私たちは、できるかぎり他のデータとクロスチェックする必要がある。

▼19　統計院、統計局、国勢院などと名称は変化している。表3-3参照。

▼20　太政官統計院（一八八四）『明治十五年第三年鑑に係る照会文綴込』。複製本が一橋大学経済研究所附属社会科学統計情報研究センターにも所蔵されている。

▼21　太政官統計院（一八八四）より。原文は以下のとおり。

十六年統計材料は五月廿八日付第二百九十八号を以て御差出相成候旨電報の趣了承然る処右は物産調等にして左に記したる小生受持の分は未だ相達不申何分編纂上甚差支居候間何卒速に御回送相成候様御取計被下度此段御答旁及御依頼候也

七月十日　統計院　佐藤桂馬

札幌県統計掛
齊藤応澌殿

一　本庁官員及雇等級別
一　警察官等級別
一　監獄吏等級別
一　官員及雇本籍別
一　官員課別
一　学校職員等級別
一　県会
一　町村会
〆八表

▼22　度量衡と在留外国人は例外的なもののようである。雇外国人は官庁に雇われているので、当然彼らの受け持ちに入る。
▼23　「離」とは、おそらく宮崎県が用いていた文書の整理記号であろう。
▼24　太政官統計院（一八八四）より。原文は以下のとおり。

先般貴県より三月廿九日付離第四百十一号を以て本院へ御送付相成候十六年統計材料郡町村吏員表中戸長役場事務雇五円以上人員二百七十六人にして月給三百六十六円同五円未満人員四十八人にして月給五百十七円三十銭と有之各人員を以て月給を除し其一人当平均を試算致候処前項は五円未満の数を得共次項は拾円以上の数を得るに相至候間今一応御調の上至急御回報可被下全体公然可及御照会筋には候得共反て御手数相加へ候事と存じ候間乍略儀此段及御問合候也

統計院四等属
佐藤桂馬

十七年五月日

宮崎県統計掛

三沢立身殿

小野次郎殿

追って目下年鑑編纂中に付折返御回答相成度候

▼25 太政官統計院（一八八四）より。原文は以下のとおり。

明治十七年七月七日

幹事　佐藤桂馬

書記官　属

広島県へ御照会案

本月廿日付第二八九八号を以て十五十六両年統計材料先般御送致残表御回送相成御申添の趣了承致候右の内十五年吏員及雇本籍別別紙付箋の廉遂精算処先達御送付相成候同年等級別三表の員数と符合不致候間至急御再調の上御回答相成度此段及御照会候也

県令宛

幹事

▼26 太政官統計院（一八八四）より。原文は以下のとおり。

明治十七年三月廿一日　佐藤桂馬

院長　　　　　　　属
幹事　　　　　　　書記官
警視庁へ御照会案
昨十六年十二月四日附第四千八百七十八号を以て御送致相成候十五年官員調中齟齬の廉有之候に付同年同月十二日付第五百五十十号を以て御再調有之度旨及御照会候処未だ御送致無之編纂上差支候間至急御回答相成度此段及御催促候也
月日　　院長
警視総監宛

▼27　太政官統計院（一八八四）より。原文は以下のとおり。

三二七号　　五月廿三日出す
明治一七年五月廿一日　　佐藤桂馬
幹事　　属
書記官
山梨県へ御照会案
昨十六年十月廿三日附第三百八十六号を以て及御照会候明治十五十六年統計材料官員調の諸表期限経過候ても御送付無之候に付其後屢々及御催促候らへ共未だ御送付不相成もはや他府県は大略材料相揃い編纂上之不都合不尠候間至急御差出相成度此段更に及御照会候也
月日　　幹事
県令宛
追て一昨年来及御照会候自十二年至十五年町村協議費収入支出の調未だ御差出無之編纂上甚だ差支候間是又至急御送致相成度候也

▼28 太政官統計院（一八八四）より。原文は以下のとおり。

埼玉県へ

昨年御差出に相成候統計年鑑材料中官員調の部は相違の廉相見へ其際幸ひ貴君御出京中に付原表直に御渡仕御更正の上御送付有之度願置候処今に御繰り込み無之当院に於ても目下編製に際し甚だ至急を要する儀に付幾重にも早々相運び候用御取計被下度此段及御依頼候也

二月六日　河村良作

加藤炳殿

▼29 太政官統計院（一八八四）より。原文は以下のとおり。

記

一　統計材料の内官員調　一括

右手直し分御下げ相成正に受取

申候帰県の上再調書可差出候也

十六年十二月十五日　埼玉県四等属加藤炳（印）

統計院

河村良作殿

▼30 写真左下の部分をよくみるとわかるが、この文書は埼玉県用箋に書かれている。

▼31 太政官統計院（一八八四）より。原文は以下のとおり。

五月五日　　統計院四等属　　佐藤桂馬

石川県統計掛

橋本一斎殿

森　淳成殿

追て県会表中常置委員及議員は最前御差出相成候石川県へ属したる県会表中に富山に属する分も相含み居り候儀と相心得可然哉且十六年官員調の諸表御調査御都合如何候哉可成丈速に御回送相成候様御取計相成度尤十六年分御差出の節は常置委員人員手当とも本文区別の通御記載相成度候

▼32 「乾」とは、おそらく根室県が用いていた文書の整理記号であろう。

▼33 太政官統計院（一八八四）より。原文は以下のとおり。

五月廿六日　　統計院四等属

佐藤桂馬

根室県統計掛

村上幹当

藤井次郎

殿

追て十六年材料中千嶋に属する分可成至急御回送相成候様御取計被下度候且十五年材料昨十六年十二月廿七日付乾第三七六号を以て御送付相成候則御追書の振別網走両郡役所戸長役場事務雇以下通信閉塞に付相省くと有之候処其後違算の廉及御照会候御回答に改正無之とありて右不足分御調込相成候哉如何若し又于今不足相成居候はば至急御調製御回送有之度候

▼34 今日北海道と呼ばれている行政単位は、この当時は札幌県、函館県、根室県の三県からなっていた。

▼35 振別郡はかつて根室県に属した郡で、国後、択捉両島などを含んだ。

▼36 太政官統計院（一八八四）より。原文は以下のとおり。

明治十六年十一月十四日　佐藤桂馬

（第五一〇号）

幹事　書記官　属

神奈川県へ御回答案

本月十日付第五千五百五十七号をもて問合の趣了承致候然るに在留外国人三表は貴県に於て従前御取調無之更に各領事へ御照会に就ては自然期日も経過可致との事に候得共其遷延日子の都合に依ては終に統計年鑑編纂に際し貴県に限り調査を相欠き候様にも相成不都合不小候間可成速かに御調製相成度且十五年度営業雑種両税納税者表は予て御差出に相成居候十四年度の如く御調製相成度又鳥獣猟牛馬諸車の如き国税を課するものも地方の都合に拠ては地方税をも課する向もあり故に解釈中に其目ありと雖ども貴県に於ては地方税を課せざれば御掲載に不及候

月日　幹事

神奈川県令宛

▼37 太政官統計院（一八八四）より。原文は以下のとおり。

第千六百五十号

十五十六年統計表御編製の材料取調の義第三百七十八号を以て御申越相成候処其表式中町村会議員撰挙被撰挙権を有する人員は容易難取調仮令御調製類するも他の照考に相成間敷哉に被考候其理由は町村会聯合会共各村の適

宜により規則相定候故固より府県会と異なり撰挙被撰挙権共区々に有之譬へば甲村にては府県会規則第十三条の数款に模倣し乙村にては官吏教導職退職者等に被撰権を有せしめ其他財産の多寡地方税協議の級否等にて村民百名なれば百名皆選挙権を有するあり或は制限により否らざるものあり本県に於ては管内は六百四十余村にして一二村乃至は五六ヶ村に一戸長役場を設置し都合三百廿二役場有之各村に村会あり各部内に聯合会あり自然村会と聯合会と相跨るものも有之候得者〔一字読めず〕数十万人なるを知らずこれを取調ぶる容易ならざる手数なるのみならず強て之を取調ぶるも区々のものを集めて統計することなれば統計趣意にも相叶申間敷将之を取調候には夫々郡村に相違し其材料を収集することに付其の間幾多の日子を要し十五年分は迚も御申越の期日に取揃進達難相成見込に候条右用混淆不届の者にても取調進達可致哉右取調延期の儀御照会旁々此段申進候也

▼38　この点については、佐藤正広（二〇一八）「明治前期における公的統計の調査環境と地方行政」『経済研究』六九巻二号、一六〇‐一八五頁を参照。

第五章　近代国家の安定と社会構造の変化――一九二〇年

この章では、一九二〇（大正九）年の統計刊行物を俯瞰《ふかん》したのち、当時の日本における統計編成の全体像、台湾総督府《そうとくふ》の調査システム、地方統計（町村是調査《ちょうそんぜ》）の実態について触れる。

統計刊行物の俯瞰からは、①日本経済の産業化にともなう社会問題の発生、②日本が帝国を形成し、植民地支配への志向を強めている状態、がみてとれる。

日本の統計編成の全体像をみると、①中央官庁レベルでの極端な分散型と、②道府県レベルでの重複調査などの調整システムが機能していたことがわかる。

台湾総督府の統計編成システムをみると、①植民地統治が進むにつれて調査項目が整理され、変化していったこと、②下級官庁により、それぞれの土地に合った調査項目の変更がされていたことがわかる。後者は日本の本土でも同様に当てはまる現象である。

町村是に関しては、①末端行政区画である町村で調査が実際にどのように行われていたかがわかると同時に、②統計調査が時として地域社会の再統合の手段としても行われていたことがわかる。

一　近代国家の安定と帝国形成——本章の課題

本章では一九二〇（大正九）年を取り上げ、この前後の時期の統計のあり方と当時の社会状況との関係について考える。その際、①一九二〇年の統計関係出版物の概観、②大正期の公的統計編成の全体像、③植民地統計のあり方の例として台湾総督府の報告例、④地方統計の例として町村是《ちょうそんぜ》編纂《へんさん》の例の順にみていくことにしたい。

二　統計関係出版物の概観——社会問題の発生と帝国の形成

はじめに、一九二〇（大正九）年に刊行された統計関係出版物を一覧しよう（表5－1）。国会図書館、CiNii Books、および一橋大学で確認できたかぎり、この年に刊行された統計関係出版物は一七一点あり、そのうち一〇点が中央、地方にかかわらない統計学書および統計講習会の筆記録である。また中央官庁および中央レベルの民間による統計書が三七点、道府県レベルの地方統計書（表中では「地方1」とした）が五五点、郡市町村レベルの統計書（表中では「地方2」とした）が四六点、植民地および日本による海外支配が行われている地域に関するもの（表中では「植民地」とした）が二三点である。

まず、統計学書に関していうと、この中には日本において統計学の数学化を担った一人である森数樹《もりかずき》の『一般統計論』や、当時の社会統計学の中心人物であった高野《たかの》岩三郎《いわさぶろう》の『統計学研究　全』などが含まれる。

次に中央レベルの統計書が三七点ある。ほとんどは官庁の年報や調査結果報告書であるが、なかには民間の『薬品相場《そうば》統計年鑑』（安東忠治郎編）や『金融統計年鑑』（藤本ビルブローカー銀行編）などのような、民間の目から業界全体を見渡した統計書も現れてくる。中央官庁レベルでいうと、一八八四（明治一七）年にみられたような報告様式の発令はほとんどみられなくなり、この時期、各官庁の行政が比較的安定して営まれていたことをうかがわせる。中央銀行である日本銀行による統計書も、まとまった数が存在する。

「地方1」には県統計書、県勢要覧《けんせいようらん》のような総合統計書が多いが、これとならんで、身体検査統計、財政統計、

表5－1　一九二〇（大正九）年刊行の統計関係書籍

通番	内容	中央・地方	編・著・発令	タイトル	編・著	典拠
一	統計学	なし	著	An elementary manual of statistics	Arthur Lyon Bowley	国会
二	統計学	なし	著	Elements of Statistics	Arthur Lyon Bowley	国会
三	統計学	なし	著	Einleitung in die Wirtschaftsstatistik	Rudolf Meerwarth	国会
四	統計学	なし	著	Introduction to mathematical statistics	Carl J. West	国会
五	統計学	なし	著	Readings and problems in statistical methods	Horace Secrist	国会
六	統計学	なし	著	愛媛県統計講習会講義速記録	愛媛県	CiNii
七	統計学	なし	著	一般統計及国勢調査に関する講演筆記	二階堂保則	国会
八	統計学	なし	著	統計大意国勢調査講義録	二階堂保則	CiNii
九	統計学	なし	著	一般統計論	森数樹	一橋
一〇	統計学	なし	著	統計学研究　全	高野岩三郎	国会
一一	統計書	中央	編	海軍省年報	海軍省	一橋
一二	統計書	中央	編	国債統計年報	大蔵省	CiNii
一三	統計書	中央	編	租税統計書	大蔵省	CiNii
一四	統計書	中央	編	主税局統計年報書　第46回（大正8年度）	大蔵省	国会
一五	統計書	中央	編	大日本外国貿易年表　大正8年（全篇）	大蔵省	国会
一六	統計書	中央	編	為替貯金局統計年報	為替貯金局	一橋
一七	統計書	中央	編	短期死亡に就ての医学的統計的観察	為替預金局	一橋
一八	統計書	中央	編	簡易保険局統計年報	簡易保険局	一橋
一九	統計書	中央	編	第22監獄統計要旨	司法省	CiNii
二〇	統計書	中央	編	専売局統計提要	専売局	CiNii
二一	統計書	中央	編	専売局年報　第21回（大正7年度）	専売局	国会
二二	統計書	中央	編	貯金局統計年報	貯金局	国会
二三	統計書	中央	編	帝室林野局統計書	帝室林野局	CiNii
二四	統計書	中央	編	経済年鑑　大正9年度	東洋経済新報社	国会
二五	統計書	中央	編	国勢調査速報	内閣統計局	国会

二六	統計書	中央	編	大正14年国勢調査従事員必携	内閣統計局	国会
二七	統計書	中央	編	日本帝国死因統計	内閣統計局	国会
二八	統計書	中央	編	日本帝国統計年鑑　第38回	内閣統計局	国会
二九	統計書	中央	編	初生児体重統計	内務省	CiNii
三〇	統計書	中央	編	大日本帝国内務省統計報告　第34回	内務省	国会
三一	統計書	中央	編	銀に関する諸統計及資料	日本銀行	CiNii
三二	統計書	中央	編	銀行会社計画資本調	日本銀行	国会
三三	統計書	中央	編	公債社債調　外債調	日本銀行	国会
三四	統計書	中央	編	商業登記銀行会社資本調	日本銀行	国会
三五	統計書	中央	編	金融統計	日本銀行	一橋
三六	統計書	中央	編	輸移出入植物検査統計	農商務省	CiNii
三七	統計書	中央	編	農商務統計表　第35次（大正7年）	農商務省	国会
三八	統計書	中央	編	物価表　自明治33年至大正8年	農商務省	国会
三九	統計書	中央	編	8ヶ年間火災統計表	農商務省	一橋
四〇	統計書	中央	編	繭処理状況調	農林省	国会
四一	統計書	中央	編	全国公立私立図書館に関する調査	文部省	国会
四二	統計書	中央	編	全国師範学校に関する諸調査　大正8年6月現在	文部省	国会
四三	統計書	中央	編	陸軍省統計年報　大正7年衛生の部	陸軍省	国会
四四	統計書	中央	編	薬品相場統計年鑑	安東忠治郎	CiNii
四五	統計書	中央	編	金融統計年鑑	藤本ビルブローカー銀行	一橋
四六	統計書	中央	編	各国統計機関の概要	国勢院	一橋
四七	統計書	中央	編	職員傷病統計	鉄道省	一橋
四八	統計書	地方1	編	〔岐阜県〕蚕業取締事務成績	岐阜県蚕業取締所	CiNii
四九	統計書	地方1	編	愛知県統計書　大正6年	愛知県	国会
五〇	統計書	地方1	編	愛知県商工業統計〔1920〕	愛知県商品陳列館	国会
五一	統計書	地方1	編	青森県学事要覧　大正7年度	青森県	国会

五二	統計書	地方1	編	青森県水産試験場報告　大正7年度	青森県	国会
五三	統計書	地方1	編	秋田県戸口統計　大正9年	秋田県	国会
五四	統計書	地方1	編	秋田県統計書　第35回　大正6年	秋田県	国会
五五	統計書	地方1	編	秋田県統計要覧　大正9年	秋田県	国会
五六	統計書	地方1	編	秋田大林区署統計書　大正7年度	秋田大林区署	国会
五七	統計書	地方1	編	産業調査書〔大正8年〕	茨城県	国会
五八	統計書	地方1	編	愛媛県統計書　大正7年	愛媛県	国会
五九	統計書	地方1	編	大分県勢要覧	大分県	一橋
六〇	統計書	地方1	編	大阪府人口之趨勢　大阪府生産総価額累年比較絵葉書	大阪府	国会
六一	統計書	地方1	編	大阪府生産統計之概要	大阪府	CiNii
六二	統計書	地方1	編	大阪府方面委員事業年報	大阪府	一橋
六三	統計書	地方1	編	岡山県統計書　大正7年	岡山県	国会
六四	統計書	地方1	編	身体検査統計	香川県	CiNii
六五	統計書	地方1	編	米麦統計　大正8年	香川県	国会
六六	統計書	地方1	編	神奈川県統計書　大正6年	神奈川県	国会
六七	統計書	地方1	編	京都府財政統計	京都府	国会
六八	統計書	地方1	編	京都府治要覧　大正7年	京都府	国会
六九	統計書	地方1	編	京都府統計書　大正7年	京都府	国会
七〇	統計書	地方1	編	農家経済調査　大正12年度	熊本県農会	国会
七一	統計書	地方1	編	群馬県統計書　大正7年	群馬県	国会
七二	統計書	地方1	編	初等教育一覧　大正2年	佐賀県	国会
七三	統計書	地方1	編	農政資料	佐賀県	国会
七四	統計書	地方1	編	年報　大正7年度	札幌鉄道管理局	国会
七五	統計書	地方1	編	静岡県人口静態統計	静岡県	CiNii
七六	統計書	地方1	編	静岡統計概要	静岡県	CiNii
七七	統計書	地方1	編	島根県産業要覧　大正8年	島根県	国会
七八	統計書	地方1	編	島根県統計書　大正元年～7年	島根県	国会

七九	統計書	地方1	編	累年平均表　明治26年～大正7年	島根県浜田測候所	国会
八〇	統計書	地方1	編	30年間気温日表——最高気温最低気温平均気温	千葉県銚子測候所	国会
八一	統計書	地方1	編	東京営林局統計要覧	東京営林局	国会
八二	統計書	地方1	編	栃木県家禽統計	栃木県	一橋
八三	統計書	地方1	編	鳥取県統計書　大正7年	鳥取県	国会
八四	統計書	地方1	編	鳥取県勢要覧　大正8年	鳥取県	国会
八五	統計書	地方1	編	富山県生産物概覧　大正8年	富山県	国会
八六	統計書	地方1	編	富山県輸出入統計　大正7年	富山県	国会
八七	統計書	地方1	編	長崎県統計書　大正7年／全	長崎県	国会
八八	統計書	地方1	編	長崎税関貿易要覧　大正8年	長崎税関	国会
八九	統計書	地方1	編	農家副業調査書　大正8年8月	奈良県農会	国会
九〇	統計書	地方1	編	新潟県統計書	新潟県	一橋
九一	統計書	地方1	編	福井県統計要覧	福井県	CiNii
九二	統計書	地方1	編	学校児童生徒身体検査統計	福井県	CiNii
九三	統計書	地方1	編	米麦生産費資料調査　第2編	福岡県農会	国会
九四	統計書	地方1	編	福島県警察統計書	福島県	一橋
九五	統計書	地方1	編	北海道庁戸口統計	北海道	CiNii
九六	統計書	地方1	編	農家経済調査書　自明治44年至大正10年	三重県農会	国会
九七	統計書	地方1	編	山口県勢一班	山口県	CiNii
九八	統計書	地方1	編	高知大林区署統計要覧	高知大林区署	CiNii
九九	統計書	地方1	編	熊本県産業組合成績一覧	産業組合中央会熊本支会	国会
一〇〇	統計書	地方1	編	青森営林局統計要覧	青森営林局	CiNii
一〇一	統計書	地方1	編	統計要覧	青森大林区署	CiNii
一〇二	統計書	地方1	編	広島県産業統計大要	広島県物産陳列館	CiNii
一〇三	統計書	地方2	編	横浜市統計書　第18回	横浜市	国会
一〇四	統計書	地方2	編	岡垣村々是	福岡県遠賀郡岡垣村	国会
一〇五	統計書	地方2	編	恩賜財団済生会大阪府下診療統計表　大正8年自1月至12月	(恩賜財団済生会)	国会

一〇六	統計書	地方2	編	下新川郡要覧　大正8年度	富山県下新川郡	国会
一〇七	統計書	地方2	編	寄宿舎管理上に於ける人格の効果と統計の事例 ——浪速紡織石津工場の事例	工業教育会	CiNii
一〇八	統計書	地方2	編	京都商業会議所統計年報　大正8年	京都商業会議所	国会
一〇九	統計書	地方2	編	金津村之自治——（村是）	新潟県中蒲原郡 金津村	一橋
一一〇	統計書	地方2	編	熊本県菊池郡大津町是	熊本県菊池郡大津町	国会
一一一	統計書	地方2	編	広島市統計年表　第14回（大正7年）	広島県広島市	国会
一一二	統計書	地方2	編	高岡市統計書　大正8年	富山県高岡市	国会
一一三	統計書	地方2	編	高知市経済統計一班	高知商業会議所	CiNii
一一四	統計書	地方2	編	根室千島統計要覧	不明	CiNii
一一五	統計書	地方2	編	佐世保市統計書　大正7年	長崎県佐世保市	国会
一一六	統計書	地方2	編	埼玉県秩父郡産業是	埼玉県秩父郡	国会
一一七	統計書	地方2	編	山形市統計一斑	山形県山形市	一橋
一一八	統計書	地方2	編	小倉市統計要覧	福岡県小倉市	CiNii
一一九	統計書	地方2	編	小樽商業会議所統計年報	小樽商業会議所	一橋
一二〇	統計書	地方2	編	松山市統計要覧　大正8年	愛媛県松山市	国会
一二一	統計書	地方2	編	新潟県岩船郡保内村是	大矢乙四郎	国会
一二二	統計書	地方2	編	新潟県東頸城郡牧村々是	新潟県東頸城郡牧村	一橋
一二三	統計書	地方2	編	新潟県南蒲原郡是附調査	新潟県南蒲原郡	一橋
一二四	統計書	地方2	編	神戸市統計書　大正6年	神戸市	国会
一二五	統計書	地方2	編	神奈川県都筑郡統計書　大正9年	神奈川県都筑郡	国会
一二六	統計書	地方2	編	青森県西津軽郡統計一班　大正9年	青森県西津軽郡	国会
一二七	統計書	地方2	編	青森商業会議所統計年報	青森商業会議所	CiNii
一二八	統計書	地方2	編	青森県三戸郡勢要覧	青森県三戸郡	CiNii
一二九	統計書	地方2	編	浅口郡統計一覧表 大正9年	岡山県浅口郡	国会
一三〇	統計書	地方2	編	村是	伊藤辰蔵	一橋
一三一	統計書	地方2	編	大姶良村是	鹿児島県肝属郡 大姶良村	国会

一三二	統計書	地方2	編	大京都都市計画参考資料　大正9年	都市計画京都地方委員会	国会
一三三	統計書	地方2	編	鳥取県八頭郡勢要覧　大正8年度	鳥取県八頭郡	国会
一三四	統計書	地方2	編	津和野町治一覧表　大正9年	島根県津和野町	国会
一三五	統計書	地方2	編	都市計画資料——大阪府西成郡東成郡町村の大勢	大阪府大阪市	国会
一三六	統計書	地方2	編	東京市魚市場統計	東京市	CiNii
一三七	統計書	地方2	編	東京市職業紹介所年報　第9回（大正8年度）	東京市	国会
一三八	統計書	地方2	編	東京府荏原郡勢一覧	東京府荏原郡役所改築祝賀協賛会	国会
一三九	統計書	地方2	編	東頸城郡菱里村是調査——大正9年7月	新潟県東頸城郡菱里村	一橋
一四〇	統計書	地方2	編	統計年報	岡山商業会議所	CiNii
一四一	統計書	地方2	編	函館港外6港外国貿易概況　大正8年	函館税関	国会
一四二	統計書	地方2	編	尾道市統計書	広島県尾道市	CiNii
一四三	統計書	地方2	編	富山県中新川郡勢一班　大正7年	富山県中新川郡	国会
一四四	統計書	地方2	編	富山県統計書　大正7年　第2編	富山県	国会
一四五	統計書	地方2	編	富山県婦負郡統計書　大正7年	富山県婦負郡	国会
一四六	統計書	地方2	編	富山市統計書　大正7年	富山県富山市	国会
一四七	統計書	地方2	編	福井県大野郡要覧　大正7年	福井県大野郡	国会
一四八	統計書	地方2	編	兵庫県宍粟郡千種村是	兵庫県宍粟郡千種村	一橋
一四九	統計書	植民地	編	漢口日本商業会議所年報	漢口日本商業会議所	一橋
一五〇	統計書	植民地	編	関東州並満洲在留本邦人及外国人人口統計表	外務省	国会
一五一	統計書	植民地	編	支那軍用資源諸統計	参謀本部	CiNii
一五二	統計書	植民地	編	青島守備軍臨時戸口調査　第1回（大正8年9月30日現在）準備調査報告書——	青島守備軍民政部	国会
一五三	統計書	植民地	編	統計年報（鉄道）	青島守備軍民政部	一橋
一五四	統計書	植民地	編	台湾人口動態統計　大正7年（原表之部）	台湾総督府	国会
一五五	統計書	植民地	編	台湾総督府学事年報　第17（大正7年度）	台湾総督府	国会
一五六	統計書	植民地	編	台湾総督府統計書　第22（大正7年）	台湾総督府	国会

一五七	統計書	植民地	編	台湾糖業統計	台湾総督府	国会
一五八	統計書	植民地	編	台湾統計摘要　第14（大正7年）	台湾総督府	国会
一五九	統計書	植民地	編	第1回台湾国勢調査在郷軍人に関する諸表	台湾総督府	国会
一六〇	統計書	植民地	編	農業基本調査書	台湾総督府	一橋
一六一	統計書	植民地	編	朝鮮・内地・台湾比較統計要覧	朝鮮総督府	国会
一六二	統計書	植民地	編	朝鮮貿易年表　大正8年	朝鮮総督府	国会
一六三	統計書	植民地	編	朝鮮総督府統計年報	朝鮮総督府	一橋
一六四	統計書	植民地	編	簡易国勢調査法規及通牒　大正14年	朝鮮総督府	国会
一六五	統計書	植民地	編	農業統計書	朝鮮総督府	一橋
一六六	統計書	植民地	編	鮮満経済統計要覧	朝鮮銀行	一橋
一六七	統計書	植民地	編	満洲重要経済統計表	朝鮮銀行	一橋
一六八	統計書	植民地	編	6ヶ年間火災統計表――（朝鮮）自明治43年至大正4年	農商務省	一橋
一六九	統計書	植民地	編	内外台鮮定期米穀取引事情及統計――全	一戸正侯	一橋
一七〇	統計書	植民地	編	満蒙貿易統計総覧	三井物産株式会社	一橋
一七一	統計書	植民地	編	関東庁統計書	関東庁	CiNii

註　典拠「国会」は、国立国会図書館サーチ（https://iss.ndl.go.jp/　二〇二〇年三月九日現在）で「件名」に「統計」もしくは「是」を、「出版年」に「1920」を入力した結果。典拠「一橋」は一橋大学経済研究所附属社会科学統計情報研究センターの蔵書検索中「詳細検索」（https://opac.lib.hit-u.ac.jp/opac/opac_search/?lang=0　二〇二〇年三月九日現在）で、「すべての項目から」に「統計」もしくは「村是」もしくは「郡是」もしくは「年報」を、「出版年」に「1920」を入力した結果。典拠「CiNii」は、CiNii Books（https://ci.nii.ac.jp/books/　二〇二〇年三月一六日現在）の「フリーワード」に「統計」を、「出版年」に「1920」を入力した結果。

初等教育一覧など主題別の統計も多くみられるようになる。また、方面委員事業年報、農政資料、副業調査書、農家経済調査などのタイトルがみられることは、この時期、急速な経済発展とともに、次第にいわゆる「経済の二重構造」が現れ、それが原因となって発生する社会問題（都市部の雑業層や農村住民の貧困など）が認識されて調査の対象になりつつあったことを示唆している。

「地方2」に分類した統計書には、大きく分けて三つの方向性があるように思われる。第一は、山形市統計一覧、小倉《こくら》市統計要覧などのように、郡市レベルで総合統計書を編纂する動きが現れていることである。特に都市部においては人口の集中と新たな都市問題が発生しつつあり、これらを統計的にとらえておきたいという欲求が、市役所レベルに存在したものとみられる。第二に、これとも関係する動きとして、京都、大阪などの大都市において、都市化の進む周辺の郡部を編入して「大京都市」「大大阪市」などの形で都市行政を再編しようとする動きがあり、それに付随して編入の対象となる地域に関する統計調査が行われていることを指摘しておきたい。このような動きは、このあと各地で生じてくる。第三に、比較的まとまった数の郡是、市町村是がみられる点である。郡是、市町村是自体は、明治二〇年代後半以降、前田正名《まさな》の提唱によってはじめられ、日露戦争後の「地方改良運動」▼1期を中心に全国で盛んに策定されたものである。郡是、市町村是について簡単に説明しておくと、郡や市町村を範囲とした地域経済に関する統計調査を行い、その結果をもとに、その地域の目指すべき経済社会のあり方を「是」(＝到達目標)としてまとめるものである。このような動きは当然のことながら、地域の経済、社会に問題が発生しているときに盛んになるのであり、第一次世界大戦から米騒動を経たこの時点でも、この運動に対する需要が存在したとみるべきであろう。

植民地に関する統計書の中では、台湾総督府、朝鮮総督府および朝鮮銀行によるものが大きなまとまりをなしており、日本帝国におけるこれら二つの植民地の存在感の大きさを示している。また、これら二つの地域を除くと、関東州、青島《ちんたお》、満蒙《まんもう》関係のものなどがあり、日本が帝国形成をさらに進めていこうとしている姿がうかがわれる。

三　一九二〇年代の統計調査体系と資料の作成状況

一九二〇年代の日本本国における統計資料編成の全体的な流れは、どのようなものであったろうか。本節では、この点について述べていくこととしたい。

一九二〇年代の調査システム概観

一九二〇年代の統計資料編成にかかわる諸組織と、それら相互の情報・資料の流れを、きわめておおまかにまとめたものが、図5－1である。図を上から下にみていくにつれ、国家の行政組織の中央から末端へとレベルが変化する。最も下の部分には、調査の対象となる住民や工場、会社などがある。図の左側部分は、情報の流れ、したがって文書のやりとりの経路を示す流れ図である。図の右側には、行政組織のレベルにしたがって、統計編成業務の結果がどのような形で公表されているか、代表的なもののみを例示した。なお、この図では、調査統計と業務統計とを区分していない。大正期の統計編成業務では、調査統計であると業務統計であるとを問わず、その調査結果を総合する形で『府県統計書』や『帝国統計年鑑《ていこくとうけいねんかん》』などのいわゆる「総合統計書」が編纂されるのが普通であった。ここではその編纂のための業務全体を、統計関係業務と位置づけたのである。ただし、各官庁の統計調査業務が、『帝国統計年鑑』の編成を目的として、統一的な意思決定のもとに行われていたということではない。逆に、各官庁は、それぞれの管轄《かんかつ》する業務に関して、それぞれの必要に応じて独自に調査を行っていた（分散型統計システムであり、第二章の図でいえば第Ⅲ象限と第Ⅳ象限にまたがって現れる）。統計局はそのデータを利用しながら、独自の調査結果も合わせて、『帝国統計年鑑』などを編纂したのである。以下、この図上で中央官庁から下に向かって、それぞれのレベルでどんな業務が行われていたか、したがって、どんな資料が編成されていたかについて概観しておくことにしよう。

同様のことは、図5－1には示していないが、実は各省庁内部についても当てはまる。各省庁は、「〇〇省年報」などのようなタイトルで省庁がそれぞれの総合統計書を出しているのが普通であるが、その編纂過程をみると、各部局が自己の担当する事柄について独自に調査（調査統計も、業務資料の収集も含む）を行っており、省庁内

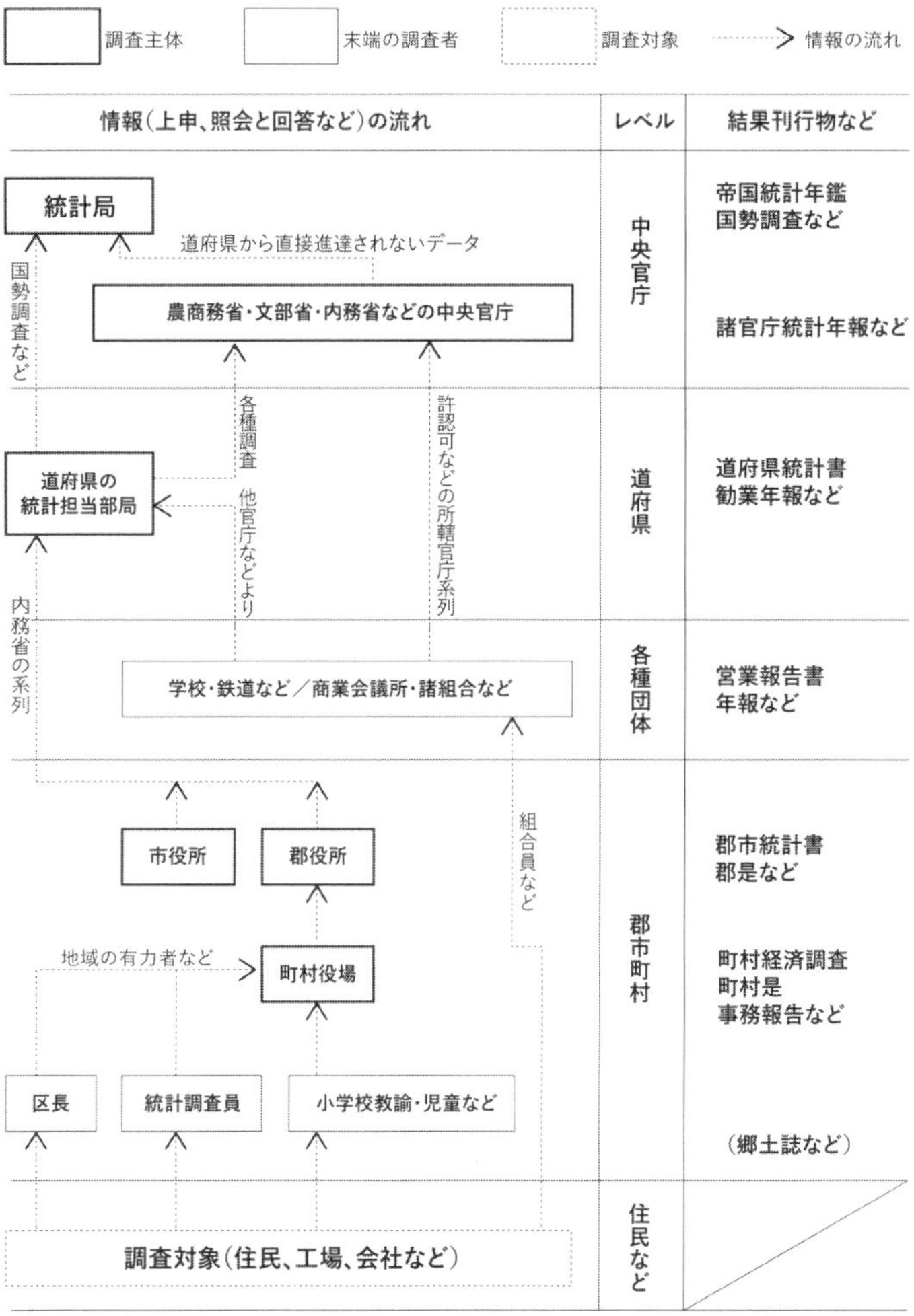

図5-1　大正期における統計書編成業務の流れ（筆者作成）
註　市役所の下にも町村役場と同様の組織があるが、本図では省略した。同一の行政組織内部における統計担当部局と他の部局との関係は割愛した（例：県の統計課と、同じ県の勧業課の関係など）。

の統計担当部局は、多くの場合、その結果得られたデータを収集して取りまとめるにとどまっている。なお、こうした部局単位でも、独自の統計書を刊行することがある。『大蔵《おおくら》省銀行局年報』などは、その代表的なものである。ただし、すべての部局で統計編成業務をここまで行っているわけでないことは、もちろんである。

道府県による事実上の調整機能

中央省庁レベルで、調査系統が一元的でなかったのは以上に述べたとおりであるが、道府県レベルの行政組織は、各省庁からの調査に関する指示を受け、これを調整する機能を、一定程度、担っていたといえる。次に、この点について調べ、これにともなってどのような業務資料が作成されたかを概観しよう。

中央省庁によって「分散的」に行われる調査のほとんどは、道府県レベルでは、統計担当部局が主として担当することになる。ところで、中央の各省庁（およびその内部の部局）は、それぞれの業務の守備範囲に関するかぎりで、できるだけ広範囲に、かつ詳細なデータを収集しようとする傾向がある。このため、これらが道府県レベルまで下ろされてきたとき、調査項目に重複が発生するのは当然といえる。道府県レベルでは、これらをつきあわせて調整し、道府県独自の調査規程・様式として再編し、なおかつ道府県それぞれの調査項目や調査方法に関する規定を必要に応じて付け加えた上で、「○○県報告例」などの形で施行していることが多い。[2]

ただし、道府県それぞれのこのような様式が、中央省庁の調査から完全に独自であり得ないのは当然である。そこで、中央省庁の調査規程や定義などの変更にしたがって、道府県レベルの調査規程・様式も原則的には——往々《おうおう》にして時期的な遅れはみられるものの——改訂されることになる。そのため、道府県レベルでは、調査結果の中央省庁への進達、郡市などとの間での照会《しょうかい》と回答などを含む往復文書とともに、調査規程と、その改訂に関する膨大な資料が作成された。

さて、中央省庁による各種調査をいったん集中して請け負った道府県の統計担当部局では、これに回答するためにデータを収集することになるが、この業務は、大別して次の二つの流れからなった。

第一は、内務《ないむ》省の行政組織の系列に沿って、より下位の郡市役所に対して報告を求める流れであり、図５－１では「道府県の統計担当部局」の枠から真下に延びる線で表現されている。第二は、郡市役所の管轄外の公的機関（鉄道の駅、測候所、師団、学校などの中央省庁の出先機関）や、その他の民間諸団体（農会、商業会議所、同業組合など）への情報提供の依頼であり、図５－１では右下に延びる線で表現されている。このカテゴリに含まれるのは、多くの場合、業務データである。これら二系統の業務にともなって、それぞれの組織への報告の依頼、督促、報告されてきた原稿や情報に関する照会、およびこれらにともなう送り状などからなる公文書が作成された。

中央省庁とのやりとりと、より下位の組織とのやりとりの双方を含め、道府県レベルでは、発生した資料は「統計」「統計書編纂材料」などのタイトルで簿冊《ぼさつ》にされていることが多い（後者のタイトルは、これらのデータをまとめる形で、道府県レベルでの総合統計書である「府県統計書」などが編纂されるためである）。もちろん、「人口統計」「勧業統計」「統計例規」などのように主題別の簿冊になっている場合や、「郡市より収集分」「他官庁より収集分」のように、業務の流れ別に簿冊が編成されている場合もあった。同じ県でも、年次によって簿冊編成の原則が異なっていることも、しばしばある。これは、その年に発生する資料の量や、統計担当者の交代などによって生じるのであろう。また、国勢調査のような大規模な調査に関しては、「国勢調査に関する書類」など、独立した簿冊が編《あ》まれるのが普通である。ごくまれにではあるが、道府県がそれぞれの個票調査を実施した場合などに、その個票が保存されていることもある。

以上のほとんどの行政資料は、管理規程上は永年《えいねん》保存となっていないのが普通である。そのため、庁舎の建て替えなどにともなって廃棄され、消滅してしまった例が多いと思われる。そうした行政資料の中には、村ごとの詳細な生産額データや、報告内容に関して県から郡市あてに出された照会（たとえば、「石炭の価格が一斤《きん》あたり＊＊円となっているが、通常は☆☆円くらいなので、計算ミスではないか」などの詳細にわたるもの）とそれに対する回答、個々の調査項目に関する詳細な規程（たとえば、「楮《こうぞ》」といったときに、生のままのものの重量か、皮をはいで乾燥したものかなど）、そのほか統計数値を利用する上で欠くことのできない情報が豊富に含まれている。これらの情報は、特に戦前期の場合、結果刊行物からは得られないのが普通であるし、調査を実施した中央省庁の記録や調査規程などをみても、細かな点であるとして省略され、判明しないことが多いのである。

郡市町村による調査方法の決定

さて、郡市町村レベルの資料のうち、郡役所の資料は残念ながら散逸してしまった例がほとんどなので、本書では省略する。市町村レベルの統計調査・編成業務は、道府県レベルについて述べたと同様、上級官庁との往復文書や上級官庁への進達原稿の控えなどを中心に行われていることが多い。

市町村の統計業務が、郡や道府県以上のレベルと異なるところとして、調査対象とじかに接する窓口であるという点がある。上級官庁の調査規程や様式に定めがない場合でも、このレベルでは、よりきめ細かに住民の状況などに配慮し、実状に合った方法を定めて調査を実施せざるを得ない。たとえば、一九一九（大正八）年、農商《のうしょう》務《む》省の調査様式では表式調査である「麦表」について、栃木県那須《なす》郡《ぐん》武《む》茂《も》村《むら》では、独自に定めた個票（麦作付段別調査小票）を用い、センサス型の調査として、▼3しかも江戸時代以来の人的結合関係を基礎とした「伍組《ごぐみ》」の伍長が調査員となって実施しているのは、この例である。このほかにも、子どもが学校の先生から言いつかってきたことには、大人も従うことが多いからという理由で、小学校児童に家禽《かきん》の調査（個票によるセンサス型調査）をさせ、教員がこれを取りまとめて報告した例もある。このように、各省庁が行う「表式《ひょうしき》」調査にあっては、調査の対象をどうとらえるかという概念規定は一応なされていることが多いものの、調査方法に関しては、事実上無規定であるか、いくつかの方法を併記してそこから選択させる方式を採っているかの、どちらかである場合が多い。このため、郡あるいは市町村レベルで、その土地の実態に即して、さまざまなやり方で調査が行われていた。極端にいえば、隣村同士であっても、調査の方法はまちまちであることも珍しくはなかった。実は、この点に関する実態が明らかにならなければ、調査の結果得られた数値が、どの程度信頼できるものであるかも、明らかにはならないのである。以上のようなことに関する情報は、市町村の行政資料の中に、調査委員の任免、役場とこれらの人々との往復文書、打ち合わせ会議録、調査の直接の結果（個票等）などとして含まれている。ただし、道府県レベルの指導がある程度徹底しているところと、そうでないところとでは、市町村による調査方法の独自性の度合いも当然異なってくる。[4]

一般に、市町村レベルでは、保存されている資料の物理的形態も、その市町村の実情に応じて大きく異なっていた。筆者がこれまでみたかぎりでは、市に関しては、統計の担当部局がはっきりしており、簿冊の編成の点でも統計関係のものが他と区別されていることが多い。しかし、町村レベルになると、統計専従の吏員《りいん》がいるわけではなく、一人の書記などが、他の業務とともに統計業務も兼務しているのが普通である。そのため、もちろん統計関係の資料に関して独立の簿冊が編成されることもあるが、場合によっては、庶務、勧業、学事など、他の業務に関する簿冊の中に、統計業務関係の行政資料も混在する形で編成されていることも多い。

この結果、今日、特に件名リストが巻頭に与えられていない場合には、統計関係の情報を得ようとすると、簿冊を片端からめくっていかなくてはならない。これは、膨大な労力を費やすことになるだけでなく、簿冊を破損するリスクもそれだけ増すことになる。統計関係に限らず、歴史的行政資料の件名目録の整備が望まれるところである。

市町村レベルでも、道府県レベルと同様に、統計関係の行政資料は、通常は永年保存資料ではない。そのため、筆者が訪問した自治体の少なからぬところで、庁舎の建て替えなどの際にこれら資料が消滅してしまっていた。また、町村合併が行われると、母体となった自治体の行政資料は比較的よく保存されるが、「吸収」された側の自治体の資料は、永年保存であると否とにかかわりなく、悪条件の下に放置されたり、破棄されたりすることが多い。[5]日本の近代史上、明治前期に次ぐ規模で町村合併が広範に行われ、かつ庁舎の新築が盛んに行われた高度経済成長期や、平成の大合併期は、この点で、行政資料の保存という観点からは、危機の時代であった。

ここまでみてきたことを簡単にまとめておこう。

一九二〇年代日本の統計調査の特徴として、①中央省庁レベルでみたときの調査実施の分散性、さらに、多くの場合、調査方法に関する規定の欠如（国勢調査など一部の、いわゆる近代センサス型調査を除く）、②道府県レベルの行政組織が果たした、事実上の調査相互の調整機能の存在、③郡ないし市町村レベルでの、各地の実情に応じたさまざまな調査方法の採用と、逆にそれゆえの調査方法の不一致の可能性、以上の三点を挙げてきた。この時期の統計資料を利用する場合、これらの点が実際にどうなっていたかについて、最低限の見通しを持たなければ、データを正しく解釈することは望めない。したがって、このような情報が数値情報とともに提供される必要がある。しかし、そのもとになるべき行政資料は、その重要性を認識されることが少なく、日々消滅の危機にさらされているのである。

四　植民地統計の編成――台湾総督府報告例とその運用の事例

一九二〇年代は、日本が第一時世界大戦の「戦勝国」として、すでに植民地化していた台湾、朝鮮などとならんで、元ドイツ植民地であった南洋群島を委任統治領とした時期でもある。すなわち、この時期の日本について考える際、日本が帝国を形成していたことを忘れてはならない。統計の歴史について考える際にも、このことは当てはまる。そこで、ここでは、日本統治下の台湾を事例として、[6]台湾総督府によって実施された諸調査ならびに調査システムについて概観する。

この目的のために用いる主な資料は、一八九八（明治三一）年の『台湾総督府報告例（訓令第三百十三号別冊）』[7]と、一九一七（大正六）年の『大正六年三月十日現行　明治四十二年十二月十四日　台湾総督府訓令第二百八号別冊台湾総督府報告例』[8]（以下「一八九八年報告例」「一九一七年報告例」、あるいは単に「報告例」と呼ぶ）である。前者は日本による台湾統治がはじまってわずか三年の時点に編成されたもので、設置後まもない総督府による台湾の掌握がどのように行われようとしていたかを物語る。また、後者は、統計表の様式が判明するという意味で、現在までのところ筆者が入手できた最新時点の報告例であり、台湾統治が一応軌道にのった時期に属する。本節では、以下、これらの資料によって、総督府による調査項目を概観し、その上で調査組織と制度について述べていくことにしたい。

『台湾総督府報告例』の概観――成立と変遷

台湾における統計調査制度の変遷を概観するには、高橋益代による「台湾統計調査関係事項年表」が便利である[9]。これをみると、台湾総督府が自らの統治領域における諸事象を把握するために実施した調査は、一八九八（明治三一）年以降、いくつかの例外はあるものの、ほとんどが「報告例」の規程にしたがって調査され、報告されたことがうかがわれる。「報告例」掲載の調査には、統計調査のみならず、記述的な報告も含まれている。一八九八年時点の調査項目は四四五あり、そのうち数値情報を含むものが三五〇、記述のみのものが九五である。また、これらのうち三五項目については「警察上管内の状況（明治二九年五月訓令第一八号）」をはじめとして、個別の訓令ないし府令からなる旧根拠法が記録されている。おそらく台湾領有当初、必要に迫られてアドホックに諸調査を制定していったあと、この時点（一八九八年一一月）にいたって、内地の道府県の制度にならい、大幅に調査項目を増やすとともに既存の調査項目も含む形で「報告例」に再編、一本化したものであろう。次に、一九一七（大正六）年時点の調査項目をみると、二八九であり、このうち「報告例」の定義上「統計」とされたものが二四七、「記述」とされたものが四二である。この二時点間に、調査項目の整理が進んだことがうかがわれる。

ここで一八九八年報告例を取り上げ、ここに規定された調査がどのような内容を持つものであったかについて、

	即報	日報	旬報	月報	季報	半年報	年報	臨時報	合計
数値含む	12	10	1	85	13	46	170	13	350
記述のみ	20	37	0	15	5	1	11	6	95
合計	32	47	1	100	18	47	181	19	445

表5-2　台湾統計調査　1898年報告例の調査項目
註　報告時期の区分は「1898年報告例」による。データに数値を含むか否かは、「報告例」に表式が掲載されているものはそれにより、表式が掲載されていないものはタイトルなどから筆者が判断した。
出典：台湾総督府（1898）『台湾総督府報告例（訓令第三百十三号別冊）』より筆者作成

概観しておくことにする。

表5－2は、一八九八年報告例に現れる調査項目を、報告時期（即報、日報、旬報、月報、季報、半年報、年報、臨時報の別）ならびにデータ種類（数値データを含むか、記述データのみか）によって分類したものである。報告時期別にみると、最も多いのが年報で一八一、これに次いで月報の一〇〇となっている。両者とも、記述データのみという項目は少数である。これに対して、即報および日報では、記述データのみの項目が多い。即報は、たとえば「非常急変の発生及其他速報すべき必要ありと認むる事項」「多衆集合不穏の状況」などのように、総督府による台湾統治上、一刻の遅れも許されぬような事態が発生した際、その第一報をすみやかに連絡すべく設定された項目であり、その性質からいって数値データとはなりにくいものを多く含んだのである。日報も、緊急度という点では即報よりも劣るものの、これに準ずる性質を持つ。これに対して、月報や年報では、ある一定期間に生じたさまざまな現象や、ある時点の状態を、できるかぎり客観的な数値として把握することを主眼としたものが多く、したがって数値データを記入する統計表が多くなるわけである。経済に関係する統計について述べるならば、金融景況、重要品相場、税関輸出入品などは月報に、稲作景況や石炭消費高などは半年報に、また人口、各種の生産統計、工場表、会社表などは年報に含まれる。

つづいて、一八九八年報告例と一九一七年報告例とを対比してみよう。

表5－3は、一八九八（明治三一）年と一九一七（大正六）年の「報告例」に含まれる調査項目の年次別分布をみたものである。これをみると、一八九八年に記述情

		1898 年		合計
		あり	なし	
1917 年	あり	138	151	289
	なし	307		307
合計		445	151	596

表 5-3　台湾統計調査　調査項目数の変遷
出典：1898 年報告例および 1917 年報告例より筆者作成

報、数値情報あわせて四四五あった調査項目が、一九一七年には二八九項目に減少している。そこで、両時点間での調査内容の変化について述べよう。一八九八年の報告にあって一九一七年にない三〇七項目をみると、学事関係、郵便電信局関係（電信ならびに電話線の架設や維持修復など）、「本島人」▼[10]関係などが目立つ。また、一九一七年のみに現れる一五一項目には、一八九八年と比較して目新しい項目として、マラリヤ対策関係、医学校関係、鉄道関係、「蕃人《ばんじん》」関係などが目につく。この約二〇年間に、総督府による台湾の掌握が進み、情報・交通関係で、電信や電話などの基本的な情報インフラストラクチャの整備が完了するとともに、新たに鉄道の敷設が進んだこと、また、住民との関係の点でも、漢人や平埔《へいほ》族を自己の支配体制の下にほぼ組織した総督府が、最後に残った課題として、山間部に住む原住民族を意識するようになっていった状況がうかがわれる。こうしたいくつかの点を除くならば、両時点間の調査項目の相違は、総督府をはじめとする諸官庁の組織改編などに対応するものであり、本質的に大きな内容変化を伴うものではない。調査項目が減少したようにみえるのは、したがって、この間に調査様式が合理化され、整理されていったとみるべきであろう。

報告例にない調査統計——臨時台湾戸口《ここう》調査を中心に

台湾総督府が実施した諸調査には、「報告例」に載らないものが存在する。なかでも重要なものとして、「臨時台湾戸口調査」「土地調査」「臨時台湾旧慣調査」を挙げることができる。これらは、いずれも台湾領有初期の一八九〇年代後半、後藤新平《ごとうしんぺい》民政長官のもとで実施された。人口、土地、そして人々の取り結ぶ社会関係を調査するこれらの調査は、台湾統治の基礎データとして、いわば三点セットで行われた事業であった。

ちなみに、この調査の仕組みは、時代が下るにともなって朝鮮、関東州に、その後さらには満洲にも適用され、日本による植民地支配手法の一つの原型をなすことになった。

これらの中で「第一回臨時台湾戸口調査」は、日本本土で第一回国勢調査が予定されていた一九〇五（明治三八）年に実施された人口センサスで、児玉源太郎《こだまげんたろう》総督と後藤新平民政長官のもとで実施された。水科《みずしな》七三郎が、一九〇三（明治三六）年に招かれて台湾総督府に「主事心得」として赴任《ふにん》しているので、彼が調査の設計や実施の指導にあたったものと推察される。この人物は、一八九〇年代後半に日本各地で実施された統計講習会に講師の一人として加わり、統計調査技術の普及に努めた、当時の第一線の統計家である。「臨時台湾戸口調査」はこれ以降、一〇年後の一九一五（大正四）年に第二回が、次いで第三回は日本本土の国勢調査と同じ一九二〇（大正九）年に調査が実施された。

後述のように、戦前日本の官庁が実施した統計調査の調査機構については不明な点が多いが、この「臨時台湾戸口調査」については、当時の統計学者たちが近代的人口センサスの実験としても位置づけていたことから、その実施過程が比較的詳細にいたるまで記録されている。この調査について全面的に明らかにするのは本稿の課題ではないが、「報告例」に記載の調査にも共通の事情があると思われるので、調査機構をはじめとする基本的な点についてのみ、ここで触れておくことにしたい。

まず、この調査の根拠法は「明治三十八年府令第三十九号　臨時台湾戸口調査規則」である。また実施規定として「明治三十八年訓令第百三十二号　臨時台湾戸口調査事務取扱規程」「明治三十八年訓令第百三十五号　所帯票記入心得」が施行され、これにともなって所帯票その他の諸様式も公表された。調査項目は、「住家の有様」「氏名」「所帯主との続柄」「種族」「性別」「出生年月日」「縁事上の身分」「本業名」「本業上の地位」「副業名」「副業上の地位」「常用語」「常用以外の語」「読み書きの程度」「不具の種類・原因」「阿片吸飲食者」「纏足《てんそく》者」「出生地」「原籍」「国籍」「渡台の年」「常住地」と、日本本土における第一回国勢調査の八項目に比べて多く、異民族を支配するための基礎資料としての、この調査の性格を物語っている。

調査組織としては、総督府の統治下に「帰順」していなかった「蕃地」を除く台湾全域を四〇〇〇あまりの調査区に分割し、その上に五〇〇あまりの監督区を設けた。当時の台湾の人口を、おおざっぱにみて約二〇〇万人とすれば、調査委員一人が担当する調査区の規模は、平均約五〇〇人、世帯《せたい》数にして一〇〇程度の大きさであったことになる。

調査委員四二四〇名についてその職業をみると、日本人官吏《かんり》が圧倒的で、その中でも巡査（二四七六名）、雇《やとい》（四四五名）、属《さかん》（三〇三名）などが多い。同様に、監督委員五〇〇名では、警部補（一六二名）、警部（一一〇名）、属（九七名）などが目立っている。これらのうち雇や属は、当時の各種の行政機関の中で、今日でいえば「ノンキャリ」に相当する地位にいた人々であるが、それ以外は警察官吏である。これと反対に、漢人の行政機構である街《がい》庄《しょう》や保甲《ほこう》の公吏（街庄長、保正《ほせい》、甲長と呼ばれた）や、原住民族でこれに該当《がいとう》する地位にある者（社長）などは、ここには含まれない。理由は、この調査が他計式（調査員が調査対象に対して聞き取りを行い、その結果を調査票に記入する）によって行われ、その基礎となる住民の一覧リストとして、警察の業務資料である「戸口調査簿」を利用したためである。警察の業務資料を被支配民族の住民に閲覧させることは好ましくないと判断した旨、台湾総督府は言明している▼11。

こうして調査委員には日本人官吏が充てられたわけではあるが、彼らが単独で漢人ないし原住民族の調査を滞《とどこお》りなく実施できたとは思われない。当時は日本による統治がはじまってわずか一〇年しか経過しておらず、台湾住民に対する日本語教育も、のちの時期ほどには行き渡っていなかったと考えられる。また、日本人官吏の側にも、漢語▼12や原住民族の諸言語▼13に堪能な者が多くいたとは考えにくいからである。調査委員の下には、通訳もしくはアドヴァイザーにあたる現地の住民がいて、調査委員と調査対象の間の意思疎通にあたっていた。こうした形で調査にかかわることは、一種の実地教育でもあり、人口センサスに限らず、これ以後の統計調査一般について、調査を下支えする人材を作り出すことにもつながったと推測できる。同様の現象は、満洲国による統計調査の実施過程についても見受けられる。[14] こうした観点から統計調査のあり方を調べることは、日本による植民地統治メカニズムの再評価にもつながるものであろう。

以上に述べたのは、「報告例」に載らない「臨時台湾戸口調査」に関する事情ではあるが、少なくとも台湾統治初期、漢人や原住民族に対する公教育が軌道にのる以前の段階では、「報告例」に掲載の諸調査に関しても、同様の事情があったと考えるのが自然である。

調査の組織

第三節一項で述べたような日本内地の調査システムと、台湾総督府のシステムとを比較したとき、どのような異同がみられるだろうか。

まず、最大の相違は、台湾においては、日本本国において「中央官庁レベルにおける分散型と、道府県レベルにおける調査項目の集約機能」と特徴づけたシステムが、大きく変形していることである。

まず、台湾総督府と本土の中央諸官庁との関係について述べるならば、道府県の場合とは異なり、中央官庁がそれぞれ総督府に報告を求め、各種の調査事項を総督府が取りまとめて「報告例」に編纂するという形はとられていない。一八九八（明治三一）年報告例をみるかぎり、例外は逓信《ていしん》省所轄の調査のみである。[15] これは、当時の日本の国家機構の中で、総督府が内務省の系列下ではなく、道府県に比較するならば、相対的に高い自律性をもって行政にあたっていたことによる。

次に、総督府それ自体のシステムを単位としてみよう。「報告例」をみるかぎり、台湾のシステムは、日本内地のシステムから一応独立していた。そして、各種の業務を担当する部局（総督府を国家になぞらえるならば、これは中央省庁に当たる）が要求する調査諸項目は、日本内地のように下位の行政機関レベルによってではなく、上位官庁である総督府自体により「報告例」として取りまとめられたのである。この点は、台湾と日本内地とで大きく異なる。

ただし、このことは「報告例」が、今日のフランスやカナダなどにみられるような、強力な権限を持つ中央統計局により、体系的に設計されたことを、必ずしも意味しない。「報告例」にみられる調査項目の多くは、漢人や原住民族にかかわる台湾固有の項目を別とするならば、内容的に、日本本土の道府県による報告規程類に収録される調査項目と共通のものが多い。「報告例」の、書物としての構成や、掲載された書式自体も、明らかに道府県レベルの報告規程などを参考にしたものとみられる。おそらく、総督府を構成する各部局が、その担当する業務に関係する調査項目をリスト・アップし、総督府全体として重複の排除や、欠落している項目の補足など、最低限の調整を加え、「報告例」として編纂したのであろう。この意味では、「報告例」に集約された台湾の調査制度の実態は、一見して思われるような集権的システムではないということになる。

以上のような推測が正しいならば、台湾総督府の調査システムは、一面で日本本土からの相対的な独自性を有するとともに、他面では日本本土の分散的システムを、いわばミニチュア版にして移植し、その際に本土で道府県が果たしていた調査項目の調整機能を、総督府が代替したものと評価できよう。

調査の最末端である街や庄（日本の町村に相当）で、どのような調査が行われていたかについては、林佩欣の論文[16]に詳しい。ごく簡潔に紹介するならば、一九二四（大正一三）年、庄レベルにも統計調査員が置かれ、調査されたデータの流れは、調査員から街庄（統計主任）、郡、州を経て総督府におよぶ形となっていた。

調査項目の定義と調査方法

では、調査項目の定義であるが、内地における道府県レベルの調査規程でも、台湾の「報告例」でも、ほとんどの項目について、ある程度明確な定義がなされている。ただし、調査項目の定義は、これだけでは完結しない。

総督府レベルの定義に、下級の地方官庁が独自の条項を付け加えた例が、ごく普通に存在したからである。このような事情は、日本本土でも、道府県と郡市との間で、しばしば存在した。いま、時代はやや下るが、台湾総督府殖産局の資料[17]から、「第百六表の二　養蚕」を例示しておこう。

この調査項目は、総督府が各州および庁に対し、管下の郡市、支庁別に飼育戸数（延べ戸数、最盛期戸数）、蚕種《さんしゅ》掃立《はきたて》枚数、産額（繭、玉繭、出殻繭、屑繭、計）の報告を、翌年三月までに報告することを求めたものである。同書には、この項目の表式（総督府に報告すべき統計表の雛形《ひながた》）が掲載され、その末尾に以下のような調査定義が記述されている。

一　蚕種の掃立枚数は框《かまち》に二八四の幼虫を付けたものを一枚として記入すること。ただし、平付《ひらづけ》一枚は框四枚の割で記入すること。

一　街庄または区を設置していない蕃地における事実は、所属の郡、あるいは支庁の項目を平地、蕃地に分けて記入すること。[18]

そして、これに続く解説の中で、同書は、この項目につき、各地方庁による定義がなされていたことを以下のように紹介している。

新竹州および高雄州では本表を期報として、さらにその解説中に、新竹州では「本表は春繭、夏繭、秋繭、冬繭、ごとに作表すること」「春繭は三月一日より四月末日まで、夏繭は五月一日より七月末日まで、秋繭は八月一日より一〇月末日までに〔収繭《しゅうけん》〕したものとする」「前項以外の時期に収繭したものは冬繭として、一一月および二月分は三月一〇日までに、一二月分は翌年一月一〇日までに報告すること」と定めており、高雄州では「本表中、繭とはその種固有の形状、肉づき、色沢を最もよく有しているものを、中繭とは尿繭、汚染繭、型崩繭を、下繭とは死籠繭、潯皮繭を、玉繭とは二匹以上により営まれたものを、出殻繭とは発蛾したるものをいう」「本表は春夏繭（八月末日までに収繭したもの）、秋冬繭（一二月末日までに収繭したもの）の二回に調査すること」の二項を明らかにしている。[19]

他の調査項目について個別に詳しく述べることは、紙幅の関係でできないが、以上のように、上級（中央）官庁が調査定義の概略を定め、それを受けた下級（地方）官庁が、管轄する地域の実情に合わせて、より詳細な定義をするというやり方は、台湾のみならず、日本本土でも一般的であった。この時期の統計資料を利用する場合、望むらくは、こうした定義にかかるマニュアル類を参照すべきであるが、実際にはそれは困難な場合が多い。少なくとも、調査項目の定義が、このように、実査《じっさ》を担当する下級官庁ごとに少しずつ異なるものだった可能性があることを意識してデータを利用すべきであろう。

これまでに述べたことは、あくまで「報告例」をはじめ、刊行された例規のレベルの話であり、さらに最末端の現場で、調査員や調査対象によって調査項目の定義がどう理解されたかは、これらの刊行物からはうかがい知ることができない。また、結果刊行物としての統計書には、こうした調査定義に関する情報はほとんど掲載されないのが、第二次世界大戦前の日本およびその植民地における総合統計書の通例である。

続いて、調査の設計あるいは方法について述べよう。

日本に標本調査[20]が本格的に導入されたのは、農業統計の一部を除いては、周知のとおり、第二次世界大戦敗戦後である。したがって、ここで統計調査の設計・方法といっても、それは標本設計や抽出の方法にかかる事情ではない。当時は統計調査の多くはいわゆる「表式調査」として行われ、例外的にいくつかの調査で「個票調査」[21]が行われていた。また無作為抽出の技術がない時代であるから、個票調査の中でも全数調査が最も精確な調査だとされていた。問題になるのは、こうした調査技術を前提とした事柄である。なかでもデータの質にまで影響を及ぼす可能性がある要素として、個票調査か表式調査か、個票調査の場合は自計式か他計式かのほか、調査区の設定、調査の単位などに関する選択を挙げることができよう。[22]

台湾については、こうしたことを明らかにできる資料を、いままでのところ入手できていない。刊行された資料である「報告例」も、また先述の台湾総督府殖産局の資料も、表式調査と個票調査の選択について、また調査員の選任について、全く触れていない。わずかに、後者に掲載されたいくつかの項目について、解説文の中で、「達観調査」である旨の記述がみられるのみである。「達観調査」とは、表式調査でよくとられた方法で、市町村などの行政官庁における調査担当者が、調査対象のもとに赴《おもむ》くことなく、自己の見聞ないし常識的判断により、データを作成して報告するやり方(俗にいう「筆舐《ふでな》め」)である。[23]

ただし、台湾でも、特に、臨時台湾戸口調査の実施と前後して、各地の下級行政官庁レベルで、生産調査などにあたって、独自に個票によるセンサス調査を実施したり、そのための調査員の養成を行ったりしたケースがあった。[24]

以上、本節で述べてきたことを簡単にまとめておくと、日本による植民地支配にともなう統計編成事業は、制度面では日本で形成された制度を持ち込む形になっているものの、歴史や文化を異にする異民族を対象とすることから、その社会の特殊性に合わせて各レベルの調査実施機関で、調査の定義などに修正を加えたものになっているということになろう。日本人が日本社会について調査するならば疑問にものぼらなかったようなことが、異民族社会では「当たり前」では通らず、それを俎上にのせる必要があったということである。また、そのようにして異民族社会の異質性を認識しないかぎり、日本による植民地統治は行われ得なかった。統計資料の性格にも、そうしたことに起因する特徴が刻み込まれているということになる。

五　郡是・市町村是の編成[25]

次に、当時の統計編成が末端の地方組織ではどのように行われていたかに関する一つの事例として、「郡是・市町村是」について紹介しておこう。

「郡是・市町村是」とは何か

郡是・市町村是とは、行政単位としての郡市町村、ないしその地域の指導者たちが中心となってまとめた、社会・経済各方面にわたる到達目標のことである。その作成時期はさまざまであり、一八九〇年代中頃から一九二〇年代中頃にまで及ぶ。内容的には、時代や地域により異なる部分が大きいが、多くの場合、地域の現状を数値データや文章で示す部分（「現況の部」「参考の部」などと題される）と、これをもとに計画を述べる部分（「将来の部」などと題される）とを含んでいる。このうち、後者の部分が、本来の意味の「是」である。ここでいう「是」とは、今日でも用いられる「国是」や「社是」などといった語に現れる「是」と同義である。

郡是・市町村是資料は、これまでにさまざまな形で利用されてきた。最も一般的なのは、自治体史や郷土史の編纂にあたり、個別町村の歴史的状況を示す資料として用いられるケースであろう。一種の地誌《ちし》的記述として用いるわけである。また、経済史の観点からは、中西僚太郎《なかにしりょうたろう》[26]や、尾高煌之助《おだかこうのすけ》・山内太《やまうちふとし》[27]、斎藤修《さいとうおさむ》[28]、神立春樹《かんだつはるき》[29]、尾関学《おぜきまなぶ》[30]のように、複数の町村是を何らかの形で相互比較可能な形に加工し、地域住民の摂取カロリー量や貯蓄率、消費の内容、余暇時間の測定などの一般的な結論を導くために用いた例もある。

佐々木豊は、町村是資料を①その勘定体系の特徴、②これと「将来の部」（＝是）との論理的関係、③在地における町村是運動の担い手、などの点から分析し、これを当時の一般的な政治経済の状況と、特に地方改良運動と関連づけて論じている[31]。この資料に含まれる情報は多様であり、ここに例示した以外の観点からも、さまざまな形で利用が可能であろう。

さて、いかなる観点から利用するにせよ、この資料のおおよその内容について知っておくことは不可欠である。次に、これらの点に関して概観することにしよう。

町村是の内容

町村是の「現況」部分に記載された内容には、時代により、また地域により大きなばらつきがある。[32]しかしながら全体を見渡したとき、やはりそこに取り上げられた項目は、かなりの程度共通していることがわかる。町村是の策定にあたっては、いくつかの標準的調査項目が設けられており、各編成主体がそこから、自己の地域に合った項目を選んで調査を実施しているためである。ここで、町村是調査の一つのモデルとなった全国農事会『町村是調査標準』(一九〇一年)[33]に「町村の現状」として掲げられた調査項目を列挙しておこう。

1 町村の位置境界と地図
2 地質と気候
3 幅員
4 人口、戸数
5 官有、共有、私有、山林原野、田畑宅地の反別と地価
6 土地所有の現状(所有規模別戸数、町村内外住民の所有関係)
7 町村の沿革と歴史の概略
8 風俗慣習と生計の程度
9 国県郡町村諸税と協議費などの負担額
10 町村内外の輸出入総額

11　町村の共有財産、貯蓄金額
12　諸組合会社事業
13　耕地整理、排水、利水、開拓そのほか諸般の改良事業成績
14　町村住民の負債とその主たる原因
15　収入と支出

甲　収入（数量と見積価格）――普通農産物、工芸作物と園芸作物、畜産、林産、水産、蚕糸《さんし》・製茶・製紙・機織など、鉱業、商業、その他各種の副業、小作料（他町村に所有する土地の分）・貸金《かしきん》利子（他町村へ貸し付けたもの）・諸株券・公債・貯金などの利子その他、諸税収入（他町村民から徴収する分）、労働賃金

乙　支出――諸税、小作料（他町村へ払うもの）、衣食住ほか生計に関する費用（自町村内で生産したものを除く）、負債に関する利子（他町村住民に支払うもの）、労働賃金（他町村住民に支払うもの）、肥料・農具・種苗ほか生産原料として町村外より購入すべきもの[34]

町村是のこのような項目について、大橋博は、次のような点を挙げ、この資料のユニークさを高く評価している。①わが国の農林統計上の欠陥の一つとして、土地所有広狭別の戸数はあるが所有面積がないことが挙げられているが、町村是によればこの所有面積が得られる、②町村是資料からは、農業生産物の商品化の状態が得られるが、これは他資料ではほとんど得られないものである、③商業や工業、また労働力の町村段階における存在形態は他資料では不明だが、これが判明する、④商工業における資本の回転率や労働者を含むあらゆる階層の所得状態が判明する、などである。ただし、これらの特徴を挙げた上で、大橋は「……とは云ってもこの町村是を縦横に利用するにはかなりの経済学の知識が必要である」と、この資料を利用する際の困難さについても触れている。[35]

この最後の点に多少の補足をするなら、町村是で用いられている概念には今日の経済学的概念とは一致しないものがあるため、私たちがこれを統計資料として用いる場合、一定の仮定に基づいてデータを組み替える必要が生じることもある。たとえば、多くの町村是で「消費」には、家計消費に属するものと生産投入に属するものとが混在しているとみられる。また、フローとストックの区別も、必ずしも今日われわれが用いる概念どおりにはなされていない例が多いようである。[36] 利用者は、自分が見ているデータがいかなる概念によるものであるかについて、別な資料を参照するなどして個別に判断する必要がある。また、行政村《ぎょうせいそん》である市町村を一つの単位として、その範囲で対外収支勘定を推計するという発想は、町村是に特徴的なものである。

将来目標としての「是」の部分には、「余業奨励《しょうれい》、肥料共同購入組合設立、各種商品作物の奨励、共進会の開催、種籾塩水撰《たねもみえんすいせん》法・浸種日数短縮・短冊苗代・肥料改良などの稲作技術改良、田区改正、小作奨励会、村有基本金増殖、華美虚飾《きょしょく》矯正、時間厳守、農業教育普及および夜学会設置」[37]など、農事改良や行政村の財政基盤確立を目指す施策のほか、住民の日常生活・習慣の改善を目的とするものなど、農村住民の生活全般に関する到達目標が含まれた。なお、佐々木豊によれば、町村是にみられる以上のような勘定体系のあり方や、「是」項目の立て方には、報徳思想、なかでも中央報徳会が押し進めていた斯民《しみん》運動の影響をみることができるという。

町村是運動の担い手と時期区分

町村是は誰が、どのような方法で作成したのか。これもまた、時代と地域によりさまざまである。しかし、おおざっぱにいうなら、①一八九〇年代半ばに前田正名《まさな》がこの運動を提唱した当初は、森恒太郎《つねたろう》（愛媛県温泉郡余土《おんせんぐんよど》村《そん》長）[38]、田中慶介《たなかけいすけ》（福岡県浮羽《うきは》郡および八女《やめ》郡長）などのように、前田の主張に個人的に共鳴した地方の名望家や官吏たちが中心となって先駆的な調査を行った。[39] ②この経験を踏まえて上述の『町村是調査標準』がまとめられた一九〇〇年代初頭からは、町村の農会とその指導者たちが中心的担い手となった。③日露戦争後「地方改良運動」

の時期になると、府県によって調査標準が定められ、町村役場が実施主体となって調査・編成が進められることが多くなる。祖田修は、編集主体のこのような変化に注目し、一九〇四－〇五年を画期として、これ以前を「民間運動的色彩の段階」、これ以後を「官府運動的色彩の段階」と呼んでいる。[40]

この時期区分に応じた町村是の内容変化と、それにともなう資料的な価値の変化については、論者の観点によりさまざまな評価が下されてきた。これは基本的に資料の利用者自身が各自の立場から判断すべき事柄であるが、ここで参考までに、その代表的な例を紹介しておこう。祖田修は、日露戦争までの時期に属する町村是は、在地の住民の自発的な運動の結果として編成されたため、調査精度が高く資料としても信頼できるのに対し、それ以後の時期になると、町村是の編成そのものが多くは府県の指示のもとに、いわばお仕着せの運動として進められたため、調査が形骸化しやすく、資料としての精度も劣るとしている。また佐々木豊は、「第二期〔一九〇四－〇五年以降の時期〕の指示事項は、第一期の『民力の充実』の重視がやや後退し、『立憲思想・自治の興隆』あるいは『風俗改善・民風作興』に比重が移されている」[41]と、地方改良運動との関係で町村是の性格変化を述べるにとどめており、統計資料としての価値には言及してもいない。

同時代人による評価もさまざまである。柳田國男《やなぎた》は主として祖田のいう「官府運動的色彩の段階」の町村是について触れ、次のようにネガティブな評価を下す。

なるほどいわゆる『将来に対する方針』の各項目をみれば、一つとして良くないことは書いていない。これを徹底して実行すればそれだけの利益がありますから、ないよりましなことは当然ではありますが、とどのつまりは実際に農業者が抱いている経済的疑問には直接の答えが根っからない。それというのも村是調査書には一つの模型がありまして、しかも〔この模型は〕問題を感じている人々自身が集まって討議した決議録ではなく、いわば製図師のような専門家が村々を頼まれて歩き、または監督庁から様式を示して算盤《そろばん》と筆とで空欄に記入させたようなものが多いのですから、この村ではどんな農業経営法を採るのが利益であるかという答えなどは、とても出てはこないのです[42]。

柳田がこのようにして、その画一性ゆえにネガティブな評価を下しているのに対し、同じ時期の町村是に関し、内閣統計局審査官であった横山雅男《よこやままさお》は、島根県第三回統計講習会における講演の中で、全く異なる観点からこれをポジティブに評価している。

なるべく各町村は、一定の様式に従って同一の調査をしなければならない。各町村が勝手に調査をすると、その郡で郡是を作ることができない。また各郡をあわせて県是をこしらえることができない。この点はきわめて大切なことでございます。〔中略〕それから生産物の中で、ある町村ではその産額がきわめて少ないけれども、しかしながら郡に集め、あるいは県に集めた場合には、その品物がきわめて重要のものとなり、あるいは多額の数量となるようなものがあるから、自分の町村で生産が少ないからといって、これを略したり、調べないようなことをしてはならない[43]。

横山は、杉派の統計学者として、統計学の観点から町村是調査における調査項目および定義の統一を、一層推し進めるべきことを説いている[44]。彼は当時、気鋭の統計学者として、全国の道府県をまわって統計学の普及に努めていた。大量観察による一般的法則の検出を目指すその観点からは、町村是に対し、各町村の個別性を重視した柳田とは正反対ともいうべき評価が下されたのもうなずけよう。横山による町村是へのこの言及は、第二章の図でいえば第Ⅲ象限にある統計を、第Ⅳ象限に移行させようという動きととらえることができる。

町村是調査の組織と方法

町村是の編集にあたり、調査はいかなる組織と方法で行われたであろうか。これもまた、時代と地域とによりさまざまであるが、前掲の『町村是調査標準』では、一応の標準を設けている。これをみると、情報の収集は、大別して、地域内世帯を対象とした個票による全数調査と、その他の調査（調査員の合議によるものや町村・各種団体の資料など）の二種の組み合わせによったことが推定できる。▼45 後者に関しては、「従来の統計年表等に依《よ》らず」と、既存の統計資料の流用を禁じている点には注意すべきであろう。

個票による全数調査に関しては、①調査項目、②調査区と調査員、③個票の設計、④報告の方法、⑤調査実施に際する注意点、などの規定がみられる。以下、順を追って概観しておこう。

まず、①個票を用いた調査項目としては、「農産物、副業等に関する収支」「財産借貸等に関する調査項目」が例示されるにとどまり、具体的にどの調査項目にこの方法を適用するかは各調査主体の判断にゆだねられた形になっている。

②調査区と調査員については、小字《こあざ》もしくは区などの地域を基本とし、これを必要に応じてさらに分割して担当調査員をおくべきことが定められている。これは、江戸時代以来の「旧村」の下に位置する組織である「伍組」などを単位として、調査区ならびに調査員が設定されたことを示唆する。この当時、農商務統計報告規定（明治二七年農商務省訓令第一七号）では、行政村ごとに「若干の」統計調査委員の設置が推奨されていたものの、多くの町村ではこれを実施していなかったと考えられている。これにともない、当時の生産統計をはじめとする多くの調査は、町村の書記などが「筆を舐め」て作成することが多かったともいう。これに対し、全国農事会によるこの『標準』にみられる調査区は、調査員が調査対象を個別に把握可能な規模としており、注目に値する。これは調査の正確さを求めたということもさることながら、佐々木豊が指摘するように、村内の全住民が主体的に調査に参加することによって、行政村への住民の統合を目指したという事情にもよるのであろう。

③個票の設計に関する言及は簡単である。様式を一定にして製作し、各戸にこれを配布すべきこと、大きさは半紙の四分の一ないし八分の一とすべきことが定められている。個票調査をする場合に、その大きさや様式の統一は、集計作業の能率を大きく左右する。この点に関して明確に規定されているのは、やはりそれまで行われてきた統計調査の経験によるのであろう。ここにもこの調査の、第二章の図でいえば第Ⅲ象限から第Ⅳ象限への移行の姿を見て取ることができる。

『町村是調査標準』に規定された④報告の方法は、国による現行のセンサス調査とは異なっている。今日、国によるセンサス調査のほとんどは中央集査《しゅうさ》主義で行われている。この方式では、調査個票は地方官庁でいったん点検の上、すべて調査を実施する中央官庁に送られ、ここで審査した上で集計される。これに対し、全国農事会によるこの『標準』では、各戸で記入された「小票」は収集後、調査員によってただちに集計され、調査区ごとの「小票」に転記される。同様に、各調査区の調査結果は小字単位に、小字の調査結果は大字《おおあざ》単位に集計されて、町村農会は「各大字統計小票を取纏《とりまと》めて一項目に係る調査を全成して、之《これ》が統計を作る」と規定されている。これは地方分査《ぶんさ》である。すなわち、町村農会が直接個票に遡《さかのぼ》って審査するシステムにはなっていない。

最後に、⑤調査実施に際する注意点であるが、終わりにあたって一言述べておきたいと断って、町村全体のデータの正確さは各戸が正しい回答をすることにかかっていること、しかし「この種の調査はしばしば人々の疑惑を招き、事実を隠蔽しようとする恐れがある。たとえば生産調査などは、租税増徴のもとにしようとするものだとの疑念を持ち、あるいは小作料を引き上げられるのではないかとの憂いを抱き、なるべくその収量を少なめにに表示するような現象がその一例である」▼46と、当時農村住民の間に存在した調査忌避《きひ》の傾向について触れている。『町村是調査標準』は、このような疑いを避けるために、町村是調査の趣旨を徹底すること、調査上知り得た情報を漏洩《ろうえい》することを禁じる規定を制定することなどを勧めた。このような発想が、必要に迫られて独自に生み出されたのか、それとも統計学者たちとの交流の結果得られたものなのかは、いまの段階では不明である。今後追究すべき課題としたい。[47]

さて、この『町村是調査標準』は、主として日露戦争前後までの時期に町村是調査の基準となったものであるが、これ以後の時期になると、佐々木豊が指摘するように、次第に「町村の現状」に関する調査（特に手間のかかる個票調査）が簡略化され、「是」の部分に重心をおいたものが多くなる。特に一九一〇年代、大正期に入ってからは、統計表は参考のために町村の既存の統計から引用するにとどめ、将来の目標を中心に編纂したと明言するものが日に付くようになる。そうしたものの中には、「町村是」というタイトルを避け、「〇〇村治要綱」などの題をつける例もみられる。これらは、タイトルが違う上に統計資料としての内容に乏しいという理由からか、あまり注目されてこなかったが、地方改良運動から昭和期の経済更生《こうせい》運動[48]へと続く一連の地域統合政策の歴史の中で、その位置づけが再検討されるべきであろう。[49]統計調査は、単なるデータ作成だけでなく、社会史的にみれば、その調査に参加する住民の統合にも資すると位置づけられるべきだからである。

六　おわりに

本章で観察した、大正中期の日本の統計のあり方について、ここで簡単にまとめておこう。

第一にいえることは、この時期においても、日本の統計システムは極端な分散型であったということである。すなわち、各中央官庁が自己の管轄について、てんでに調査をする形をとっていた。それぞれの中央官庁が情報を収集するという場合、各地にある自己の出先機関に情報を要求する以外は、それぞれが内務省の出先機関であった道府県に報告を求めていた。そこでは当然のように調査項目の重複が起こる。第四章三節で触れたように、内務省はこうした諸調査を整理して『府県統計書様式』として統一的に管理しようとしたが、各官庁による調査項目の変更をすべてカバーして改訂していくことは困難であり、『府県統計書様式』は一回定められたのみとなった。そののちは、本章三節二項にみたように、道府県レベルの地方政府がいわば自律的にこの役割を果たし、

「○○県報告様式」などのタイトルで調査項目の調整をしていった。これらの「様式」は、道府県間の横の連絡によってある程度の斉一性を持つようになっていった。このとき、台湾や朝鮮の総督府も――内務省の出先機関ではないが――この「横の連絡」に加わっていたことは、植民地統計を利用する際に念頭におくべき事柄である。

第二に、この時代の統計は、報告事項に関する定義は、業務統計にしても調査統計にしても一応中央レベルにより与えられていたが、調査の方法には定義がなく、達観調査（いわゆる筆舐め）からはじまって、個票を用いた全数調査、調査員の設置、小学校教師から児童を通じた調査などさまざまな方法が混在していた。町村是調査に関してみれば、その実態がリアリティをもって知られるであろう。この点は植民地統計に関しても同様だと考えられる。また、台湾総督府の事例をみると、中央（この場合は総督府）が定めた調査事項の定義に、各地方で独自の定義をつけ加えた例がみられたが、これは日本本国でも同様にみられる現象である。

第三に、台湾総督府の事例からは、一般的な「○○県報告例」をそのまま用いるのではなく、その機関の管轄地域の特性に合わせて、独自の調査項目をつけ加えていることがわかる。この現象は異民族支配の地である植民地で最も極端に表れるが、日本本国内の各道府県でも、第四章四節でみた長崎県の事例のように、実情に合わせた改変はなされていた。

第四に、第二と第三でみたような末端における調査方法や、独自の調査定義に関しては、出版された刊行物としての統計書では、全く触れられていないことがほとんどである。この点、町村是調査は異例である。したがって、私たちが『府県統計書』や『帝国統計年鑑』を利用する場合、そこに掲げられた数値がどのような定義で調べられたのかについて、もし「○○県報告例」に遡れるものならば遡って確認する必要があるし、それが不可能な場合には、似通ったデータとのクロスチェックや、当時の常識を示す記述的資料などから、自分が利用しようとしているデータがどのような性質を持つものなのかについて吟味することが必要になる。

第五に、これまでに述べてきたこととはいくぶん性質が異なる話になるが、この時期に生じた社会問題に対応するための統計調査の中には、単に情報を得ることを目的とするのみならず、その調査に一般住民が参加することによって、地域社会の秩序を再編成しようという意図を持った調査が含まれている。町村是調査は――柳田國男の批難にもかかわらず――そうしたものの代表的存在である。また、他著で取り上げたためここでは触れなかったが、一九二〇（大正九）年に初めて実施された国勢調査も、このような国民統合の意味を色濃く持っていた。▼50

▼註

▼1　日露戦争の戦費調達のための増税で地方財政が涸渇《こかつ》し、地域社会も経済的に疲弊《ひへい》した。これにともない地域内住民の間にもしばしば対立抗争が起きるようになった。こうした情況に対し、中央政府は納税組合の設立、部落有財産の統一などをはじめとする官制運動を開始した。これを地方改良運動と呼んでいる。

▼2　当時、内務省が「現勢調査簿《げんせいちょうさぼ》」に関する規程を定めているのは、このような動きを反映したものとも考えられよう。「現勢調査簿」は、各市町村の統計担当者が調査すべき事項を、報告期限順に網羅し、単純にそれに記入していけばすべての調査に自動的に回答できるように設計されている（記入すべき調査事項は、内務省の所轄事項に限られない）。この規程は一回限りのもののようであるが、広島県のようにその後も改訂を繰り返して、戦後の一九五〇年代まで使用した例もある。

▼3　表式調査については第八章四節一項を、またセンサス型調査については第八章四節三項を参照。

▼4　このことに関して、郡役所がいったいどのような役割を果たしたかについては、いまのところ確定的なことは述べられない。おそらく、町村に対してかなり細かな規制を加えたのが一般的であったろうと推測している。

▼5　北陸のある都市は、元城下町とその外港として発達した港湾都市とが、たてまえ上は対等合併したということになっている。ところが、資料の保存状態という点からいうと、一方の都市の行政資料は近代的な市庁舎の中に保存されているのに対し、もう一方の都市の資料は、古くからの民家が立ち並ぶ中にある土蔵に詰め込まれており、雨漏りのため資料の破損が急速に進んでいた。このような例を、筆者は調査のために訪れた各地で、しばしば見かけた。

▼6 本書で、日本の植民地のうち台湾のみを取り上げる理由は、台湾に「台湾総督府公文類纂」といった形で資料が大量に保存されているためである。朝鮮総督府に関しても調査したが、統計関係の資料はほとんど残されていなかった。おそらく第二次世界大戦で日本が負けた際、組織的に破棄された上、朝鮮戦争の影響もあって資料の残存率が低いものと思われる。また「満洲国」については、遼寧《りょうねい》省档案館《とうあんかん》などに史料が存在しているが、日本人が閲覧することは困難な現状である。

▼7 台湾総督府（一八九八）『台湾総督府報告例（訓令第三百十三号別冊）』。

▼8 台湾総督府（一九一七）『大正六年三月十日現行　明治四十二年十二月十四日　台湾総督府訓令第二百八号別冊　台湾総督府報告例』。

▼9 高橋益代編（一九八五）「台湾統計資料解題」『日本帝国領有期　台湾関係統計資料目録』（統計資料シリーズ No. 30）一橋大学経済研究所日本経済統計文献センターによれば、明治三一年以降、『台湾総督府報告例』は、下記のような大小の改訂を繰り返している。

明治三一年一一月二六日訓令第三一三号別冊
明治三三年二月七日訓令第一五号別冊
明治三六年一一月二五日訓令第二〇八号別冊
明治四二年一二月一四日訓令第二〇八号別冊
同　大正六年三月一〇日現行
同　大正八年現行
大正九年一二月二四日訓令第三一五号別冊
同　大正一二年現行

高橋によれば、内閣統計局『現行統計法規類抄』（大正一五年刊）に、「台湾総督府報告例（抄）」として現行（大正九年改正分）の通則および目次全文が掲載されている。また、大正一二年現行以降の改正状況は、『法令輯覧』に改正年月の記載はあるのであるが、内容は不明。昭和六年四月一七日訓令第二七号で大正九年の訓令を全面改正し、さらに昭和九年九月一七日にも改正されていることは判明したが、改正の内容は不明である」。なお、統計資料シリーズNo. 30は一橋大学経済研究所附属社会科学統計情報研究センターのウェブサイトから全文ダウンロードできる。

▼10 台湾に住んでいた漢人を本島人、台湾の原住民族を「蕃族」と呼んだ。「蕃族」のうち、日本の統治に服した者を「熟蕃」、山地などにいて日本の統治に服さないものを「生蕃」と呼んだ。また、「熟蕃」のうち平地に居住する人々を「平埔族」と呼んだ。

▼11 台湾総督府（一八九八）。

▼12 閩南《びんなん》語、客家《はっか》語など。

▼13 アミ語、タイヤル語、パイワン語、ブヌン語、プユマ語、ルカイ語、ツォウ語、サイセット語、ヤミ語など。

▼14 佐藤正広（二〇〇〇）「遼寧省档案館所蔵の統計調査史関係資料――近現代中国における統計調査システム」江夏由樹編『近代中国東北における社会経済構造の変容――経済統計資料、並びに、歴史文書史料からの分析』平成九～一一年度科学研究費補助金［基盤研究（A）］研究成果報告書を参照。

▼15 このほかにも、陸軍省、海軍省などは、独自の調査を行った可能性が高いが、少なくとも「報告例」からは、その実態をうかがい知ることはできない。

▼16 林佩欣（二〇一九）「臺灣總督府的統計情報流通體系――以鶯歌庄為中心的探討」『臺北文献』第二〇九期、一三七–一六四頁。

▼17 台湾総督府殖産局（一九二四）『台湾現行農業統計解説』台湾総督府。同書の「凡例」によると、この資料は『大正九年訓令第三百十五号別冊　台湾総督府報告例（大正十二年十一月現行）』『大正十二年十二月二十九日台北州訓令第三十六号別冊　台北州報告例』『大正十三年四月二十二日新竹州訓令第十一号別冊　新竹州報告例』『大正九年十二月三十一日台南州訓令第三十八号別冊　台南州報告例（大正十二年五月一日現行）』『大正十二年十二月訓令第四十六号別冊　高雄州報告例』をもとに編纂されたものである。ここからも、総督府の報告例をもとに、各下級官庁が適宜改訂を加えて、地方独自の報告例を編纂していることが判明する。

▼18 台湾総督府殖産局（一九二四）より。原文は以下のとおり。また、これにともなって、地方庁レベルの総括統計書も編まれている。

一　蚕種掃立枚数は框製二十八蛾付を一枚の割として記入すべし。但し平付一枚は框製四枚の割として記入すべし。

一　街庄又は区を置かざる蓄地に於ける事実は所属郡若は支庁の下を平地、蓄地に区別して之を記入すべし。

▼19　台湾総督府殖産局（一九二四）より。原文は以下のとおり。

新竹州及び高雄州では本表を期報となし、その解説中に更に、新竹州に於ては『本表は春繭、夏繭、秋繭、冬繭、毎に調製すべし』『春繭は三月一日より四月末日迄、夏繭は五月一日より七月末日迄、秋繭は八月一日より十月末日迄したるものとす』『前項以外の時期に収繭したるものは之を冬繭として、一月及二月分は三月十日迄に、十二月分は翌年一月十日迄に報告すべし』と定めて居り、高雄州では『本表中、繭とは其の種固有の形状、肉付、色沢を最もよく具有するものを、中繭とは尿繭、汚染繭、型崩繭を、下繭とは死籠繭、潯皮繭を、玉繭とは二疋以上により営まれたるものを、出殻繭とは発蛾したるものを謂ふ』『本表春夏繭（八月末日迄に収繭したるもの）、秋冬繭（十二月末日迄に収繭したるもの）の二回に調査すべし』の二項を明らかにして居る。

▼20　標本調査については第八章四節三項を参照。

▼21　表式調査、個票調査については第八章四節一項を参照。

▼22　横山雅男『統計通論』（統計学社、一九〇六年）は、これらの点について詳しく述べている。同書は、当時統計実務に携わる人々の間で広く用いられたレファレンス・ツールであって、同時代人が、問題をどう認識していたかについて知るには便利な書物である。第三章註17を参照。

▼23　「筆を舐める」とは、実際に現場へ調査に行かず、おおよその数字を筆で記入すること。小筆を使用する際に、ちょっと口でなめてから使う習慣があったのでこのようにいう。「達観調査」も同様の意味である。

▼24　台北庁の街庄長報告例、深坑庁の家畜家禽調査、嘉義庁の工業調査（後二者は個票による全数調査）については、佐藤正広（二〇一二）『帝国日本と統計調査――統治初期台湾の専門家集団』（一橋大学経済研究叢書六〇）岩波書店、第六章を参照。

▼25　このことに関しては、柳田國男《やなぎたくにお》や斎藤萬吉《さいとうまんきち》ら同時代人によって論及されたものをひとまずおいても、一九七〇年代以降、大橋博《おおはしひろし》、佐々木豊《ささきゆたか》、祖田修《そだおさむ》、高橋益代《たかはしますよ》、高松信清《たかまつのぶきよ》、尾関学《おぜきまなぶ》などの優れた研究がある。ここでは、主としてこれら先行研究の成果に依拠しながら論を進める。また、一橋大学経済研究所日本経済統計文献センター（一九六四）『郡是・町村是調査書所在目録』（特殊文献目録シリーズ1）一橋大学経済研究所日本経済統計文献センター、一橋大学経済研究所日本経済統計文献センター（一九八二）『「郡是・市町村是」資料目録――付「産業調査書」』（統計資料シリーズNo. 23）一橋大学経済研究所日本経済統計文献センター、一橋大学経済研究所日本経済統計情報センター（一九九四）『「郡是・市町村是」資料目録――追録・総索引』（統計資料シリーズNo. 47）一橋大学経済研究所日本経済統計情報センターも参照のこと。これらの資料は、一橋大学経済研究所附属社会科学統計情報研究センターのウェブサイトからダウンロードできる。

▼26　中西僚太郎（一九八六）「明治末期茨城県下町村の食物消費量――町村是の分析を通して」『人文地理』三八巻五号。

▼27　尾高煌之助・山内太（一九九三）「大正期農家貯蓄の決定要因――新潟県蒲原の村是による考察」『経済研究』四四巻四号。

▼28　斎藤修（一九九八）『賃金と労働と生活水準――日本経済史における18-20世紀』（一橋大学経済研究叢書四八）岩波書店。

▼29　神立春樹（一九八五）「明治後期の岡山県　農村における農村民の生活事情――日本産業革命期の地域民衆生活の検討」『岡山大学経済学会雑誌』一七巻一号、一-二四頁、神立春樹（一九八五）「一九一〇年代の山陰　農村における農村民の生活事情――島根県八束郡大庭村『村是』（一九一九年）による検討」『岡山大学経済学会雑誌』一七巻二号、一-二八頁、神立春樹（一九八七）「大正初期の中国山地農村における農村民の生活事情――鳥取県日野郡石見村の場合」『岡山大学経済学会雑誌』一九巻二号、一一一-一四二頁など。

▼30　尾関学（二〇〇三）「フローとストックの被服消費――明治後期の茨城県『町村是』による分析」『社会経済史学』六九巻二号、二一一-二二五頁。

▼31　佐々木豊（一九八六）「［研究解題］地方改良運動と町村是調査」神谷慶治監修『地方改良運動史資料集成　第一巻』柏書房。

▼32　以下の論考は、当時利用し得たほとんどすべての町村是の農業関係の調査項目に関して一覧表を掲げている。高松信

清（一九七五）「町村是の『農業経済関係内容目録』農林省《のうりん》統計情報部『農業経済累年統計第六巻』農林統計研究会。

▼33 前田正名が組織した「全国農事会」は、第五回内国勧業博覧会（一九〇三年、大阪）に出品するため「道府県各郡農会に一町村を撰《えら》み」、町村是を編成することを呼びかけた。この資料は、各地で実施される調査の方針を統一して比較対照を可能にするために、「調査標準の大綱《たいこう》」を示したものである。

▼34 全国農事会（一九〇一）『町村是調査標準』より。原文は以下のとおり。

1 町村の位置境界及地図
2 地質及気候
3 幅員
4 人口、戸数
5 官有、共有、私有、山林原野、田畑宅地反別及地価
6 土地所有の現状（所有規模別戸数、町村内外住民の所有関係）
7 町村の沿革及歴史の一斑
8 風俗慣習及生計の程度
9 国県郡町村諸税及協議費等負担額
10 町村内外輸出入総額
11 町村共有財産、貯蓄金額
12 諸組合会社事業
13 耕地整理、排水、利水、開拓其他諸般の改良事業成績
14 町村住民の負債及其の主なる原因
15 収入及支出
甲 収入（数量及見積価格）：普通農産物、工芸作物及園芸作物、畜産、林産、水産、蚕糸・製茶・製紙・機織等、鉱業、商業、其他各種の副業、小作料（他町村に所有する土地の分）・貸金利子（他町村へ貸し付けたもの）・諸株券・公債・貯金等の利子其他、諸税収入（他町村民から徴収する分）、労働賃金

乙　支出：諸税、小作料（他町村へ払ふもの）、衣食住其他生計に関する費用（自町村内で生産したものを除く）、負債に関する利子（他町村住民に支払ふもの）、労働賃金（他町村住民に支払ふもの）、肥料・農具・種苗其他生産原料にして町村外より購入すべきもの

▼35　大橋博（一九八二）『地方産業の発展と地主制』臨川書店、二〇五頁など。
▼36　尾関学（二〇〇三）。
▼37　祖田修（一九七三）『前田正名』（人物叢書）吉川弘文館、三二〇頁。
▼38　森恒太郎と村是運動とのかかわりについては、森博美（二〇二〇）「明治期における個票による農村実態の統計的把握の試み――余土村是調査における下調べ個票様式をめぐって」佐藤正広編著『近代日本統計史』晃洋書房、二二七 - 二四二頁に詳しい。
▼39　石川理紀之助（秋田県南秋田郡山田村）の「適産調」も、前田正名の思想に対する共鳴のもとに編成されたものであり、初期の町村是運動の一環とみることもできる。
▼40　祖田修（一九八〇）『地方産業の思想と運動――前田正名を中心にして』ミネルヴァ書房を参照。ただし、ごく初期の段階においても、町村是運動の原型が形成されるにあたっては、前田の思想に共鳴した郡長や県知事のような地方官吏が重要な役割を果たしていることは事実であり、また、いかに下野したとはいえ前田自身も農商務官僚出身である。こうしたことから考えると、祖田による時代区分およびそれにともなう資料論的評価にみられる二分法も、画然とした分類の基準というよりは、大まかな傾向を示すものと理解されるべきであろう。
▼41　佐々木豊（一九八六）、三〇七頁。
▼42　柳田國男（一九一〇）「農業経済と村是」『時代ト農政』聚精堂、二〇頁（本稿への引用は、一九六二『定本　柳田國男集　第一六巻』筑摩書房によった）より。原文は以下のとおり。

成ほど所謂『将来に対する方針』の各項目を見れば、一つとして良くないことは書いて無い。之を徹底して実行すれば必ずそれだけの利益がありますから、無きに勝ること万々ではありますが、如何せん実際農業者が抱いて居る経済的疑問には直接の答が根っから無い。それと云ふのが村是調査書には一つの模型がありまして、而も疑

を抱く者自身が集って討議した決議録では無く、一種製図師のやうな専門家が村々を頼まれてあるき、又は監督庁から様式を示して算盤と筆とで空欄に記入させたやうなものが多いのですから、此村ではどんな農業経営法を採るが利益であるかと云ふ答などはとても出ては来ないのです

▼43 横山雅男（一九一二）『町村是調査示要（大正元年九月島根県第三回統計講習会ニ於テ）』書誌事項不詳、四九‐五〇頁より。原文は以下のとおり。

成るべく各町村は一定の様式に依って同一なる調査をせなければならない。各町村が勝手毎調をすると其郡で郡是を作ることが出来ない。又各郡を併せて県是を拵へることが出来ない。此点は極めて大切なことでございます。〔中略〕それから生産物の中、或る町村に於ては其産額は極めて少ないけれども、併しながら郡に集め或は県に集めた身合には其品物が極めて重要のものとなり、或は多額の数量となるべきものがあるから、自分の町村で生産が少いからと云って之を略したり或は調べない様な事をしてはならない

▼44 ここで調査に統一性が保たれるといっても、それは、他の道府県と比較することを考えた場合よりも、同じ道府県内での比較のほうが相対的に統一されているという程度であり、今日われわれが手にする官庁統計のように、全国一律の定義で調査を行った結果表とは、もとより比べものにはならない。明治末期以降の町村是調査がいかに「官府運動的色彩」が強いとはいえ、実際にこれを実施し、結果刊行物を編纂するのは町村レベルであり、そこでは道府県の示した様式に対して、各町村の実情に即したなにがしかの改変が加えられるのが普通であった。したがって、細かくみていくと同じ道府県に属する町村の調査でも、調査項目や調査定義には異同が多く、これを相互比較可能な形に加工するのは、実際にはかなり困難な作業となる。

▼45 正確には、各調査項目の中で戸別に調査を要するものは「小票」（現在の「個票」に相当する表現）により調査すべきであることが述べられているのみで、それ以外については特に指示がない。ただ、収集すべき情報の内容から考えて、地域の中心人物たちである調査員の合議や、役場や各種団体の資料によったものと推定したのである。なお、原文をここで引用することは紙幅の関係もあって避けた。

▼46 全国農事会（一九〇一）『町村是調査標準』より。原文は以下のとおり。

此種調査は往々衆万の疑惑を惹き、事実を隠蔽せむとするの懼あり、例へば生産調査の如きは、之を以て租税増徴の具に供せんとするものなりとの疑念を挟み、若くは小作料を引上げらるるなきかの憂を抱き、可成その収量を内輪に表示するが如き其一なり

▼47 当時、統計学者たちは、国勢調査の実施に向けて活発な運動を続け、したがって調査方法に関する研究も盛んに行っていた。その中で、調査結果の正確さの確保に関する研究も当然のことながら行われ、徴税や徴兵などの行政事務からの統計調査事務の独立（調査結果、特に個票の転用の禁止）や、調査員の守秘義務などについても論議がなされていた。この『標準』の編成にあたり、こうした論議が参考にされたことはありうることである。

▼48 一九二九（昭和四）年の世界恐慌により生糸価格が低下し、養蚕農家が打撃を受けた。また一九三〇年は米が豊作で価格が暴落する「豊作貧乏」となり、一九三一年は逆に米が大凶作となり、うち続いた打撃に農村はどん底の状態に落ち込んだ。東北地方の村役場に「娘の身売り斡旋《あっせん》します」などという看板が立てられたのもこの頃である。こうした状態の農村を救済するため、一九三二年に農林省によって打ち出されたのが「農山漁村経済更生運動」であった。その内容は、各町村で現状を調査して自力更生の計画を立てて申請し、認められればいくばくかの補助金が支払われるというものであった。

▼49 たとえば、宮崎県では明治三〇年代に県が主導して県下各町村で町村是を編纂したのち、大正期の初めには、やはり全町村に「町（村）治要綱」を編纂させている。残された資料の前書きをみると、明らかにかつて編纂された町村是に続く「第二回目の町村是」と位置づけられている。しかし同時に、第一回の町村是調査にみられた調査の煩雑さを避けるため、統計資料は新たに調査するのではなく既存のものを活用することとし、将来目標を中心とすると述べられている。宮崎県に限らず、こうした資料は各地で編纂された。

▼50 国勢調査に関しては、佐藤正広（二〇〇二）『国勢調査と日本近代』岩波書店、および佐藤正広（二〇一五）『国勢調査 日本社会の百年』岩波書店を参照されたい。

第六章　戦時体制の国家と社会——一九四〇年

この章では、はじめに一九四〇（昭和一五）年に刊行された統計関係書籍を概観し、次いで一九三九年に実施された臨時国勢調査（「物の国勢調査」）をみる。最後に、戦時期の末端行政組織で統計編成業務がどのように変質していったかを、日本と台湾の例を挙げて観察する。

統計関係書籍の概観からは、中国や東南アジアに進出しようとする日本帝国の姿がうかがい知られる。

臨時国勢調査からは、統計学者たちが、自分たちの欲求する広範なデータを取得するためにどのようにして国家指導者たちを説得したか、また逆に、その説得の論理によって調査自体がいかに変容させられたかが判明する。

末端行政組織の観察からわかるのは、帝国の本国である日本と植民地台湾とでは戦争にあたっての位置づけが異なり、その結果として、両地間の統計編成事務のあり方にも大きな乖離《かいり》が生まれたということである。

一　戦時体制と統計の変遷――本章の課題

本章では、①一九四〇（昭和一五）年に刊行された統計関係出版物を俯瞰《ふかん》し、この時期の統計のあり方と当時の社会状況との関係について考えたのち、②一九四〇年に予定された国勢調査について、戦争によるその位置づけの変化を一九三九年臨時国勢調査の例を挙げて述べ、③日本と台湾の末端行政組織である村と庄《しょう》の統計業務について平時と戦時を比較し、両地における戦時期移行のあり方の相違について述べる。

二　統計関係出版物の概観――戦時体制の色濃い反映

はじめに、一九四〇（昭和一五）年に刊行された統計関係出版物を一覧しよう（表6-1）。国会図書館、CiNii Books、および一橋大学で確認できたかぎり、この年に刊行された統計関係出版物は四三三点あり、そのうち二九点が中央、地方にかかわらない統計学書の類である。統計書についていえば、中央官庁によるものが九三点、中央レベルの民間によるものが四六点、中央レベルで編著者不明のものが一点、道府県レベルの地方統計書（表中では「地方1」とした）が七三点、市町村レベルの統計書（表中では「地方2」とした）が三九点、実質的な日本の植民地であった満洲国関係のものが七二点、その他の植民地が三四点（うち朝鮮が二四点）である。また、一九二〇（大正九）年と大きく異なるのは、日本による統治が行われていない外国に関するものが四六点あることである（ここに含むのは日本の官庁、もしくは企業などによって日本語で発行された統計書のみであり、外国政府の発行したものは含まない）。このうち、最も多いのは中国に関するもので三〇点、ついで東南アジアを中心とする南方に関するもので一一点である。

まず統計学書についてみると、森田優三《ゆうぞう》『統計概論』のように、改訂を重ねて戦後も長く教科書として使われた本が現れている。また、岡谷《おかや》辰治《ときはる》『計算法・確率・統計』や、名古屋高等商業学校産業調査室『鐵鋼《てっこう》需給曲線の統計的研究』のように、戦後の数理統計学の発展に結びつくような著作が刊行されていることがわかる。従来、

表6-1　一九四〇（昭和一五）年刊行の統計関係書籍

通番	内容	中央・地方	編・著・発令	タイトル	編・著	典拠
一	統計学	なし	著	Statistical mechanics	Joseph Edward Mayer, Maria Goeppert Mayer	国会
二	統計学	なし	著	人間に就いて	ケトレー著、平貞蔵他訳	国会
三	統計学	なし	著	インフレーションの統計的研究	ゼイムズ・ハァヴェー・ロージャーズ	一橋
四	統計学	なし	著	統計的需給曲線に於ける嵌線法の原理——特に名古屋高商産業調査室著「鉄鋼研究」に就て	伊大知良太郎	CiNii
五	統計学	なし	編	経済調査の統計的知識	井上謙二	国会
六	統計学	なし	著	計算法・確率・統計——近似計算法－確率論－現象指示近似函数－統計－ノモグラフ－相関－聯関	岡谷辰治	国会
七	統計学	なし	編	産業災害の統計方法に関する報告	関東地方会災害統計委員会	国会
八	統計学	なし	著	統計学総論　上巻	錦織理一郎	国会
九	統計学	なし	著	経営統計の研究	郡菊之助	一橋
一〇	統計学	なし	著	工場経営統計	郡菊之助	一橋
一一	統計学	なし	著	統計学に於ける推論	郡菊之助	CiNii
一二	統計学	なし	著	佐藤保児遺著　保険と統計の数理	佐藤保児	CiNii
一三	統計学	なし	著	教育的統計法概説	四方實一	CiNii
一四	統計学	なし	著	経済統計学	寺尾琢磨	一橋
一五	統計学	なし	著	統計的研究法	小倉金之助	CiNii
一六	統計学	なし	編	社会事業統計の基礎理論	小島勝治	CiNii
一七	統計学	なし	著	日本統計稀覯書解題	小島勝治、松野竹雄	一橋
一八	統計学	なし	著	金融統計資料解説	森川喬生	国会
一九	統計学	なし	著	統計概論	森田優三	国会
二〇	統計学	なし	著	統計学汎論	森田優三	一橋
二一	統計学	なし	著	理論統計学研究	杉榮	一橋
二二	統計学	なし	著	統計学原論	竹下清松	CiNii

二三	統計学	なし	著	人口統計論	塚原仁	一橋
二四	統計学	なし	著	商業統計の常識	藤本幸太郎	国会
二五	統計学	なし	編	日本統計学会年報　第9年	日本統計学会	国会
二六	統計学	なし	著	統計瑣談	白崎享一	国会
二七	統計学	なし	著	物理学に於ける統計現象	福島浩	一橋
二八	統計学	なし	著	統制経済下に於ける統計と経理	蜷川虎三	一橋
二九	統計学	なし	編	鉄鋼需給曲線の統計的研究	名古屋高等商業学校産業調査室	一橋
三〇	統計書	中央	編	金融事項参考書　昭和15年調	大蔵省	国会
三一	統計書	中央	編	日本外国貿易年表　昭和13年　下篇	大蔵省	国会
三二	統計書	中央	編	日本外国貿易年表　昭和13年　中篇	大蔵省	国会
三三	統計書	中央	編	海外各地在留本邦人人口表　昭和14年10月1日現在	外務省調査部	国会
三四	統計書	中央	編	本邦対外貿易統計――全年	貿易局	CiNii
三五	統計書	中央	編	人口統計要覧	［厚生省］人口問題研究所	一橋
三六	統計書	中央	編	衛生年報　昭和13年	厚生省	国会
三七	統計書	中央	編	常時使用労働者百人以上を有する工場鉱山等調　昭和14年12月末現在	厚生省	国会
三八	統計書	中央	編	国民保健に関する統計	厚生省衛生局	国会
三九	統計書	中央	編	労働者災害扶助法適用事業（民業）に於ける災害表　昭和16・17・18年度	厚生省研究所産業安全部	国会
四〇	統計書	中央	編	社会事業統計要覧　第16回	厚生省社会局	国会
四一	統計書	中央	編	方面委員令施行状況及方面事業後援団体状況　昭和13年度	厚生省社会局	国会
四二	統計書	中央	編	本邦大都市に於ける土地建物賃貸状況調　昭和14年度	厚生省社会局	国会
四三	統計書	中央	編	国及道府県労務動態調査結果報告　昭和15年9月30日現在	厚生省職業局	国会
四四	統計書	中央	編	労務動態調査結果報告　第2回（昭和15年9月末現在）	厚生省職業局	国会
四五	統計書	中央	編	労務動態調査結果報告　第1回	厚生省職業部	国会
四六	統計書	中央	編	産業別労働者数調　昭和14年12月末	厚生省労働局	国会
四七	統計書	中央	編	産業別労働者数調　昭和15年6月末	厚生省労働局	国会
四八	統計書	中央	編	労働者賃金調査報告　昭和14年1	厚生省労働局	国会
四九	統計書	中央	編	労働者賃金調査報告	厚生省労働局	一橋

五〇	統計書	中央	編	〔簡易保険局統計年報〕〔昭和13年〕	保険院簡易保険局	国会
五一	統計書	中央	編	保険院簡易保険局統計便覧 昭和13年度	保険院簡易保険局	国会
五二	統計書	中央	編	簡易保険局統計便覧	保険院簡易保険局	一橋
五三	統計書	中央	編	日本国司法省行刑統計要旨	司法省行刑局	CiNii
五四	統計書	中央	編	行刑統計年報 第40 昭和13年	司法省調査部	国会
五五	統計書	中央	編	大日本帝国司法省民事統計年報	司法省調査部	CiNii
五六	統計書	中央	編	本邦鉱業の趨勢 昭和13年	商工省大臣官房調査統計部	国会
五七	統計書	中央	編	世界主要国貿易統計年表 英領印度・緬甸及錫蘭之部 昭和14年度	商工省	国会
五八	統計書	中央	編	世界主要国貿易統計年表 英領馬来、比律賓、蘭領印度之部 昭和13年度	商工省	国会
五九	統計書	中央	編	世界主要国貿易統計年表 英領馬来、蘭領印度之部 昭和14年度	商工省	国会
六〇	統計書	中央	編	物価統計表 昭和14年	商工省大臣官房	国会
六一	統計書	中央	編	最近3年本邦外国貿易要覧［1940］	商工省貿易局	国会
六二	統計書	中央	編	建築統計表	商工大臣官房調査課	一橋
六三	統計書	中央	編	工場統計表 昭和13年	商工大臣官房調査課	国会
六四	統計書	中央	編	工場統計表 別冊／昭和13年	商工大臣官房調査課	国会
六五	統計書	中央	編	物価及賃銀統計月報	商工大臣官房調査課	一橋
六六	統計書	中央	編	賃金統計表 昭和14年	商工大臣官房統計課	国会
六七	統計書	中央	編	会社統計表 昭和13年 昭和13年	商工大臣官房統計課	国会
六八	統計書	中央	編	会社統計表 昭和14年 昭和13年	商工大臣官房統計課	国会
六九	統計書	中央	編	内国会社 前編	生命保険会社協会	国会
七〇	統計書	中央	編	特許局統計年表 第23次（昭和14年）	特許局	国会
七一	統計書	中央	編	御料林施業案統計 昭和15年	帝室林野局業務部計画課	国会
七二	統計書	中央	編	航空統計	航空局	CiNii
七三	統計書	中央	編	逓信経理統計 昭和13年度	逓信省経理局	国会
七四	統計書	中央	編	逓信経理統計 昭和14年度	逓信省経理局	国会
七五	統計書	中央	編	航空要覧 昭和14年	逓信省航空局	国会
七六	統計書	中央	編	貯金局統計年報 昭和14年度（第47回）	逓信省貯金局	国会

七七	統計書	中央	編	逓信経理統計	逓信省経理局	CiNii
七八	統計書	中央	編	逓信省年報　第50回	逓信大臣官房文書課	国会
七九	統計書	中央	編	通信統計要覧	逓信省通信局	一橋
八〇	統計書	中央	編	入国外人統計　昭和14年（1939）年度	国際観光局	国会
八一	統計書	中央	編	労務統計実地調査要綱　昭和14年度	鉄道大臣官房現業調査課	国会
八二	統計書	中央	編	昭和15年度国勢調査要書綴	内閣統計局	一橋
八三	統計書	中央	編	昭和15年国勢調査に関する質疑解答	内閣統計局	一橋
八四	統計書	中央	編	道府県郡市町村順位一覧	内閣統計局	一橋
八五	統計書	中央	編	国勢調査関係印刷物綴――昭和15年	内閣統計局	一橋
八六	統計書	中央	編	家計の概要	内閣統計局	一橋
八七	統計書	中央	編	工場、鉱山の産業及賃銀形態別労働者数統計表	内閣統計局	一橋
八八	統計書	中央	編	昭和15年国勢調査統計原表――銃後一般国民に関する分	内閣統計局	一橋
八九	統計書	中央	編	昭和15年国勢調査統計原表――全人口に関する分	内閣統計局	一橋
九〇	統計書	中央	編	人口動態統計　昭和11～14年	内閣統計局	国会
九一	統計書	中央	編	人口動態統計　昭和15年	内閣統計局	国会
九二	統計書	中央	編	第6回労働統計実地調査結果表	内閣統計局	CiNii
九三	統計書	中央	編	日本人口動態統計	内閣統計局	CiNii
九四	統計書	中央	編	物の国勢調査――速報	内閣統計局	一橋
九五	統計書	中央	編	臨時労働及技術統計実地調査提要――昭和15年	内閣統計局	一橋
九六	統計書	中央	編	列国国勢要覧　昭和15年版	内閣統計局	国会
九七	統計書	中央	編	6大都市店舗数（物の国勢調査）	内閣統計局	国会
九八	統計書	中央	編	労働統計実地調査結果表	内閣統計局	一橋
九九	統計書	中央	編	国勢調査員必携	内閣統計局	一橋
一〇〇	統計書	中央	編	国勢調査員必携別冊――職名の説明及内容例示	内閣統計局	一橋
一〇一	統計書	中央	編	労働統計実地調査結果表　第6回（昭和14年）第1巻	内閣統計局	国会
一〇二	統計書	中央	編	地方財政概要　昭和14年度	内務省地方局	国会
一〇三	統計書	中央	編	日本銀行調査労働統計総覧　自大正15年1月至昭和14年8月	日本銀行調査局	国会

一〇四	統計書	中央	編	労働統計総覧——日本銀行調査	日本銀行調査局	一橋
一〇五	統計書	中央	編	本邦農業要覧　昭和15年版	大日本農会	国会
一〇六	統計書	中央	編	繭統計表	農林省	CiNii
一〇七	統計書	中央	編	農家経済調査報告　自昭和12年3月至昭和13年2月	農林省経済更生部	国会
一〇八	統計書	中央	編	農家経済調査報告　自昭和13年3月至昭和14年2月	農林省経済更生部	国会
一〇九	統計書	中央	編	山林要覧　第1次-第10次	農林省山林局	国会
一一〇	統計書	中央	編	森林火災国営保険統計表	農林省山林局	一橋
一一一	統計書	中央	編	瀬戸内海水産統計表	農林省水産局	CiNii
一一二	統計書	中央	編	畜産提要　第10次	農林省畜産局	国会
一一三	統計書	中央	編	工芸農産物要覧	農林省農務局	国会
一一四	統計書	中央	編	我が国農家の統計的分析——昭和13年9月1日全国農家一斉調査報告	農林省経済更生部	一橋
一一五	統計書	中央	編	ポケット農林統計　昭和16年版	農林大臣官房統計課	国会
一一六	統計書	中央	編	農事統計・勧業費予算	農林大臣官房統計課	CiNii
一一七	統計書	中央	編	農林省統計表　第16次（昭和14年）	農林大臣官房統計課	国会
一一八	統計書	中央	編	米	農林大臣官房統計課	CiNii
一一九	統計書	中央	編	中央図書館調査統計表	社会教育局	CiNii
一二〇	統計書	中央	編	師範学校関係統計資料	文部省	CiNii
一二一	統計書	中央	編	学校身体検査統計　昭和12年度	文部省大臣官房体育課	国会
一二二	統計書	中央	編	帝国大学学生身体検査統計——昭和13年度・昭和14年度	文部大臣官房体育課	CiNii
一二三	統計書	中央	編	日本に於ける主要物資需給調査表　追加品目之部	（不明）	国会
一二四	統計書	中央	編	事変下過去3ヶ年間に亘る本邦物価の様相に就いて——統計的分析に主点を置きて	〔満洲中央銀行〕調査課	CiNii
一二五	統計書	中央	編	ダイヤモンド統計要覧　第6回　昭和15年版	ダイヤモンド社	国会
一二六	統計書	中央	編	絹物貿易月報　第3巻　第4号	横浜絹人絹輸出組合	国会
一二七	統計書	中央	編	絹物貿易月報第3巻第4号附録統計表　昭和14年年統計	横浜絹人絹輸出組合	国会
一二八	統計書	中央	編	輸出絹物統計要覧——附各国絹物輸出入統計・各国絹物輸入関税率　昭和15年版	横浜絹人絹輸出組合	国会
一二九	統計書	中央	編	内外紙業統計　1940	王子製紙	国会

一三〇	統計書	中央	編	内外紙業統計　第3巻（昭和15年版）	王子製紙株式会社販売部	国会
一三一	統計書	中央	編	昭和10年道府県別原因・月及日齢月齢別乳児死亡統計記述篇	恩賜財団愛育会	一橋
一三二	統計書	中央	編	恩賜財団済生会救療患者統計　昭和13年度	済生会	国会
一三三	統計書	中央	著	原因・月及日齢月齢別乳児死亡統計——道府県別　昭和10年・記述篇	斎藤潔他	国会
一三四	統計書	中央	編	内外経済趨勢に関する諸統計	財団法人三菱経済研究所	CiNii
一三五	統計書	中央	編	統計月報	三井合名会社調査部	CiNii
一三六	統計書	中央	編	昭和14年度資金統計計画及実績調	資金統制委員会	一橋
一三七	統計書	中央	編	世界に於ける金属類生産量調査表	昭和通商調査部	国会
一三八	統計書	中央	編	原因・月及日齢月齢別乳児死亡統計記述篇　昭和10年道府県別	松山照夫	国会
一三九	統計書	中央	編	生命保険会社契約高増減表他	生命保険会社協会	国会
一四〇	統計書	中央	編	冷蔵貨物保管残高統計表	全国冷蔵業組合聯合会	CiNii
一四一	統計書	中央	編	世界船舶統計	大阪商船株式会社遠洋課	一橋
一四二	統計書	中央	編	大都市比較統計年表　第2回（昭和12年）	大都市調査統計協議会	国会
一四三	統計書	中央	編	綿糸紡績事情参考書　第74次	大日本紡績聯合会	国会
一四四	統計書	中央	編	綿糸紡績事情参考書　第75次	大日本紡績聯合会	国会
一四五	統計書	中央	編	昭和13年中綿業貿易統計	大日本紡績聯合会	CiNii
一四六	統計書	中央	編	統計年報	第一区府県立全生病院	一橋
一四七	統計書	中央	著	バス事業営業統計報告書の作り方	竹島賢十郎	CiNii
一四八	統計書	中央	編	東京株式取引所統計年報　昭和14年	東京株式取引所調査課	国会
一四九	統計書	中央	編	米国系プロテスタント教団の文化事業統計表——未定稿	東亜研究所	一橋
一五〇	統計書	中央	編	日本インフレーションの調査　物価篇　統計図	南満洲鉄道 東京支社調査室	国会
一五一	統計書	中央	編	日本インフレーション委員会調査資料	南満洲鉄道 東京支社調査室	国会
一五二	統計書	中央	編	我国主要鉱山における労働統計図表	楠原労働政策研究所	国会
一五三	統計書	中央	編	健康保険診療統計諸表　昭和14年度政府管掌分	日本医師会	国会
一五四	統計書	中央	編	全国病勢調査報告　第4回	日本医師会	国会
一五五	統計書	中央	編	主要運賃・傭船料指数	日本海運集会所調査部、海事協同会調査部	一橋

一五六	統計書	中央	編	本邦中心世界主要運賃記録	日本海運集会所調査部、海事協同会調査部	一橋
一五七	統計書	中央	編	本邦各種護謨製品輸出統計表	日本護謨製品輸出組合	一橋
一五八	統計書	中央	編	統計表　第2巻　第4号（昭和14年年表）	日本雑貨欧阿近東輸出組合連合会	国会
一五九	統計書	中央	編	人絹統計表	日本人絹聯合会	CiNii
一六〇	統計書	中央	編	九州石炭統計年鑑	日本石炭協会九州支部	CiNii
一六一	統計書	中央	編	業務統計要覧　昭和14年度（第10回）	日本放送協会	国会
一六二	統計書	中央	編	我が重要輸出入品目国別統計表——自昭和14年9月至昭和15年2月	日本貿易振興協議会	CiNii
一六三	統計書	中央	編	綿花関係統計資料	日本綿花栽培協会	一橋
一六四	統計書	中央	編	日本輸出絹業統計概覧——解散記念	日本輸出絹人絹織物組合聯合会	CiNii
一六五	統計書	中央	編	本邦輸出品類別統計番号表——附・英和対照輸出品統計番号分類表	日本雑貨印度輸出組合聯合会	CiNii
一六六	統計書	中央	編	日本国勢図会　昭和16年版	矢野恒太、白崎享一	国会
一六七	統計書	中央	編	日本国勢図会　昭和15年版	矢野恒太、白崎享一	国会
一六八	統計書	中央	編	繊維製品検査成績統計表　昭和14年自10月至12月、自昭和15年4月至昭和16年3月、昭和16年4月	繊維需給調整協議会	国会
一六九	統計書	中央	編	財政金融篇附属統計表	（不明）	国会
一七〇	統計書	地方1	編	市町村統計一覧表　昭和15年	愛知県総務部統計調査課	国会
一七一	統計書	地方1	編	市町村統計一覧表　昭和15年	愛知県総務部統計調査課	国会
一七二	統計書	地方1	編	商工省関係調査統計例規並質疑応答集	愛知県総務部統計調査課	CiNii
一七三	統計書	地方1	編	愛知統計季報	愛知県総務部統計課	CiNii
一七四	統計書	地方1	編	愛知県管内小学校一覧	愛知県総務部統計調査課	一橋
一七五	統計書	地方1	編	青森県財政概要——昭和15年3月編纂	青森県	国会
一七六	統計書	地方1	編	秋田県米麦統計　昭和14年	秋田県	国会
一七七	統計書	地方1	編	秋田県養蚕統計　昭和14年	秋田県	国会
一七八	統計書	地方1	編	茨城県人口統計　昭和13年	茨城県	国会
一七九	統計書	地方1	編	茨城県勢要覧　昭和15年版	茨城県統計協会	国会

一八〇	統計書	地方1	編	統計上より見たる岩手県の地位	岩手県総務部	CiNii
一八一	統計書	地方1	編	愛媛県統計書　昭和13年	愛媛県総務部	国会
一八二	統計書	地方1	編	愛媛県勢一覧　昭和15年	愛媛県総務部	国会
一八三	統計書	地方1	編	大分県統計書	大分県総務部調査課	CiNii
一八四	統計書	地方1	編	春、秋、農繁期に於ける労力調整事情　昭和14年	大分県経済部	国会
一八五	統計書	地方1	編	本県麦作統計	大分県総務部統計課	一橋
一八六	統計書	地方1	編	大阪府消防統計　昭和14年	大阪府警察部消防課	国会
一八七	統計書	地方1	編	生産統計の概要　昭和13年	大阪府総務部統計課	国会
一八八	統計書	地方1	編	大阪府人口の速報　昭和14年	大阪府総務部統計課	国会
一八九	統計書	地方1	編	第15回臨時労働及統計実地調査大阪府提要	大阪府臨時労働及技術統計実地調査部	CiNii
一九〇	統計書	地方1	編	司法保護統計は語る	大阪府聯合保護会	国会
一九一	統計書	地方1	編	岡山県統計年報　昭和13年	岡山県	国会
一九二	統計書	地方1	編	甘藷生産費調査　昭和14年度	香川県農会	国会
一九三	統計書	地方1	編	神奈川県統計書　昭和13年	神奈川県	国会
一九四	統計書	地方1	編	最近神奈川県勢概要　昭和15年	神奈川県総務部統計調査課	国会
一九五	統計書	地方1	編	世帯調査	神奈川県総務部統計調査課	一橋
一九六	統計書	地方1	編	肥料統計	岐阜県経済部	CiNii
一九七	統計書	地方1	編	京都府統計書	京都府	国会
一九八	統計書	地方1	編	京都府治要覧　昭和13年	京都府	国会
一九九	統計書	地方1	編	京都府金融要覧　昭和15年4月	京都府経済部商工課	国会
二〇〇	統計書	地方1	編	蚕糸業協議会録事　附統計調査	京都府経済部	CiNii
二〇一	統計書	地方1	編	京都府衛生統計年報	京都府衛生統計課	CiNii
二〇二	統計書	地方1	編	熊本営林局統計要覧	熊本営林局	一橋
二〇三	統計書	地方1	編	熊本県勢要覧　昭和15年版	熊本県総務部統計課	国会
二〇四	統計書	地方1	編	熊本県統計書　第3編　生産農業家畜及家禽山林鉱産水産工業	熊本県	一橋
二〇五	統計書	地方1	編	群馬県統計書　昭和13年	群馬県総務部統計課	国会

二〇六	統計書	地方1	編	統計から見た高知県の地位	高知県	一橋
二〇七	統計書	地方1	編	麦乃春蚕統計　昭和15年	埼玉県	国会
二〇八	統計書	地方1	編	生糸製造高・消費高及現在高並繭現在高統計表　昭和13生糸年度	埼玉県経済部	国会
二〇九	統計書	地方1	編	蚕糸類及織物統計　昭和14年	埼玉県総務部統計課	国会
二一〇	統計書	地方1	編	米作及夏秋蚕統計　昭和14年	埼玉県総務部統計課	国会
二一一	統計書	地方1	編	島根県市町村別統計書　第11回（昭和13年度）	島根県	国会
二一二	統計書	地方1	編	島根県統計書　昭和12年第1編	島根県	国会
二一三	統計書	地方1	編	千葉県勢要覧　昭和15年	千葉県	国会
二一四	統計書	地方1	編	学校身体検査統計表	東京府学務部	CiNii
二一五	統計書	地方1	編	東北地方産業経済統計表	東北産業科学研究所	一橋
二一六	統計書	地方1	編	統計上より見たる徳島県の地位	徳島県	CiNii
二一七	統計書	地方1	編	鳥取県統計書　昭和14年	鳥取県	国会
二一八	統計書	地方1	編	郵便貯金郵便局別状況表――富山県　昭和14年度	金沢貯金支局	国会
二一九	統計書	地方1	編	富山県統計書　昭和13年	富山県	国会
二二〇	統計書	地方1	編	長崎県勢要覧　昭和14年版	長崎県	国会
二二一	統計書	地方1	編	長崎税関貿易要覧　昭和14年	長崎税関	国会
二二二	統計書	地方1	編	県勢要覧［昭和15年］	奈良県総務部統計課	国会
二二三	統計書	地方1	編	兵庫県の生産物価額　昭和13年	兵庫県総務部調査課	国会
二二四	統計書	地方1	編	福井県統計書　昭和13年　第3編	福井県	国会
二二五	統計書	地方1	編	福井県勢　昭和15年版	福井県	国会
二二六	統計書	地方1	編	統計上より観たる福井県の地位　昭和14年刊行	福井県総務部統計課	国会
二二七	統計書	地方1	編	福岡県統計年鑑	福岡県	CiNii
二二八	統計書	地方1	編	小学校、中等学校要覧	福岡県総務部統計課	一橋
二二九	統計書	地方1	編	福島県統計書――警察	福島県警察部	一橋
二三〇	統計書	地方1	編	三重県統計書　昭和13年第1編	三重県	国会
二三一	統計書	地方1	編	三重県統計書　昭和13年第3編	三重県	国会
二三二	統計書	地方1	編	経済更生特別助成村の経済更生計画及其の実行費調	三重県	CiNii

二三三	統計書	地方1	編	三重県の統計事情	三重県総務部統計課	一橋
二三四	統計書	地方1	編	宮城県の経済概況	宮城県総務部調査課	CiNii
二三五	統計書	地方1	編	宮城県米統計表	宮城県総務部統計課	CiNii
二三六	統計書	地方1	編	業務統計要覧　昭和13年度	仙台逓信局	国会
二三七	統計書	地方1	編	昭和14・15年労働統計――労働統計毎月実地調査	宮崎県	一橋
二三八	統計書	地方1	編	統計表	東京魚市場株式会社調査課	CiNii
二三九	統計書	地方1	編	衛生統計書	山口県衛生課	CiNii
二四〇	統計書	地方1	編	農家経済調査成績	山口県農会	一橋
二四一	統計書	地方1	編	山口県の産業	山口県総務部統計課	CiNii
二四二	統計書	地方1	編	恩賜県有財産統計　昭和12年度	山梨県庁山林課	国会
二四三	統計書	地方2	編	豊橋市勢要覧	（愛知県）豊橋市役所総務部行政課統計係	CiNii
二四四	統計書	地方2	編	名古屋市産業要覧　第25回（昭和15年）	名古屋市産業部庶務課	国会
二四五	統計書	地方2	編	名古屋市統計書　第40回（昭和13年版）	名古屋市役所	国会
二四六	統計書	地方2	編	統計上より見たる名古屋経済の現勢	名古屋商工会議所	CiNii
二四七	統計書	地方2	編	秋田市勢要覧	秋田市役所総務課統計係	CiNii
二四八	統計書	地方2	編	大阪市物価並労賃統計年報	大阪商工会議所	CiNii
二四九	統計書	地方2	編	布施市学事要覧　昭和15年度版	（大阪府）布施市役所	国会
二五〇	統計書	地方2	編	岡山市統計年報　昭和13年	岡山市	国会
二五一	統計書	地方2	編	興除村に於ける農業事情調査　昭和15年3月	帝国農会	国会
二五二	統計書	地方2	編	三木町勢一班　昭和15年	（香川県）三木町役場	国会
二五三	統計書	地方2	編	横浜港湾統計年報　第11回　昭和14年	横浜市土木局	国会
二五四	統計書	地方2	編	横浜市社会事業統計	横浜市社会部	一橋
二五五	統計書	地方2	編	京都市統計書　第30回（昭和13年）	京都市	国会
二五六	統計書	地方2	編	市勢概要［昭和15年］	京都市役所総務部庶務課	国会
二五七	統計書	地方2	編	統計年報　昭和14年	京都商工会議所	国会
二五八	統計書	地方2	編	松江市勢要覧　昭和14年版	（島根県）松江市産業課	国会

二五九	統計書	地方2	編	千葉市勢要覧　昭和15年版	千葉市役所	国会
二六〇	統計書	地方2	編	東京市納税人口調査　昭和10年度（所得税篇）、第2輯（個人営業収益税附加税篇）、昭和10年度（総括篇）	東京市	国会
二六一	統計書	地方2	編	王子区勢要覧　昭和15年版	東京市王子区役所	国会
二六二	統計書	地方2	編	東京市結核死亡統計	東京市総務局統計課	一橋
二六三	統計書	地方2	編	東京市納税人口調査	東京市役所	一橋
二六四	統計書	地方2	編	東京市統計年表　一般統計編	東京市役所庶務課	一橋
二六五	統計書	地方2	編	東京市統計年表　産業統計編	東京市役所庶務課	一橋
二六六	統計書	地方2	編	東京市統計年表　人口統計編	東京市役所庶務課	一橋
二六七	統計書	地方2	編	最近に於ける東京市工業の展望——昭和13年工場調査	東京市総務局統計課	一橋
二六八	統計書	地方2	編	生活必需品消費量調査	東京市総務局統計課	一橋
二六九	統計書	地方2	編	立川を中心とする労働事情調査　第2部	東京府学務部	国会
二七〇	統計書	地方2	編	八東村の部	（不明）	国会
二七一	統計書	地方2	編	統計年報　昭和15年版	新潟商工会議所	国会
二七二	統計書	地方2	編	統計年報　昭和14年	新潟商工会議所調査課	国会
二七三	統計書	地方2	編	統計年報　昭和13年	（新潟県）長岡商工会議所	国会
二七四	統計書	地方2	編	神戸港湾統計——内航	神戸市企画部統計課	一橋
二七五	統計書	地方2	編	尼崎市勢要覧　昭和14年版	（兵庫県）尼崎市	国会
二七六	統計書	地方2	編	姫路商工会議所統計年報　昭和13年	（兵庫県）姫路商工会議所	国会
二七七	統計書	地方2	編	明石市勢1班　第21回　昭和15年版	（兵庫県）明石市役所	国会
二七八	統計書	地方2	編	統計年報	（福井県）敦賀商工会議所	CiNii
二七九	統計書	地方2	編	四日市港貨物集散統計年報	（三重県）四日市市役所	CiNii
二八〇	統計書	地方2	編	宮崎市勢要覧	宮崎市	CiNii
二八一	統計書	地方2	編	北千島水産業統計表——昭和9年以降	北千島水産会	国会
二八二	統計書	満洲	編	関東州工場統計（A）　昭和13・14年	関東局	国会
二八三	統計書	満洲	編	改訂重要物資価格表　昭和15年4月現在	南満洲鉄道東京支社調査室	国会
二八四	統計書	満洲	編	財政関係資料	（不明）	国会

二八五	統計書	満洲	編	主要消費財国内消費高推定表［他］	（不明）	国会
二八六	統計書	満洲	編	配給関係資料	（不明）	国会
二八七	統計書	満洲	編	物価並苦力賃銀及生計費資料	（不明）	国会
二八八	統計書	満洲	編	業務統計年報	（満洲）興中公司	一橋
二八九	統計書	満洲	編	満洲帝国土地統計表	（満洲）地政総局	一橋
二九〇	統計書	満洲	編	労働を中心として見たる北満農村の農業経営事情　第1編	吉川忠雄、矢澤啓作、金仁基、阿部武志	国会
二九一	統計書	満洲	編	満洲帝国統計摘要	国務院総務庁統計処	一橋
二九二	統計書	満洲	編	満洲経済参考資料	国務院総務庁統計処	一橋
二九三	統計書	満洲	編	統計年報	満洲国三江省公署	CiNii
二九四	統計書	満洲	編	水産資源統計	満洲国産業部	CiNii
二九五	統計書	満洲	編	撫順市統計年報	満洲国撫順市庶務科	CiNii
二九六	統計書	満洲	編	外国貿易参考統計表	満洲国経済部関税科	CiNii
二九七	統計書	満洲	編	郵政生命保険統計年報	郵政総局	一橋
二九八	統計書	満洲	編	鞍山統計年報	鞍山商工公会	CiNii
二九九	統計書	満洲	著	満洲貿易統計の現状	井上唯七	一橋
三〇〇	統計書	満洲	編	満洲国貿易統計より見たる対日本・朝鮮・中華民国・台湾・貿易統計表——品目別輸出入	外務省調査局第三課	一橋
三〇一	統計書	満洲	編	満洲工場統計速報　昭和14年	関東局官房文書課 満洲国経済部工務司 満鉄調査部資料課	国会
三〇二	統計書	満洲	著	人口統計より見たる満洲国の縁族複合状態	宮川善造	一橋
三〇三	統計書	満洲	編	農家経済調査報告	興農部農政司調査科	CiNii
三〇四	統計書	満洲	編	農家経済調査報告　康徳6年度、康徳7年度　経済収支篇、康徳7年度　労働篇　続、康徳8年度　経済収支篇、康徳8年度　労働篇	興農部農政司調査科	国会
三〇五	統計書	満洲	編	農業基本統計調査集計表	興農部農政司調査科	一橋
三〇六	統計書	満洲	編	満洲帝国統計摘要　康徳6年版	国務院総務庁統計処	国会
三〇七	統計書	満洲	編	初等学校及中等学校児童生徒の体位	在満教務部	CiNii
三〇八	統計書	満洲	編	日、満、支、蘭印及佛印貿易統計	三井物産株式会社 東京営業部	CiNii

三〇九	統計書	満洲	著	満洲農産統計	水谷國一	一橋
三一〇	統計書	満洲	編	満洲経済統計年報　昭和13年	大連商工会議所	国会
三一一	統計書	満洲	編	入離満労働者関係統計表――調査局資料課第2資料	調査局資料課	CiNii
三一二	統計書	満洲	編	満洲、蒙疆、支那、各省各県別の網羅的估計の総結果	東亜研究所	一橋
三一三	統計書	満洲	編	満洲経済統計年報　昭和14年	南満洲鉄道株式会社調査部資料課	国会
三一四	統計書	満洲	編	労働を中心として見たる北満農村の農業経営事情――双城県大白家窩堡に於ける調査　第1編（統計之部）	南満洲鉄道株式会社北満経済調査所	国会
三一五	統計書	満洲	編	昭和14年度入離満労働者統計表――秘	南満洲鉄道調査部	国会
三一六	統計書	満洲	編	満洲国外国貿易詳細統計　昭和13年	南満洲鉄道調査部	国会
三一七	統計書	満洲	編	満洲鉄道貨物流動統計　昭和12年度	南満洲鉄道調査部	国会
三一八	統計書	満洲	編	石炭瓲当山元生産経費調――自昭和12年上期至昭和14年上期	南満洲鉄道東京支社調査室	国会
三一九	統計書	満洲	編	満洲農産統計　昭和13・14、15年	南満洲鉄道株式会社鉄道総局調査局調査課	国会
三二〇	統計書	満洲	編	工業立地に関する輸送条件	南満洲鉄道調査部	国会
三二一	統計書	満洲	編	満洲帝国現在人口	南満洲鉄道調査部	国会
三二二	統計書	満洲	編	調査部「大連卸売物価指数」の改編	南満洲鉄道株式会社調査部	一橋
三二三	統計書	満洲	編	日満関支貿易統計資料	日本商工会議所	一橋
三二四	統計書	満洲	編	日本海沿岸各港貿易概勢（統計）	日満実業協会	国会
三二五	統計書	満洲	編	満洲農業要覧	日満農政研究会新京事務局	一橋
三二六	統計書	満洲	編	満洲国の対日関支貿易概勢（統計）	日満実業協会	一橋
三二七	統計書	満洲	編	業務統計	奉天郵政管理局	一橋
三二八	統計書	満洲	編	重工業統計資料年報	満洲重工業開発会社総務部資料課	一橋
三二九	統計書	満洲	編	開拓地衛生関係資料　康徳7年度	満洲拓植公社	国会
三三〇	統計書	満洲	編	満洲糧穀要覧　康徳7年度	満洲糧穀株式会社	国会
三三一	統計書	満洲	編	入満労働者の統計的観察	満洲労工協会	CiNii
三三二	統計書	満洲	編	満洲工場鉱山労働調査書　康徳6年	満洲労工協会	国会

三三三	統計書	満洲	編	入満労働者に関する統計的研究	満洲労工協会	CiNii
三三四	統計書	満洲	編	満洲開拓統計総覧　康徳7年4月	満洲拓植公社	国会
三三五	統計書	満洲	編	満洲開拓統計集	満洲拓殖公社	CiNii
三三六	統計書	満洲	編	満炭統計年報	満洲炭砿株式会社総務部文書課資料係	一橋
三三七	統計書	満洲	編	満洲物価年報　康徳6年度	満洲中央銀行調査課	国会
三三八	統計書	満洲	編	満鉄刊行主要統計資料便覧	満鉄東京支社調査室	国会
三三九	統計書	満洲	編	満鉄刊行主要統計資料便覧　補遺	満鉄東京支社調査室	国会
三四〇	統計書	満洲	編	龍江省統計年報	龍江省公署	一橋
三四一	統計書	満洲	編	興安北省新巴爾虎右翼旗索倫旗陳巴爾虎旗実態調査統計篇	国務院興安局	CiNii
三四二	統計書	満洲	編	家計調査報告	国務院総務庁統計処	一橋
三四三	統計書	満洲	編	満洲帝国統計年鑑	国務院総務庁統計処	一橋
三四四	統計書	満洲	編	満洲開拓統計総覧	満洲拓植公社	一橋
三四五	統計書	満洲	編	満洲国内蒙古地帯家畜家禽統計	満洲帝国国務院興安局調査科	一橋
三四六	統計書	満洲	編	統計年報	満洲電信電話株式会社文書課	CiNii
三四七	統計書	満洲	編	満洲工場鉱山労働調査書	満洲労工協会	一橋
三四八	統計書	満洲	編	統計年報——入離満労働者	満洲労工協会	CiNii
三四九	統計書	満洲	編	輸出入税率表——統計品目入——康徳7年	経済部	CiNii
三五〇	統計書	満洲	編	関東局第33統計書	関東局	CiNii
三五一	統計書	満洲	編	満洲工場統計速報　昭和14年、昭和15年	関東局官房文書課 満洲国経済部工務司 満鉄調査部資料課	国会
三五二	統計書	満洲	編	関東州工場統計	関東局官房総務課	一橋
三五三	統計書	満洲	編	統計年報	満洲電信電話株式会社文書課	一橋
三五四	統計書	植民地	編	南洋群島臨時島勢調査書——昭和14年	南洋庁	一橋
三五五	統計書	植民地	編	慶尚南道々勢概覧　昭和14年版	(不明)	国会
三五六	統計書	植民地	著	朝鮮牛体型の生物統計学的研究——特に体各部の相関より観たる体型の改良に就て	葛野淺太郎	CiNii

三五七	統計書	植民地	編	人口統計	京畿道	CiNii
三五八	統計書	植民地	編	蚕業統計	京畿道	CiNii
三五九	統計書	植民地	編	統計年報　昭和14年	京城商工会議所	国会
三六〇	統計書	植民地	編	貿易要覧　昭和14年	新義州	国会
三六一	統計書	植民地	編	新義州港貿易月報　昭和15年7月-昭和15年9月	新義州税関	国会
三六二	統計書	植民地	編	朝鮮金融組合統計月報	朝鮮金融組合聯合会	一橋
三六三	統計書	植民地	編	朝鮮水産統計　昭和13年	朝鮮総督府	国会
三六四	統計書	植民地	編	朝鮮総督府施政年報　昭和13年	朝鮮総督府	国会
三六五	統計書	植民地	編	朝鮮総督府統計年報　昭和13年	朝鮮総督府	国会
三六六	統計書	植民地	編	朝鮮統計要覧　昭和13年	朝鮮総督府	国会
三六七	統計書	植民地	編	農業統計表　昭和13年	朝鮮総督府	国会
三六八	統計書	植民地	編	農家経済の概況と其の変遷	朝鮮総督府農林局農村振興課	国会
三六九	統計書	植民地	編	農家経済の概況と其の変遷（自作兼小作農家の部）	朝鮮総督府農林局農村振興課	国会
三七〇	統計書	植民地	編	農家経済の概況と其の変遷（小作農家の部）	朝鮮総督府農林局農村振興課	国会
三七一	統計書	植民地	編	朝鮮人口動態統計	朝鮮総督府	CiNii
三七二	統計書	植民地	編	朝鮮税務統計書	朝鮮総督府財務局	CiNii
三七三	統計書	植民地	編	朝鮮貿易月表	朝鮮総督府度支部	一橋
三七四	統計書	植民地	編	鉄道要覧　昭和14年度	鉄道省	国会
三七五	統計書	植民地	編	統計年報	馬山商工会議所	一橋
三七六	統計書	植民地	編	朝鮮経済図表	姫野實	一橋
三七七	統計書	植民地	編	平安北道金融概況――附、金融組合統計表	平安北道理財課	CiNii
三七八	統計書	植民地	編	統計年報　昭和14年	木浦商工会議所	国会
三七九	統計書	植民地	編	台北州統計書　昭和13年	台北州知事官房文書課	国会
三八〇	統計書	植民地	編	台湾現勢要覧　昭和15年版	台湾総督府	国会
三八一	統計書	植民地	編	台湾対満関支貿易期表　昭和15年1-9月	台湾総督府財務局	国会
三八二	統計書	植民地	編	台湾対南支、南洋貿易表　昭和15年1-3月	台湾総督府財務局税務課	国会

三八三	統計書	植民地	編	台湾総督府統計書 第42 昭和13年	台湾総督府総督官房	国会
三八四	統計書	植民地	編	台湾総督府学生徒児童身体検査統計書 昭和12年度	台湾総督府文教局	国会
三八五	統計書	植民地	編	樺太貿易統計表――主要品目別輸移出入―樺太庁統計書による	外務省調査局第三課	一橋
三八六	統計書	植民地	編	樺太衛生概況	樺太庁警察部衛生課	国会
三八七	統計書	植民地	編	労働技術統計調査提要	樺太庁	CiNii
三八八	統計書	外国	著	露西亜統計の批判	コーリン・クラアク	一橋
三八九	統計書	外国	編	極東ソ聯経済一覧図	水谷國一	CiNii
三九〇	統計書	外国	編	蒙疆経済統計月表	華北交通株式会社張家口鉄路局総務処資業科	CiNii
三九一	統計書	外国	編	海拉爾統計年報	海拉爾商工公会	一橋
三九二	統計書	外国	編	蒙疆卸売物価年報 成吉思汗紀元734年度（1939）	蒙疆銀行調査課	国会
三九三	統計書	外国	編	東亜共栄圏重要物資需給調査	（不明）	国会
三九四	統計書	外国	編	比律賓需給表	（不明）	国会
三九五	統計書	外国	編	共栄圏資源統計	横浜高等商業学校太平洋貿易研究所	一橋
三九六	統計書	外国	編	南方資源論	産業統計研究所	一橋
三九七	統計書	外国	編	日泰貿易統計表	大阪泰国貿易協会	CiNii
三九八	統計書	外国	著	蘭領東印度地誌	大谷光瑞	一橋
三九九	統計書	外国	編	マライ農業統計	南洋協会	一橋
四〇〇	統計書	外国	編	英領北ボルネオ事情	南洋庁長官官房調査課	一橋
四〇一	統計書	外国	編	南方地域農業事情	農林大臣官房調査課	一橋
四〇二	統計書	外国	編	馬來地区統計	馬來軍政監部調査部	一橋
四〇三	統計書	外国	編	蘭領ボルネオ調査	野村合名会社海外事業部	CiNii
四〇四	統計書	外国	編	上海入出港船舶	南満洲鉄道上海事務所調査室	国会
四〇五	統計書	外国	編	中南支八省需給調査表	（不明）	国会
四〇六	統計書	外国	編	東亜に於ける物資自給力調査 其1－其7	（不明）	国会
四〇七	統計書	外国	編	東亜戦時交通動態調査報告書 中間報告	（不明）	国会
四〇八	統計書	外国	編	中華民国在留本邦人及第三国人人口概計表	外務省東亜局第三課	一橋

四〇九	統計書	外国	編	財政金融統計――興亜院華中連絡部	興亜院華中連絡部経済第三局	CiNii
四一〇	統計書	外国	編	支那対円域貿易統計年報	興亜院政務部	一橋
四一一	統計書	外国	編	北支沿岸各地別民船貿易統計表　昭和14年度	航業連合協会	国会
四一二	統計書	外国	編	青島港貿易統計年報　昭和9－14年	青島日本商工会議所	国会
四一三	統計書	外国	編	青島4駅貨物統計表	青島日本商工会議所	一橋
四一四	統計書	外国	編	北支資源統計図鑑	大陸資源調査会	CiNii
四一五	統計書	外国	編	支那農村副業問題	中支建設資料整備委員会	一橋
四一六	統計書	外国	編	事変前の中華民国合作運動統計資料	朝金聯調査課	CiNii
四一七	統計書	外国	編	北支那商品輸出入額類別港別相手国別表（未定稿）1934年・1935年、1936年・1937年	東亜研究所	国会
四一八	統計書	外国	編	北・中・南支商品輸出入額類別港別相手国別表――未定稿　1938年	東亜研究所第一調査委員会	国会
四一九	統計書	外国	編	支那占拠地区威令下戸口統計――民国32年1月初現在	東亜研究所上海支所	CiNii
四二〇	統計書	外国	編	北支経済統計季報　第9号	南満洲鉄道株式会社北支経済調査所	国会
四二一	統計書	外国	編	北支那産業統計提要	南満洲鉄道株式会社北支経済調査所	国会
四二二	統計書	外国	編	北支那産業統計提要	南満洲鉄道株式会社北支経済調査所	国会
四二三	統計書	外国	編	北支物価動態調査統計資料2	南満洲鉄道株式会社北支経済調査所	国会
四二四	統計書	外国	編	北支貿易統計表	南満洲鉄道東京支社	国会
四二五	統計書	外国	編	中南支那外国貿易詳細統計	南満洲鉄道株式会社上海事務所調査室	一橋
四二六	統計書	外国	編	支那対円域貿易統計年報	南満洲鉄道株式会社調査部	CiNii
四二七	統計書	外国	編	支那綿産分布図並綿産統計	日本綿花栽培協会	一橋
四二八	統計書	外国	編	北支那内国貿易統計半年報	北支経済調査所	CiNii
四二九	統計書	外国	編	円域諸国農産物需給統計	満鉄調査部	CiNii
四三〇	統計書	外国	編	中部日本産業経済概観	名古屋市産業部	国会
四三一	統計書	外国	編	支那に於ける経済統計	満鉄・上海事務所調査室	一橋

四三二	統計書	外国	編	上海特別市嘉定区農村実態調査報告書	満鉄上海事務所調査室	一橋
四三三	統計書	外国	編	支那外国貿易統計年報	南満洲鉄道株式会社 上海事務所調査室	一橋

註　典拠「国会」は、国立国会図書館サーチ（https://iss.ndl.go.jp/　二〇二〇年七月三〇日現在）で「件名」に「統計」を、「出版年」に「1940」を入力した結果。ただし、GHQによる翻訳本を除く。典拠「一橋」は一橋大学経済研究所附属社会科学統計情報研究センターの蔵書検索中「詳細検索」（https://opac.lib.hit-u.ac.jp/opac/opac_search/?lang=0　二〇二〇年六月一三日現在）で、「すべての項目から」に「統計」を、「出版年」に「1940」を入力した結果から選択。典拠「CiNii」は、CiNii Books（https://ci.nii.ac.jp/books/　二〇二〇年六月二二日現在）の「フリーワード」に「統計」を、「出版年」に「1940」を入力した結果。

確率論に基づく数理統計学は、戦後アメリカからもたらされたものという印象が強く持たれてきたが、一九四〇（昭和一五）年時点ですでにそのきざしは日本の学会にもみられたのである。

次に統計書についてみると、ここには当時の日本が国策としてどのような戦略を持っていたかがありありと浮かび上がっている。すなわち、満洲および朝鮮の支配を強固なものにすることと、これを踏み台とした中国本土支配への強烈な欲求（興亜《こうあ》院政務部『支那《しな》対円域《たいえんいき》貿易統計年報』など）、さらには東南アジアを中心とする諸国への勢力拡大への志向（横浜高等商業学校太平洋貿易研究所『共栄圏《きょうえいけん》資源統計』など）である。総力戦期に入った日本国家が、こうした地域に進出してアウタルキー経済▼[1]を築くことを目指していたことを、これらの統計書は物語るものといえよう。

日本国内の統計書に目を転ずると、一九二〇（大正九）年に比して、中央の統計に対して、地方の統計の比重がいくぶん下がっている。特に「地方2」とした、市町村以下のレベルが発行している統計書は相対的に存在感が薄い。たとえば、一九二〇年には郡是《ぐんぜ》、市《し》町村是《ちょうそんぜ》の類が多くみられ、悪化した地方経済をどのようにして自力で更生《こうせい》していくかということに注意が向けられていたのであるが、一九四〇年にはこの種の統計はなくなる。中央の統計では、厚生《こうせい》省による労働や保険をはじめとする各種の統計や、内閣統計局による人口や労働に関する統計が相対的に多いようにみえる。これらをもって、総力戦体制下、地方公共団体が積極的に何らかの施策を打ち出す時代が終わり、中央政府が強権をもって「計画経済」を推し進める時代になっていたことの証左とみるのはうがち過ぎであろうか。

三　変質する国勢調査——総力戦体制下の統計

問題の所在と対象の限定

問題の所在　本節の問題意識は、次の三点からなる。第一に、戦時期における国勢調査の位置づけの変化、第二に、国勢調査をより充実させたいという統計学者たちの欲求の表現形態の変化と、それにともなう調査自体の内容変化、第三に、実際に行われた調査のあり方、である。以下、順を追って説明していこう。

　ある大義名分や目的をもってはじめられた調査統計も、それがルーティン化し、あるいは時代が変化すれば、それにしたがってその位置づけが変わる。本節が問題としたいことの第一点はここにある。本節では、その一例として国勢調査を取り上げる。明治期、詳細な人口データを欲した統計学者たちは人口センサスの実施を欲したが、その予算は三〇〇万円と推計された。当時の文部省《もんぶ》の年間予算の規模である。戸籍《こせき》の存在もあって、人口センサスというだけでは納得しない国家指導者たちを説得する材料として統計学者たちが用いたのは、国勢調査を実施している国はいずれも文明国であり、これを実施しなければ野蛮国とみなされるという論法であり、これは強い説得力を持った。さらに、統計学者たちは国勢調査を提案するにあたっては、そこに経済調査が含まれるように宣伝しておきながら、実施の大綱《たいこう》を決める「国勢調査準備委員会」ではその項目を人口学的なものに限定した。[▼2] 実はこのことは統計学者たちの強い希望でもあったが、調査項目を増やすことによって第一回目の調査が失敗すれば、第二回目以降は実施できないという警戒感から、調査項目を人口学的なもののみに絞ったのであった。一九二〇（大正九）年に第一回国勢調査が実施された際の一般住民向け宣伝でも、「国勢調査は文明国の鏡」など、当時第一次世界大戦の戦勝国として列強の仲間入りをしたことから生み出された国家主義的な雰囲気に訴えかける宣伝が行われ、それが効果を持った。[3] しかしこのような宣伝や大義名分は、一九二五（大正一四）年、一九三〇（昭和五）年頃の調査になると、プロパガンダとしての新鮮さを失い、その効果が薄れていったように思われる。これらの調査は、大げさになることを承知であえていうならば、ルーティンとして行われたのである。しかし、日中戦争が本格化し、国民精神総動員運動がはじまった一九三七（昭和一二）年以降、その状況は変わってくる。「国勢調査は文明国の鏡」などと呑気なことをいっていれば、不要不急の財政支出だとして調査自体が中止されかねない状況が生まれていったのである。こうした時代状況の変化の中で、統計学者たちはどのようにして、国勢調査の生き残りと可能なかぎりの規模拡大を狙ったのであろうか。

上記のことと関連して、統計学者たちが一貫して持っている志向性も、時代の流れにしたがってその表現形態を変える。本節で問題にしたいことの第二点は、ここにある。明治期の統計学者たちも、国勢調査に人口学以外の事項を含ませたいという欲求は持っていた。また、第一回国勢調査を実施するために開かれた「国勢調査評議会」でも、第二回目以降の調査では調査の範囲を拡げるべきだという趣旨の建議案が、満場一致で可決されている。一九〇二（明治三五）年に「国勢調査に関する法律」が議員立法で提案された際の提案議員であった内藤守《もり》三《ぞう》は、一九二八（昭和三）年一〇月一五日付の書簡で、中央統計委員会長の阪谷芳郎《さかたによしろう》にあてて次のように述べている。

> わが国の国勢調査項目のことについては準備委員会評議会で評議され、さらにまた内外諸国の事例についてもご研鑽《けんさん》を積まれた閣下のご高見がありますから、私のような者がいたらない意見を申し上げるのはただただ恐縮ではありますが、かねて大正九年の夏、評議委員会で（私たちから）調査項目に関する建議案を提出し、満場一致の決議を得て、これを政府に提出してあります。そのようなこともありますので、きたる第二回国

勢調査項目に、せめてはもう一項だけでも追加して▼4〔下略〕

この書簡は、第二回目の大規模調査▼5に当たる一九三〇（昭和五）年調査に関するものであるが、統計に興味を持つ者たちの間で、調査項目を増やしたいという欲求が長年にわたって持ち続けられてきたことを示している。内藤の論拠は、一九二〇年の国勢調査を実施するにあたって設置された国勢調査評議会で採択された建議案であった。しかし、さらに一〇年の間に、統計学者たちは同じ志向を持ちながらも、その表現形態を大きく変化させていった。そして実は、その表現形態の変化にともなって、調査内容自体も大きな影響を受けることになるのである。日中戦争が本格化した時期、この点で国勢調査はどのような影響を受けたであろうか。これが本節で問題としたい第三の点である。

対象の限定　一九四〇（昭和一五）年前後の戦時期における国勢調査を取り上げるという場合、一九四〇年の大規模調査に着目するのが一般的であろう。これはまさに大規模な人口調査であり、また銃後《じゅうご》▼6の調査のみならず、帝国版図《はんと》外の前線にいる軍隊まで調べるという点で、典型的な戦時下の調査であったからである。しかし、本節では、あえてその前年に行われた一九三九（昭和一四）年の臨時国勢調査を取り上げることにしたい。理由は単純である。この臨時国勢調査は人口調査ではないため、これまであまり紹介されることがなかったからである。

国勢調査のいわば「鬼っ子」として、あまり取り上げられてこなかったこの臨時国勢調査は、実は翌年の国勢調査と双子のようにして生まれた調査であった。ここで、その経過について少し触れておこう。

これらの調査に関していち早く言及した最も古い資料として、統計局資料「昭和十五年国勢調査計画要綱関係綴（其ノ一）」があり、その中に一九三六（昭和一一）年六月二〇日付の「昭和十五年国勢調査計画要綱」という文書がある。ここに列挙された調査事項は、以下にみるように、人口調査のほかに産業調査も含み、非常に広範囲

なものであった。▼7

三　調査事項

（一）人口に関する調査

各人ごとに左の事項を調査する

1　氏名

2　世帯《せたい》における地位

3　男女の別

4　出生の年月日

5　配偶《はいぐう》の関係

6　婚姻の年月日

7　出生児数

8　職業

職名、地位、従業の場所

9　産業

10　副業

12　失業

13　兵役

14　民籍の別、国籍の別

（二）産業に関する調査
各産業経営ごとに左の事項を調査する
甲　農業経営
1　世帯主の氏名とその世帯人員または経営主の氏名
2　経営の種類
3　経営形態
4　経営を始めた年月
5　従業人員
6　経営土地面積
7　農具
8　家畜と家禽《かきん》
9　肥料

乙　水産業経営
1　世帯主の氏名とその世帯人員または経営主の氏名
2　経営の種類
3　経営形態
4　経営を始めた年月
5　従業人員
6　漁船と漁具

丙《へい》　鉱業経営
1　世帯主の氏名とその世帯人員または経営主の氏名
2　経営の種類
3　経営形態
4　経営を始めた年月
5　従業人員
6　原動機
7　作業機

丁《てい》　工業経営
1　世帯主の氏名とその世帯人員または経営主の氏名
2　経営の種類
3　経営形態
4　経営を始めた年月
5　従業人員
6　原動機
7　作業機
8　経営部門
9　組合関係

戊《ぼ》　商業経営
1　世帯主の氏名とその世帯人員または経営主の氏名
2　経営の種類
3　経営形態
4　経営を始めた年月
5　従業人員
6　原動機
7　作業機
8　組合関係

己　交通業
1　世帯主の氏名とその世帯人員または経営主の氏名
2　経営の種類
3　経営形態
4　経営を始めた年月
5　従業人員
6　設備▼8

このように、この時点で一九四〇（昭和一五）年調査は、人口調査のほかに各種産業の経営調査も含み、非常に広範なものとして構想されていた。

では、この調査が、実際にはどのようにして一九三九年調査と一九四〇年調査に分離していったのだろうか。このことを示す確定的な資料は、いままでのところ見つかっていない。しかし、情況証拠からある程度のことは判明する。統計局内では、当初の計画のような広汎な調査を、同一の日に行うことが可能かどうかが問題となった。総理府統計局文書「小委員会に於《おい》て問題となりたる事項」（一九三七年一一月三〇日および一二月一日付）では、「調査の期日」として二つの案を挙げている。[9]

第一案は、「人口調査、農業経営調査、工業経営調査、商業経営調査の総《すべ》てを昭和十五年〔一九四〇年〕に施行」として、（イ）全部の調査を同一の日に行う案（四月一日案、七月一日案、一〇月一日案）、（ロ）各調査にそれぞれ適当なる季節を選び行う案（人口調査は一〇月一日、農業経営調査二月一日、工業経営調査七月一日、商業経営七月一日）の二つの選択肢が挙げられている。

第二案は「人口調査、農業経営調査、工業経営調査、商業経営調査を数ヶ年に分割施行」する案である。ところが、同じ文書の後半では、「工業及商業経営調査事務進行予定大綱」「人口及農業経営調査事務進行予定大綱」として、それぞれについて「工業及商業」に関しては一九三九年七月実査《じっさ》、「人口及農業」に関しては一九四〇年一〇月実査とされている。[10] 統計局内部で、一九三六年案に示された膨大な調査を一年のうちに実施するには無理があるという認識が急速に強まり、このように二年にわたる案が浮上したものと思われる。その後の過程のどこかで、農業経営調査も人口調査から分離し、工業調査および商業調査と同じ一九三九年に行われることで落ち着いたのではあるまいか。

以上のように、一九三九年臨時国勢調査と、一九四〇年国勢調査とは本来一つの調査として発案されたものが、その規模が大きいために二つに分割して実施されるにいたったもので、いわば双子の調査とでもいうべきものである。本来であれば双方の調査について詳しくみていくべきであるが、本節では、紙数の関係もあり、いままであまり注目されてこなかった一九三九年調査を取り上げ、一九四〇年調査の詳細については別の機会に譲ることとした。

統計学者たちの欲求と実現への障害

統計学者たちは、明治期における論議の段階から、国勢調査に経済的事項を含ませたいとの希望を持っていた。しかし、初めての国勢調査で調査項目を安易に増やすと、調査自体が成功せず、二回目以降の調査実施もおぼつかなくなるという判断から、調査事項を人口学的なものだけに絞り込んだのである。しかしながら、調査項目を増やすことへの希望はその後も持ち続けられ、たとえば一九一八〔大正七〕年の国勢調査評議会では、前述のとおり「第二回以後の国勢調査では、単に今回定めた調査の範囲にとどめず、さらに進んで国家のさまざまな重要事項を調査し、これによって〔日本国家の〕永久に安定した大業の基礎を定めた国勢調査法の目的を貫徹するべきである」[11]という趣旨の建議案を内藤守三評議員が提出し、満場一致で可決されている。また、一九三六〔昭和一一〕年一一月二四日に開かれた中央統計委員会第三一回総会の席で、高野岩三郎委員は次のように述べている。

> この次の国勢調査は、これまでの人口調査式の調査範囲にするか、あるいはもう少し範囲を広めて、名実ともに国勢調査という名前にふさわしい調査にするほうがよろしいか。これは、中央統計委員会のこれまでの会議で、国勢調査の話が出るごとに問題になり、この前の時にも問題になりましたが、ことに、先日亡くなられた柳澤《やなぎさわ》〔保恵《やすとし》〕委員などは、熱心に、この次の国勢調査はその範囲を広げて、人口調査式の調査以上に、農工商など各種の産業にわたって大規模な調査にするがよかろうという意見を述べられて、いろいろ発言なさったことを、私は記憶しています。私も同じような意見を述べたことがあります。[12]

それでは、柳澤保恵自身はどのようなことを述べていたのだろうか。少々長くなるが、一九二六（大正一五）年の彼の「第三回国勢調査に関する希望」と題する論文から引用しよう。

大正一九年（一九三〇年）一〇月一日は第三回国勢調査の実施期であるが、第一回国勢調査より起算してまさに一〇年目に当たるため、昨年実施された簡易な中間調査でなく、充実した事項の調査を実施されるべきであると思う。第二回の簡易調査では、主として人事に関する事項のみを調査したのは申すまでもないが、第一回のときも繁簡の差こそあれ、やはりもっぱら人事に関する事項に職業が加わった調査であった。大正一九年の調査がもしこれと類似したものとして立案されるならば、私にはとても満足できないことで、少なくとも産業調査に関する事項をも加えるべきであると思うのである。このことに関しては、かつて私は当局に向かって力説したことがあったが、当時、本事業はわが国で初めて全国的に均一に実施するので、一般国民が経験を欠いたため、調査上の誤解などをおそれて結局は八項目に限ることとなった。しかし第三回の調査は、国民も当事者もすでに二回の経験があるわけなので、ぜひ産業に関する事項を加えることにしたいと思うのである。▼13

このようにして、統計学者たちの間には、調査項目の増加に対する強い欲求があったのであるが、それは一九三五年の第四回国勢調査にいたっても実現しなかった。その理由として、次の二つが考えられよう。第一は、予算の制約である。国勢調査のようなセンサス調査は規模が大きいため、当時の製表技術のもとでは、調査項目を増やすことは、調査費用の大幅な増大を意味した。この予算増大について周囲を説得し、納得させなければ調査項目の増加は実現しない。第二は、第一とも関連するが、経済関係の調査がほかに行われていたことである。たとえば各種の生産調査、工場統計調査は明治期からあったし、そのほかにも農家経済調査、家計調査、労働統計実地調査などが、一九三〇年代になるまでに実施されていた。統計学者たちの目からみると、工場統計調査は職工規模五人以上の工場に関する調査であり、工業全体をカバーするものではなかったし、農家経済調査、家計調査、労働統計実地調査は全数調査ではなかったので、統計学者たちはその結果数値に満足できなかった。[14]しかし、統計学者でない者の目からみるならば、既存の統計があるのに、なぜ国勢調査で同じような調査をしなくてはならないかという疑問を生むことになった。統計学者たちは、何とかしてこれらの人々を説得する必要に迫られたのである。

統計学者による説得

統計学者たちが説得の根拠として最初に考えたのは、紀元二六〇〇年記念行事の一環として、大規模な国勢調査を行うというものであった。紀元二六〇〇年とは、神武《じんむ》天皇が即位したとされる紀元前六六〇年から計算して二六〇〇年目の年ということで、一九四〇（昭和一五）年がこれに当たっていた。この年には国家をあげて大規模な祝賀行事が計画されていた。東京オリンピックと札幌冬季オリンピック、万国博覧会もその一環として計画されたし、神武天皇以来の歴代天皇の事蹟を中心とした展示をするための「国史館」[15]設立も計画されていた。統計学者たちは、この流れに乗って、国威《こくい》発揚《はつよう》の宣伝のために、広範囲の項目を含む国勢調査を実施しようと呼びかけたのである。

しかしながら、一九三七年に勃発《ぼっぱつ》した日中戦争の長期化、総力戦化と、これにともなう日本の国際的孤立によって、上記のさまざまな催しはおしなべて中止されてしまう。統計学者たちも、格好の大義名分を失った形になってしまった。[16]

そこで、紀元二六〇〇年に替わって用いられた大義名分が、いまや総力戦と化した日中戦争に必要な国民の動員、および物資の配給統制にかかる基礎資料を得る、というものであった。一九三九年および一九四〇年国勢調査に関する、統計局によるラジオ放送の原稿の一部を紹介しよう。

今年〔一九三九年〕の国勢調査は、従来の国勢調査とは異なり、臨時特別のものでありまして、調査の内容も非常に違っています。一口でいえば、今回の国勢調査は「消費の国勢調査」または「物の国勢調査」とでもいうべきものであって、わが国民の衣食住の生活に入用なものが、一年につきどれぐらいであるかということを調べるのであります。〔中略〕この事変〔日中戦争〕の長期対策を実行していかねばならぬ事態に立ちいたったのであります。そこでこの長期建設の実行に当たりまして、一番問題になるのはわが国の物資の問題であります。わが国の物資は、あまり豊かでないことに加えて、今後の長期建設のために必要な物資は、なかなか多いのであります。この物入りを国内の経済のやりくりによってまかなうことは、なかなか容易でないのであります。外国から借金をして、それによって、入用のものを調達するという方法が採れないわが国の現状では、政府が、軍需《ぐんじゅ》産業の生産拡充の計画を樹《た》てる上でも、不急産業の生産制限の計画を樹てる上でも、また貿易の振興の計画を樹てる上でも、その結果は多かれ少なかれ、すべて国民の経済生活に響いて参ります。ある計画が国民の日常生活にいかに影響するかということを見極めないでは、いわゆる行き過ぎ行き足らずというような混乱や齟齬《そご》を来《きた》すのであります。▼17

本年〔一九四〇年〕は、ちょうど紀元二六〇〇年に当たる年でもあり、わが国で初めての戦時下の調査でもあるから、従来の国勢調査とは調査の範囲、方法などが相当異なっているのである。〔中略〕戦時下の今回の調査では、帝国版図内に現在いる人だけに限定せず、国防の第一線にある軍人軍属などにも調査の範囲を広げ、かくて戦線、銃後を通じて帝国臣民の実状を明らかにすることにしたのである。▼18

川島統計局長による一九三九年の放送原稿では、日中戦争が長期化し、日本の敵は中国のみならず中国を支援する各国であるとの認識が示され、これに対抗するためには日本にある資源の有効活用が必要である趣旨が述べられている。また一九四〇年の調査に関する原稿では、紀元二六〇〇年であるということとともに、戦争で外国にいる軍人や軍属までも含めた戦時の調査であるという点、従来の国勢調査とは異なるという趣旨が述べられている。[19]

以上のように、統計学者たちは一九三九年と一九四〇年に分かれた大規模な国勢調査を、戦時期の社会、経済の把握と統制に必要なものとして宣伝し、大方の合意をとりつけたのである。

ただし、この論法でもまだ、統計学者の希望がすんなりと通ったわけではない。他の調査を用いれば済むというのが予算折衝の場における大蔵省《おおくら》の言い分だった。一九三九（昭和一四）年臨時国勢調査の予算は大蔵省で何回も削除され、そのたびに内閣は復活のための折衝をしているが、一九三八年一一月二二日の折衝をみると、大蔵省からは「昭和十四年臨時国勢調査は全部削除」と通知があり、これに対して統計局は「昭和十四年臨時国勢調査は工業調査を省略して商業調査のみとしこれに要する経費（二三一万三〇八二円）の復活を要求」とあり、ここまでの段階では調査に工業を含んでいたことがわかる。実際、一九三八年九月二八日付の「昭和十四年臨時国勢調査計画要綱」では、まえがきに「昭和一四年臨時国勢調査では、工業および国民の消費に関する調査を実施する」[20]とあり、また「調査の目的」には「わが国の現在の工業界における重要工業の生産に必要な設備および労働者の実状を明らかにする統計を得て、これにより国家の生産力拡充、その他の対策の立案と実施に寄与しようというものである」[21]とあって、どちらかといえば工業調査に重点を置いていた。これは、調査の大義名分を紀元二六〇〇年記念から総力戦のための基礎資料に変更したことにともなう、調査内容の変化である。

しかしながら、話はそれだけでは済まなかった。大蔵省との予算折衝に話を戻すと、一九三八（昭和一三）年一一月二三日には大蔵省から「既存の資料（たとえば生産統計など）を利用することでも、ある程度の必要を満たし得るのではないか[22]」と、商業調査ならば既存の統計を活用することによって用が足りるのではないかと質疑がなされた。この意見はかなり強かったようで、「昭和一四年臨時国勢調査に対する主計局の意見は相当強硬であるということについて、大蔵省会計課長から補足があった[23]」という文言がみられる。こうした情況に苦戦した統計局は、一二月六日午後一時三〇分より「昭和十四年臨時国勢調査計画要綱」に関して、総理大臣の諮問《しもん》機関である中央統計委員会を開会し、そこでこの調査の要綱に関する決議を得ている。この委員会に諮《はか》られた一二月二日付の諮問への統計局の説明は次のようなものであり、この段階で初めて、一九三九（昭和一四）年臨時国勢調査が商業を通じた「国民の消費の調査」と位置づけられたことがわかる。

なかでも国民の消費の実態を明らかにして、その資料を整備することが特に緊要であると考えまして、今回の調査におきましては、国民の消費に関する調査に、その重点を置いたのであります[24]。

そうしたこととの結果、一二月二三日には「委員会経費を含む改訂概算書と比較するために必要なので、昭和一四年国勢調査の当初の概算書（一〇月四日改訂提出）に委員会経費を挿入し、総額に変更がないように改訂の上、至急提出するよう言い渡された[25]」と、大蔵省が承認に傾いたことを示している。

一九三九（昭和一四）年臨時国勢調査の構造概観

さて、こうして実施にいたった臨時国勢調査であるが、その目的、概念構成、予備調査ならびに調査の実態についても、わかるかぎりで述べておこう。

まず、調査の目的については、前項で紹介した一九三八年一二月の中央統計員会で認められた「昭和十四年臨時国勢調査計画要綱」には、「調査の目的」として「国民の消費生活に要する物資の数量、金額およびその地域的分布の状況、ならびに配給の状況を明らかにして、諸般の政策の立案と実施に役立てること」[26]とあり、この時点で、物資の分布と配給の基礎資料としての調査計画が確定されている。

しかし、消費に関する調査といっても簡単ではない。一九三八年一二月六日の中央統計委員会の席上、平木弘統計局長は、次のように述べて調査の方法を選択したとしている。

国民の各世帯につき、その一年間の物品の消費量を調査することは、まず不可能なことであるといえるのでありますし、また物品の生産高、移動およびその在庫高から調査する方法は、国民の地域的消費状態を調べるためには、すこぶる煩雑であります〔中略〕本計画では、物品販売業者、および物品製造業者で直接消費者に製品を販売するものについて、その小売販売高を調査することにした次第であります。[27]

一般国民向けの宣伝も、この延長線上でなされている。川島孝彦統計局長は、一九三九年五月四日のラジオ放送で次のように述べている。

今回の国勢調査は、「消費の国勢調査」または「物の国勢調査」とでもいうべきものであって、わが国民の衣食住の生活に入用なものが、一年につきどれぐらいであるかということを調べるのであります。〔中略〕今回の調査の内容を聞いてみると、これは商業の調査ではないか、なにも国勢調査というような、大がかりな調査をしなくてもという疑問があります。またこれは国民全体の調査ではなく、単に商業関係の人々の調査ではないかという疑問があります。けれども、そのご疑問は当たらないのであります。なぜならば、今回の調査の目的は、国民の消費生活に入用な物資の種類と数量とを明らかにすることでありまして、これを明らかにする方法としては、商店から売られた物品の数量、特に小売の情況を調査することが、統計手続上、最も適当なのであります。[28]

一見して商業調査のように思われるけれども、実は国民の消費調査であるというのが、川島局長の趣旨である。おそらくは、当時行われていた家計調査や農家経済調査のような有意抽出では正確なデータが得られないという、当時の統計学者たちの本音を表したものであろう。[29]

それでは、この調査の概念構成はどのようになっていただろうか。図6-1「一九三九（昭和一四）年臨時国勢調査における国民消費の系統」は、当時の統計局によって作成された概念図である。[30]

この図のaをみると、「国民消費」は大きく「購入消費」と「自家消費」に区分され、「購入消費」はさらに「小売業者より購入」と「直接卸売又は生産業者より購入」に区分された上、後者がさらに「大量消費団体」「住宅建築業者」[31]に区分されている。「自家消費」は「農業者の自家消費」「飲食料の製造業者の自家消費」「物品卸売業者の自家消費」に区分され、以上のそれぞれに対応する調査票様式が指定されている。これらの区分のうち、「小売業者より購入」と「大量消費団体」は「一般的実地調査」とされており、全数調査によったものである。その他の区分は「標本的実地調査」とあり、有意抽出による標本調査によったものである。[32]同じ図のbをみると、当時の統計局が、「購入消費」の流れをどのようにみていたか、どのように流れを把握すれば消費の全体像を明らかにできると考えていたかがわかる。

この調査の全体としての概念的な流れは図のとおりであるが、実際にこの調査では、どのような調査票が用いられ、どのような項目が調べられたのであろうか。八種類ある調査票すべてについて述べることは難しいので、以下では調査対象の中でも最も大きな割合を占めたと考えられる、第一号票および第二号票の一部について紹介しよう。

これら二つの様式は、図6-1でいう「購入消費」のうち、「小売業者より購入」の流れについて用いられた

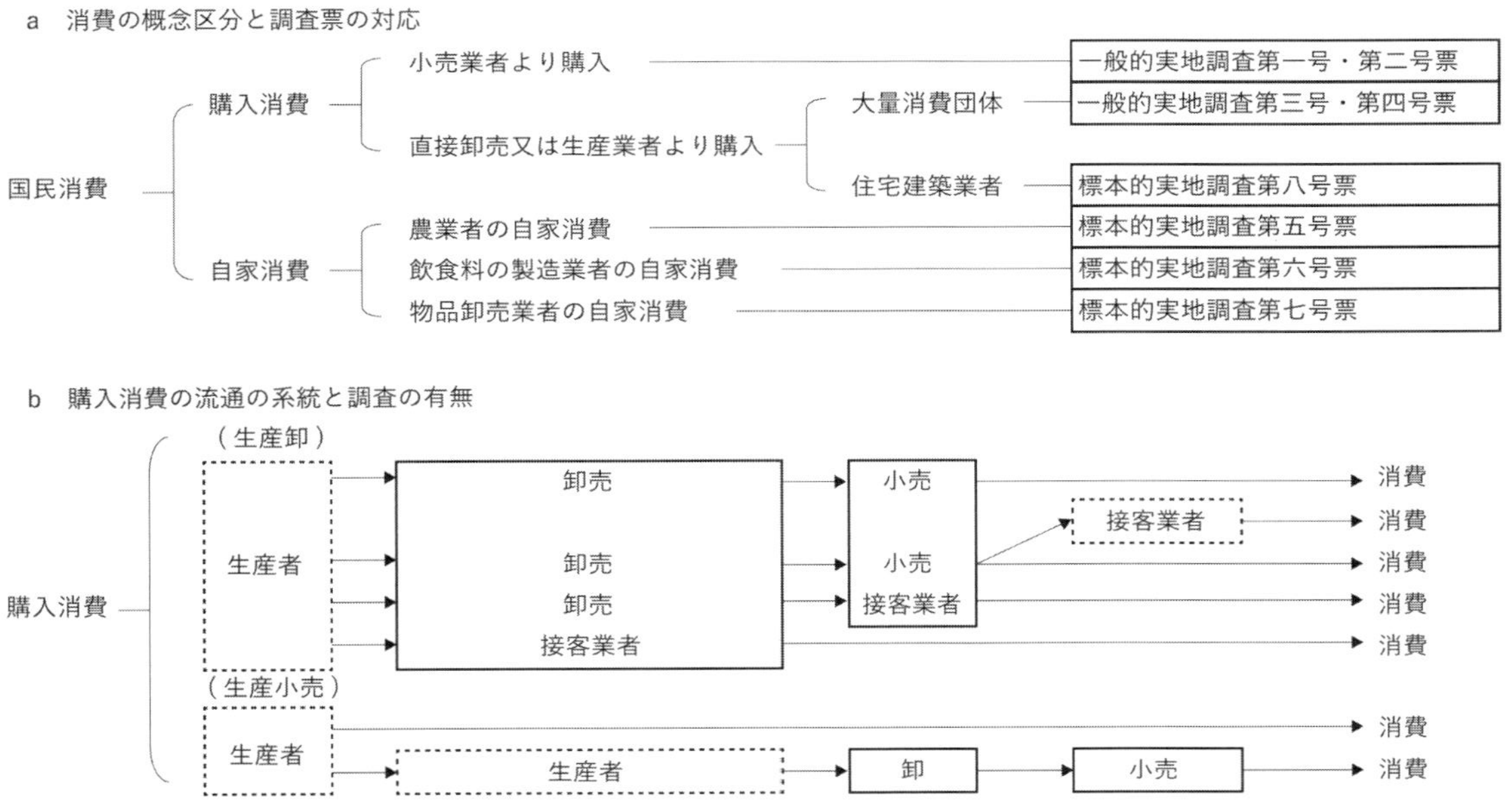

出典：近代統計発達史文庫 647 より著者作成

註 [点線枠] 調査を要さないもの　[実線枠] 調査を要するもの

図 6-1　1939（昭和 14）年臨時国勢調査における国民消費の系統

昭和十四年八月一日

国勢調査員
検印

㊙

臨時国勢調査申告書
（第一号票）

調査区番号	第　　号	道府県郡市区町村名	
経営体番号	第　　号	大字小字地番号	

(一)経営体の名称又は主任経営者の氏名		(二) 本店支店の別	1 本店　2 支店
(三)開業の年月	年　月	(四)企業の組織	1 個人　4 其の他の法人 2 合名会社合資会社　5 其の他 3 株式会社株式合資会社
(五)払込資本金又は出資額	円	(六)営業又は事業の種類	
(七)経営の形態	1 小売店　4 卸小売商　7 貿易商　10 其の他の共同購買及共同販売 2 百貨店　5 露店行商　8 産業組合　11 物品売買の仲介 3 生産小売商　6 卸売商　9 消費者団体の共同購買		

			経営者		従業家族		使用人		合計		
			男（人）	女（人）	男	女	男	女	男	女	計
(八)従業者	年齢	15 歳迄									
		16-20 歳									
		21-30 歳									
		31-40 歳									
		41-60 歳									
		61 歳以上									
	合計										
	教育程度	高等小学校卒業程度以下									
		中等学校卒業程度以上									
		専門学校卒業程度以上									

(九)調査期日前一年間の売上総金額	卸売　円	小売　円	合計　円

申告書通し番号	第　号	申告者	氏名		捺印

内　閣　統　計　局

図 6-2　臨時国勢調査申告書（第一号票）
出典：近代統計発達史文庫 618

昭和十四年八月一日

国勢調査員検印

㊙ 臨時国勢調査申告書

(第二号票の一)

調査区番号	号	道府県郡市区町村名	
経営体番号	号	大字小字地番号	
(一)経営体の名称又は主任経営者の氏名		(二)営業又は事業の種類	
(三)経営の形態	1 小売店 2 百貨店 3 生産小売商	4 卸小売商 5 露店行商 6 卸売商	7 貿易商 8 産業組合 9 消費者団体の共同購買 10 其の他の共同購買及共同販売 11 物品販売の仲介

品名			製表番号	(四)指定物品の調査期日前一年間の売上数量及金額 卸売 数量	卸売 金額(円)	小売 数量	小売 金額(円)	(五)指定物品の現在手持数量
指定物品売上総額(1-11)			×00					
1 飲食料品	1 穀類豆類及其の製品	1 米	011	石		石		石
		2 麦	012	斗		斗		斗
		3 豆類	013	斗		斗		斗
		4 干饂飩素麺	014	貫		貫		貫
		5 其の他	015					
		計(1-5)	010					
	2 野菜果物及其の製品	1 野菜	021					
		2 果物	022					
		3 野菜及果物の製品	023					
		計(1-3)	020					
	3 海藻類		030					
	4 魚介肉乳卵及其の製品	1 鮮魚介	041					
		2 塩乾魚介	042					
		3 鳥獣肉	043	貫		貫		貫
		4 牛乳	044	竡		竡		竡
		5 鶏卵	045	貫		貫		貫
		6 其の他	046					
		計(1-6)	040					
	5 調理食料品		050					

申告書通し番号	第　号	品名欄記入行数		申告者	氏名		捺印

内閣統計局

図 6-3 臨時国勢調査申告書(第二号票の一)
出典:近代統計発達史文庫 618

ものの一部である。まず図6-2の第一号票で経営体の名称、開業年月、本店支店の別、企業の組織（個人、会社組織など）、資本金額、営業の種類、経営の形態（小売店、百貨店など）、従業者（年齢別、男女別、地位別、教育程度別）などの、経営体全体に関する情報を調べ、続いて図6-3の第二号票では米、麦、豆類、干饂飩素麺《ほしうどんそうめん》などの品目ごとに卸売、小売の数量と金額、在庫数量について調べている。なお、図6-3で挙げたのは全体のごく一部に過ぎず、このほか繊維製品、金属製品など、三〇〇種類弱の品名が第二号票の二以下に続いている。図6-1「一九三九（昭和一四）年臨時国勢調査における国民消費の系統」にある他の系統についても、第三号票から第八号票を用いて、似たような調査が行われている。これらの調査票を、「購入消費」では卸売商と小売商に、また「自家消費」では農業者、飲食品製造者、物品卸売業者に適用して、物の流通量と在庫を把握しようとしたわけである。

臨時国勢調査の問題点

調査の設計についてはすでに述べたとおりであるが、これに対して、実際に回答する商業者の側はどのような状況であっただろうか。統計局では一九三九（昭和一四）年の初め、何回か職員を派遣して実際に個別の商店に出向かせ、調査にどのように回答できるかについて調べている。その結果は、「復命書（出張報告書）」として残されている。ここでは同年三月に報告された出張報告書から紹介しよう。

まず、表紙には次のようにあり、この出張が山口から九州北部にわたるものであったことがわかる。

> 出張報告書
>
> 命により、昭和一四年臨時国勢調査計画準備に関する取り調べのため、山口、福岡、熊本、大分の四県下に別紙日程により出張いたしました。その概要は別紙のとおりであります。この件につき報告いたします。

昭和一四年三月　日

内閣属　池田寛一（印）

内閣統計局統計官　松田泰二郎（印）

内閣統計局長川島孝彦殿▼33

この資料によると、調査の概要は次のように記されている。

三　調査摘要

甲　指定視察事項

〔中略〕

三　商品の仕入《しいれ》高を仕入帳により各個別に整理している例はきわめて少なく、単におおざっぱに品物の種類と金額を記した程度である

〔中略〕

四　決算棚卸《たなおろし》などをする者はほとんどいない

〔中略〕

九　手持ち商品の調査は可能ではあるが、非常な手間を必要とし相当困難だと思われる

〔中略〕

乙　余録

一　帳簿類の有無

一般的に経営者が老人である店舗では帳簿類を備えず、長年の慣習により仕入れ、売り上げの

仕切りもせず、商売の惰性によって営業している者が多い。したがって商品別売上高の算出は、見込み推定によるしかないようである。また読み書きが不自由でありながら商売をする者もいる

二　商品分類の知識の有無

農漁村の兼業者になると、ほとんどは商品に関する分類知識に乏しく、どの商品がどの分類に入るかについて全く白紙の者がいる

〔中略〕

四　調査員として村役場の吏員《りいん》は不可との見解あり

〔中略〕

〔調査員とする者として〕商業組合員または同業組合員がよいとする者がいた。こうした人々は大体店の様子を知っているので、〔調査対象となる店は〕大きな嘘を書き出せない

〔中略〕

五　申告書の信憑性

〔中略〕時節から〔回答者は〕税金に対する疑惑を深めるため、売上高の七〇パーセントまでくらい申告すればよいほうであろう[34]

このあとに詳細な記述が続き、さらに個別の店舗について、「売上高算出の材料となる帳簿類の有無、ない場合は売上高算出が可能か否か」「決算期は何月か、六月末日から遡る過去一年間の売上高および売上数量は判明するか」「卸・小売を兼営する場合は売上金額および売上数量を卸・小売に区分できるか[35]」など、一五項目の聞き取り調査がなされているのであるが、冗長を避けるため割愛する。

長い引用を短くまとめるならば、帳簿類を備えず、慣習によって商業をする者が多い、また在庫を調べるには膨大な手数がかかる、課税のための調査と考えて売り上げを少なめに申告するであろうなど、調査の末端には、この調査の信頼性を揺るがしかねないような情況が存在したことがわかる。その点で、同業組合や商業組合の関係者を調査員にすれば、一目で見破られるような嘘は書けないだろうという指摘は示唆的である。これはこの調査に限らず、各種の生産調査などについても当てはまることなのだが、戦前の（そして戦後も）生産や流通の調査にあっては、「同時代人で事情を知った人がみて不自然には思えない程度の正確性」が、統計データとして得られる最も質の良いものだった。また、当時の統計局でも、実務レベルの人々はもちろん、統計局長もそうした事情を承知の上で調査を設計していたのである。これらは、私たちが今日、当時の統計データを利用する際に、常に念頭におくべき事情である。

まとめ

ここで、本節でみてきたことを要約しておこう。

本節で問題とした第一の点、すなわち戦時期における国勢調査の大義名分の変化についていうならば、一九三九（昭和一四）年、一九四〇（昭和一五）年のどちらの調査についてみても、紀元二六〇〇年記念行事としての位置づけから、国家総動員体制において、物資や人員をどう配置するかという政策決定の素材という位置づけに変化している。[36]

第二に、国勢調査をより充実させたいという統計学者たちの欲求の表現形態の変化と、それにともなう調査自体の内容変化について述べるなら、統計学者たちは本心では一九二〇（大正九）年の第一回国勢調査の際から、経済的事項についての調査項目を取り入れたいという欲求を持っていた。しかし、第一回目の調査で調査項目を多くして失敗したら、第二回目以降の調査実施がおぼつかなくなるという配慮から、一九二〇年調査では人口に関する八項目に絞ったのであった。しかし、調査を実施する側にも調査対象の側にも、国勢調査への認知が広まったこともあり、一九三〇（昭和五）年の第三回国勢調査の頃には早くも調査項目を増やしたいという意見が表明されていた。その代表は先に紹介した柳澤保恵である。ただ、この項目増加には何らかの大義名分が必要だった。紀元二六〇〇年が三回目の大規模調査年である一九四〇（昭和一五）年に相当するという事実は、統計学者にとって渡りに船であった。彼らはこの年の記念行事の一環として、大規模な国勢調査を実施することを提案した。しかし、現実には日中戦争にともなう国際環境の悪化により、二六〇〇年記念行事はオリンピックをはじめ、次々に中止されてしまう。そこで統計学者たちが次に見いだした大規模国勢調査の大義名分は、総力戦にともなう人員と物資の配置にかかわる基礎資料というものであった。一九三九年臨時国勢調査はその一環として、国民の消費に関して調査をすることになった。その結果、調査は、統計学者たちが本来目指していた全産業に関する調査ではなくなり、商業調査の形をとることになった。商業調査は商工省《しょうこう》が実施を計画していたが、臨時国勢調査は国民の消費を流通面から把握する調査であるというたてまえのもと、統計局は予算の獲得にこぎ着けた。このように、一九三九年と一九四〇年の調査は、大義名分が時代とともに変化し、それによって内容も影響を受け、変化するという道筋をたどったのである。

第三に、実際に行われた調査のあり方からは、一九三九年調査の結果を利用しようとする際に注意しなければならない実態が明らかになった。この調査の正確性は、繰り返しになるが「同時代人で事情を知った人が見て不自然には思えない程度の正確性」だったのである。調査を利用する際に、この点を忘れてはならない。また、当時においても統計局長にいたるまでこの点が認識されていたことは、資料とした「出張報告書〔復命書〕」が統計局長あてであり、そのときの統計局長が、末端の情況に関心の強かった川島孝彦であったことからも間違いない。

さてここで、まとめではないがいくつかの推測を述べておく。なぜ当時の統計学者たちは、このような情況でもあえて調査を実施しようとしたのだろうか。ここには三つの要因が考えられる。第一に、全国統一的な商業調査を、統計学的に「正しい」方法で実施したいという、統計学者の欲求である。この頃まで、商業調査は各地の道府県や大都市、高等商業学校や商業会議所などによって行われてきたが、全国に及ぶ全数調査は行われていなかった。[37]第二に、一九二〇年代以降、国富調査と国民所得調査が行われ、日本経済全体をストックとフローから確認する経験を統計学者たちは持った。その延長線上で、フローの側面でより緻密な統計を得たいと考えたのではないか。第三に、当時の統計局長であった川島孝彦の資質がある。彼はスターリン時代のソ連におけるゴスプランに強い興味を示し、日本の統計もこれにならって集中型に再編し、国家全体としての経済計画を立てるべきだと考えていた。人口調査としての国勢調査とならんで、物の国勢調査をするというのは、この川島の志向によくマッチしている。

これらをいいかえると、当時の日本における統計的な営みを、第二章の図でいうならば第Ⅳ象限内で、より右に位置する方向へ導きたいという統計学者の志向が、日本経済の全体的把握という面でも現れたとすることもできるだろう。

四　総力戦体制下の調査の最末端

本節の目的と対象の限定

本節の目的は、日中戦争以後の戦時期に、統計報告システムがどのような変化をこうむったかを、末端行政組織に着目しつつ、日本と台湾[38]との比較史的視点から描き出すことにある。このことを別の言葉でいうならば、統計報告システムという狭い窓を通じて、両地における戦時体制への移行過程を比較しようということにもなる。

この目的を果たすために、本稿では、京都府何鹿《いかるが》郡志賀郷《しがさと》村と、台北州海山郡鶯歌《おうか》庄を取り上げる。[39]その作業にあたって、以下の三点の制約があることをあらかじめお断りしておきたい。

第一点は、何と何を比較するかということにかかわる。こうした作業をする際、本来、最初に、それぞれの末端組織（村、庄）が属した上級の行政組織である県、州の報告例などの例規が比較された上で、村および庄の位置づけと比較がなされる必要がある。しかし、台北州の報告例はあるものの、京都府の報告例は、この時代については見つかっていない[40]。そこで、鶯歌庄については台北州報告例と対照した林佩欣の論文を参考にするものの[41]、志賀郷村についてはこうした手続きを踏むことができない。

第二点は、取り上げる年の制約である。本来このような作業をするためには、平時から戦時期にかけて各年の資料を連続して読み込むことが必要となる。しかし、そのような作業をし、その結果を展開することは、この短い文章では不可能である。そこで、本節では取り上げる年を以下のように限定することにした。すなわち、志賀郷村では一九二七（昭和二）年と一九三八（昭和一三）年、鶯歌庄は一九二八（昭和三）年と一九三九（昭和一四）年である。これらの年代を選んだ理由は、第一に、一九二七年および一九二八年はいずれも平時に属していること、一九三八年および一九三九年は日中戦争の開戦後に当たり、戦争が次第に総力戦の様相を呈していった時期に属することである。第二に、これらの年の資料の残り方が、他の年と比較して充実していたこともその理由の一つである[42]。

第三は、他分野との、特に政治史、経済史との連携の不足である。統計調査は、いうまでもなく行政事務の一分野であり、それだけを取り出してみることも可能ではある。しかし、本稿のように戦時期移行のありさまをみようという場合、それぞれの地域、年代の政治行政が大枠としてどのようであったか、また経済的営みがどのような状態であったか（たとえば、一九二七年は繭価が暴落しており、養蚕を生業とした志賀郷村は大きな打撃をこうむっていたはずである）というようなことがわかって、初めて統計事務の変化も社会経済史全体の中に位置づけられるはずである。しかし、本稿ではそれらの事項について明らかにするゆとりがなく、単に統計報告システムの比較にとどまることになった。

利用した資料

以上の目的を果たすために、次の資料を利用する。

まず、志賀郷村については、京都府立京都学・歴彩館所蔵、京都府何鹿郡志賀郷村行政文書より、一九二七年および一九三八年にかかる「統計に関する綴」を用いる。次に鶯歌庄に関しては、新北市立図書館所蔵「台北州檔案」より文号八〇（一九二八年）および文号九二、九三（一九三九年）を用いる。なお、志賀郷村、鶯歌庄のいずれについても、その文献の本文に立ち入ることは特別な場合を除いてせず、本節ではこれらの簿冊《ぼさつ》の冒頭に付けられた索引の項目名を用いて議論を進めることとする。項目名を用いるということは、それぞれの地域に調査に該当《がいとう》する事項があるかないかにはかかわらないことを意味する。すなわち、ここで判明するのは、地域社会の実態ではなく、報告システムの実態であることをお断りしておきたい。

		1938年	
		あり	なし
1927年	あり	3	93
	なし	52	

表6-2　志賀郷村　1927年と1938年の項目数の対比
出典：京都府立京都学・歴彩館所蔵、京都府何鹿郡志賀郷村行政文書の1927年および1938年にかかる「統計に関する綴」より筆者作成

京都府何鹿郡志賀郷村の例

志賀郷村については、前述のとおり京都府報告例が残されていないので、これと対比することができない。そこで、一九二七年と一九三八年の統計関係簿冊を直接に比較することになる。この両年の報告項目を比較したのが表6-2である。この表をみると、両年で共通している項目が三項目ときわめて少ないこと、また、年代の古い一九二七年のほうが一九三八年よりも項目が多いことに気づく。

次に、表6-2の各欄に含まれる項目を表6-3にみよう[43]。

一九二七年と一九三八年とを比較すると、一見して簿冊編纂《へんさん》の原則が変化していることがわかる。志賀郷村の一九二七年は、おそらく京都府報告例にあったであろう各

	中分類	項目
1927年と1938年両年にある項目		統計主任会事項、労働統計実地調査の件、会社支店票
1927年のみにある項目	村行政および協議会	市町村有財産、町村吏員《りいん》、町村吏員退隠料《たいいんりょう》受領者、町村書記勤続年数別表、町村会議員各種選挙有権者、文書件数、部落協議費調
	衛生および救恤	種痘《しゅとう》成績表、伝染病予防救済に関する件、伝染病院隔離病舎、済貧窮恤《きゅうじゅつ》施行表、養育に係る棄児《きじ》表、救済事業調査表
	徴税	市町村税賦課《ふか》徴収状況
	土木	土木費総計表、公園
	農業および林業	耕地面積、耕地面積附表、農林省統計（24, 25, 26, 27, 40, 46）、農林省統計食用農産物、工芸農産物其1、工芸農産物其2、農林省統計工芸農産物其3、牛、馬、園芸農産物蔬菜《そさい》花卉《かき》の1、園芸農産物蔬菜花卉の2、園芸農産物蔬菜花卉の3、園芸農産物果実2、園芸農産物果実3、農林省統計園芸農産物果実4、果樹苗、肥料施月高、肥料消費高、麦、麦予想収穫高、桑苗、桑畑、茶畑、鶏、鶩、緑肥用作物、米、水稲作況、米第1回予想収穫高、米第2回予想収穫高、春蚕、春蚕予想掃立《はきたて》枚数、春蚕予想収穫高、夏秋蚕、夏秋蚕掃立予想、夏秋蚕予想収穫高、公私有林伐採《ばっさい》、公私有林天然造林《ぞうりん》、公私有林人工造林、公私有林用苗木、林野産物、公私有林野被害
	製造業および流通	綿織物産額表、統計報告牛乳他10件、晒《さらし》及染物、蚕網《さんもう》、藁《わら》製品、商工省統計第6より第25迄、府産業統計第2より第11迄、府産業統計自12至33、木製品、瓦《かわら》及土管、竹製品、挽物指物履物《ひきものさしものはきもの》類、表装類、寒天、1売薬及清涼飲料水、1工業用薬品、醸造物類、飲食物雑類、船及車輛、諸車、澱粉《でんぷん》、製藍、製茶
	水産業	水産養殖、漁船、沿岸漁獲物
	教育	学齢児童表、小学校教員住宅表、授業料を徴収する小学校表、公学資産表、公学費表、補助申請書
	その他	公債社債調、石材土石、民有地統計、小船、船舶、生産物総価格
1938年のみにある項目	統計行政	昭和12年度統計費補助指令、昭和13年度調査報告方の件通知、昭和13年度米生産統計改善費補助申請の件、昭和13年度米生産統計改善費増額に関する件、産業統計調査員会開催の件通知、現勢一覧作成に関し注意方の件、資源調査に関する件、資源調査に関する件回答、優良統計関係者調査に関する件、昭和14年用統計調査原簿注文、統計打合会の件通知、統計打合会協議問題、統計事務視察の件通知、統計関係者名簿に関する件
	労働統計実地調査その他労働	労働調査員及労働副調査員内申書、臨時労働統計調査事務取扱方の件、労働調査員会開催の件、労働調査員依頼方の件、労働調査用紙送付の件、労働調査実地調査事務検閲《けんえつ》の件、臨時労働調査書提出の件、失業状況推定月報用紙の件、失業状況推定月報に関する件、失業状況に関する件
	農家調査その他農業	農家調査打合会の件通知、農家調査に関する件、農家調査に関する件回報、農家調査事務視察に関する件、農家調査報告、昭和12年中主要産物其他調、昭和13年度米作付《さくつけ》状況調の件、支那事変の農林統計に及ぼしたる影響の件、支那事変の農林統計に及ぼしたる影響の件報告、馬及牛豚統計の取扱方に関する件
	林業および製造業	民有人工造林地の現況調の件、民有人工造林地の現況調の件回報、社寺林調査の件、豚生産状況調催告本村予算書送付の件、工場票送付、漆器其他統計の件
	その他	戦捷第一年の春を迎えて、昭和12年中官公署に於けるメートル法実行調、協議費調査方の件、本村内戸数其他に関する調べ、原料材料及代用品調査催告、原料材料及代用品調査該当事項なき旨回報

表6-3　表6-2に含まれる項目の内訳
註　志賀郷村文書より筆者作成。中分類は筆者が適宜与えたもの

項目を列挙して、その項目に対する回答を編綴《へんてつ》している。しかし、一九三八年ではそうした項目の列挙は、農業および製造業の一部を除いてほとんどなくなり、むしろ各種の統計調査事務に関する項目が増えている。[44] 統計行政の進め方や打ち合わせ会などの諸会議に関するものも多い。ここでこの一九三八年の簿冊に現れてくる調査統計[45]の内容を簡単にみておこう。まず、労働統計実地調査は一九二四（大正一三）年にはじまった調査で、各職能別の労働者の配置や賃金水準、労働時間などに関する統計である。[46] 一九三八（昭和一三）年に行われたその臨時調査は、おそらく日中戦争が総力戦化するにともない、労働力の再配置が必要になって実施されたものであろうと思われる。農家調査もまた、応召《おうしょう》などで労働力が引き抜かれる農家経営の実態を明らかにしようとしたものと思われる。「支那事変の農林統計に及ぼしたる影響の件報告」などという文書も編綴されており、これは調査員が応召で欠員になっていないかどうかに関する調査を中心にしている。以上のように、この時期の志賀郷村の統計行政は、日中戦争の総力戦化によって大きな影響を受けはじめていたことがわかる。簿冊の冒頭におかれた「戦捷《せんしょう》第一年の春を迎えて」には、以下の文言がみられる。

戦勝第一年の春を迎えて
遙かなこの土地から天皇陛下の軍隊の武運が久しいことを祈り
聖戦を戦っている将兵のご労苦に感謝し
輝かしき国威を高める
新年をお祝い申し上げます
時局下にあってきわめて多忙のとき、みなさまの日頃のご努力に対し厚くお礼申し上げます
さて本村の統計事務については、熱心で誠実な皆様の絶え間ないご活動により、おかげさまで昭和一二年中

の諸報告を完結し、いまや戦時体制下において挙国一致の国民精神総動員運動に協調するべき時期に、わが国の国策遂行上、最も重要性があるこの統計事務の新年度に入るとともに、将来なお一層のご援助を賜りたくお願い申し上げます

まずは年頭にあたってご挨拶とともに厚くお礼申し上げる次第です

敬具

昭和一三年元旦

志賀郷村役場

統計係　相根吾左衛門

統計調査員

○○○○○殿[47]

この文書は、村役場の統計係から村内の統計調査員全員にあてて出された年始の挨拶である。この文言からも、統計調査が、村という末端行政組織のレベルでも、総力戦の銃後で社会を支える道具ととらえられていたことがうかがわれるであろう。これに類する文言は、府知事訓示などの形で、この簿冊の中に繰り返し現れてくる。話を先取りして述べるならば、このような文言は、鶯歌庄の統計関係文書には一切現れない。

台北州海山郡鶯歌庄の例

志賀郷村と比較したとき、鶯歌庄の様子はだいぶ違っている。

はじめに、台北州報告例と鶯歌庄による報告との関係について、上述の林佩欣の論文によりながら概観しておこう。林によると、一九二三（大正一二）年の段階では、台湾総督府《そうとくふ》報告例が要求する報告のうち、庄が報告し

たのは六三項目に過ぎなかったが、一九三九年にはこの数が大幅に増加したという。その理由を林は、一九二四年に統計調査員が設置されたことに求めている。また、一九三九年の文号九二「統計関係書類綴」と台北州報告例を対比した結果、報告例が求めている報告一二九のうち、庄が報告している項目は一〇〇であり、そのほかに、報告例にない項目が三七あるという。逆に、報告例にあって、庄が報告していない項目は二九ある（表6－4）。

台北州は総督府報告例を参考にして州報告例を編纂しており、さらにこれを受けて海山郡が郡報告例を編纂したと考えられるが、郡報告例は残されていない。もしも郡レベルの報告例と庄の報告とを対比したならば、おそらく両者の乖離《かいり》は小さくなるであろう。上級機関から要求されない項目を末端行政組織レベルでわざわざ調査するというのは、よほど異例のことだろうと推測されるからである。

次に、一九二八年と一九三九年の統計関係資料に出てくる項目を比較することにしよう。

まず、一九二八年の報告件数は一一五件であり、一九三九年の報告件数は一七六件である。両者に共通して現れる項目は七〇件、一九二八年のみに現れる項目は四五件、一九三九年のみに現れる項目は一〇六件である。この約一〇年間で、これだけの項目が入れ替わっていることになる（表6－5）。

それではその内訳は、どのようであろうか。その項目を列挙したのが、表6－6である。これをみると、三点の特徴が指摘できる。

	項目の有無	報告単位	鶯歌庄文書文号 92	
			あり	なし
台北州報告例	あり	庄	93	29
		その他	7	
	なし		37	
	項目番号不明		1	

表 6-4　1939 年の州報告例と鶯歌庄統計文書（文号 92）の対照
出典：林佩欣（2019）を日本語訳

		1939 年	
		あり	なし
1928 年	あり	70	45
	なし	106	

表 6-5　鶯歌庄　1928 年と 1939 年の対比
出典：新北市立図書館所蔵「台北州檔案」の文号 80、92、93 より筆者作成

	中分類	項目
1939年のみにある項目	庄行政	戸数人口調、職員及奉給、土地売買価格調査表、庄協議会員種族別、庄協議会員職業別、庄協議会員年令級並に国語解否、市会議員及街庄協議会員選挙、市会議員及街庄協議会員種族別、土地売買価格調査表、庄職員調、戸口調査簿閲覧に関する件
	庄協議会	街庄協議会員選挙人名簿登載人員、選挙名簿縦覧者人、街庄協議会員選挙期日、街庄協議会員選挙立会人、街庄協議会員立候補者、街庄協議会員選挙人名簿に対する異議及不服申立《もうしたて》、街庄協議会員選挙人、街庄協議会員選挙投票者、街庄協議会員選挙無効投票、街庄協議会員選挙場退出者、街庄協議会員選挙投票、街庄協議会員選挙投票権者及当選者、街庄協議会員選挙得票、街庄協議会員職業別、街庄協議会員当選辞退者並に補充次点者、街庄協議会員年令級並に国語解否、街庄協議会員種族別
	衛生および救恤	血清予防内服薬使用高、公設産婆《さんば》及取扱産児、市場及処分件数、墓地火葬場及埋火葬、トラホーム検診成績、寄生虫検査成績、寄生虫駆除《くじょ》成績、トラホーム治療成績、街庄費支弁衛生費決算、窮民救助、公立学校医
	徴税	地租納額別人員、台湾地方税規則第66条の控除額、戸税課税標準調査成績生産額、庄税納税成績、州税納税成績、国税納税成績、戸税課税標準調査成績資産状況、庄戸税負担額調
	土木	道路及橋梁、公園施設物異動、水道の経常収支並に水管状況、小規模水道、水道の事務及給水状況並に水質試験
	農業および林業	肥料、バナナ鳳梨及柑橘類、龍眼檨仔其の他、各種茶統計に関する件、米穀の用途別消費高、甘蔗、水田利用蔬菜栽培に関する件、水陸稲品種別分佈状況調の件、家畜の生産、家畜の死亡、木炭生産並在荷量調、造林、森林副産物
	製造業および流通	澱粉、金銀紙、機織、皮革製品、水産製造物、菓子類、機械器具、清涼飲料水、再製茶、粗製茶、金属製品、履物《はきもの》、藁《わら》製品、各種工産物、豚肉加工品、工業生産総額、食料品小売市場、会社の支店出張所調の件
	水産業	漁船及乗組員、遭難漁船乗組員、遭難漁船損害高、遠洋漁業、沿岸漁獲物、水産養殖
	教育	年度初め管内教育概況、昭和13年度学齢児童通知の件、昭和13年度学齢児童調査に関する件、昭和13年度学齢児童名、学齢児童大字別人数調送付の件、昭和13年度末に於ける学齢児童調査、昭和13年度末学齢児童調査に関する件、本島人学齢児童年令別

表6-6　表6-5に含まれる項目の内訳

註　鶯歌庄文書より筆者作成。中分類は筆者が適宜与えたもの

	中分類	項目
1928年と1939年両年にある項目	庄行政	職業、庄職員調、行旅病人《こうりょびょうにん》救護及行旅死亡人取扱、庄歳入歳出当初予算、鶯歌庄《おうかしょう》歳入歳出決算、庄税率、庄特別税戸税負担額調、庄有財産、庄戸税割負担額調、庄税滞納《たいのう》処分
	教育	小公学校授業科、小公学校教員宿舎、内地人学齢児童、本島人学齢児童、学齢児童中盲《もう》者及聾唖《ろうあ》者、教育に関する資産、教育に関する歳出歳入
	土木	坑道及隧道《ずいどう》用枕木及使用高、水道経営機関並に職員、鶯歌庄営繕《えいぜん》工事、鶯歌庄土木工事
	農業および林業	田畑面積、籾摺《もみすり》及精米、農業戸口、農産物、藺蓆《いむしろ》、蔬菜、甘蔗統計資料調査に関する件、緑肥作物、肥料、茶畑、香花農作物、木藍畑及藍、牧場、牛畜市場、家禽、家畜、養蚕《ようさん》、林業者、竹林筍籜生産、薪炭生産及消費、民行造林及営苗圃調査の件、森林伐採
	製造業	紙、蓪草紙《つうそうし》、機織、帽子、醬油及味噌、穀粉、木製品、石灰、蜜餞及罐詰、植物性油及油粕《あぶらかす》、鉄工、金銀紙線香、籐《とう》細工、竹細工、製革、再製茶、染色、麺類、下駄及草履、煉瓦及瓦、陶磁器、石炭並に骸炭《がいたん》の購入及消費高
	貴金属	金銀細工及歯科医金銀使用高
	水産業その他	組合、遭難漁船隻数、水産業者
1928年のみにある項目	報告の提出方	風水災害（即報、臨時報）、年報提出に関する件
	庄行政	鶯歌庄歳入出予算追加更正に依る増減（昭和2年度）、借入金償還
	教育・文化	教務所説教所布教師及信徒、本島の旧慣に依る寺廟《じびょう》、幼稚園
	農業および林業	田収穫調査に関する件、稲作付《さくつけ》（第1期作）、稲作付（第2期作）、米（第2期作）、米、米作予察（第1期作）、米作予察（第2期作）、各種物産、果実、果実ノ2、粗製茶（夏）、粗製茶（秋冬）、粗製茶（冬）、木材産出、籐産出、森林収入、林業就業者賃銀（昭和2年度下半期）、林業就業者賃銀（昭和3年度上半期）、林野面積、森林伐採面積
	製造業および流通	飴《あめ》、工場票及会社票送付の件、市場、鶯歌庄物価調査表、会社票
	水産業	水産製造物（2年度下半年）、水産製造物（3年度上半年）、養殖収穫物、養殖物面積、漁船及漁具、水産漁獲物（昭和2年度下半年）、水産漁獲物（昭和3年度上半年）
	その他	土地売買価格調査表（12月末日）、土地売買価格調査表（3年6月末日）

第一に、一九三九年のみに現れるものの中で、中分類を仮に「庄協議会」「教育」としたもの以外は、この調査の背後にある州（あるいは郡）報告例の改訂によって増えたもののように見受けられる。

第二に、いずれにしても「農業および林業」ならびに「製造業および流通」とした項目を合わせてみると、一九三九年において、一九二八年と比して格段に項目が多くなっている。

第三に、「庄協議会」および「教育」とした項目について、前者は一九二八年には全くなく、一九三九年に初めて現れ、後者は一九三九年のほうが格段に詳しくなっている。

第三点のうち、庄協議会が新たに加わったのは、林によれば、一九三五年から庄協議会の選挙が行われるようになったという制度変化の結果であるという。教育関係が詳しくなっている理由については、担当者による分類ミス（「学事」の簿冊に入るべきものが誤って統計の簿冊に入れられた）か、あるいは何らかの制度的変化によるものの可能性があるが、いまのところ断定はできない。

以上のようにみてくると、鶯歌庄では、一九二八年から一九三九年の間に、報告の項目が増え、また行政制度の変革により新しい項目が加えられたとはいえ、個別の報告項目が簿冊の索引にならぶ形式に変化はなく、おそらく州の報告例にしたがって報告している点も変化していないのではないかと思われる。これは志賀郷村と大きく異なる点である。

戦時期移行の日台比較

試みに、一九二七年の志賀郷村と一九二八年の鶯歌庄の調査項目を対比してみると、表6－7のようになる。

ここで、両地ともに「あり」の項目数が志賀郷と鶯歌でそれぞれ二五、二四と異なっているのは、項目が一対一対応しない場合があるからである。たとえば、志賀郷村で「学齢児童表」となっている項目が、鶯歌庄では「内地人学齢児童」「本島人学齢児童」の二項目に対応していたり、逆に鶯歌庄で「家畜」と一括されている項目が志賀郷村では「牛」「馬」の二項目にわたっていたりするようなケースがいくつかみられるのである。[48]
　日本と台湾の両地で、村や庄といった末端レベルの統計報告事項がここまで一致するのも、実は不思議なできごとではない。なぜなら、戦前の道府県では、中央省庁からの報告指示を、道府県レベルで総括・編纂して、それぞれの管轄《かんかつ》に関する「○○県報告例」などの形にまとめて管下の諸組織に報告を求めていたのであるが、その報告例は道府県間で共有され、デファクト・スタンダードができあがっていたからである。そして、そのデファクト・スタンダードに対して、各地で独自の事項を加えてその道府県固有の「報告例」が編纂された。実は台湾総督府も、このような道府県間のやりとりの一環に含まれていたのである。
　そして、志賀郷村では一九三八（昭和一三）年になると、一九二七（昭和二）年から簿冊の編成の方法がシステマチックに変化していたのに対し、鶯歌庄では、一九三九（昭和一四）年にいたっても一九二八（昭和三）年と同様の方針で統計関係の簿冊が編成されていた。日本本土について、この変化を説明するのはそう難しいことではない。一九三七（昭和一二）年に日中戦争がはじまり、日本は戦時体制に突入するとともに、時期を同じくして近衛《このえ》文麿《ふみまろ》内閣による「国民精神総動員運動」が展開されていた。さまざまな統計報告が、この動きにしたがう形で再編成されたことは想像に難《かた》くない。また統計調査の現場においても、調査員や農家労働力の応召による、人員配置の変化が起こり始めており、統計調査もこの現象を把握するために再編成されていったし、調査事務のあり方も、省力化の方向で変容していったとみられるのである。
　これに対して、鶯歌庄で一九二八年と一九三九年の間に、統計関係文書の編成方法が基本的に変わらなかったことを説明することは難しい。もちろん、統計以外に

		志賀郷村　1927 年	
		あり	なし
鶯歌庄 1928 年	あり	志賀郷 25	88
		鶯歌 24	
	なし	68	なし

表 6-7　志賀郷村と鶯歌庄の比較
出典：京都府立京都学・歴彩館所蔵、京都府何鹿郡志賀郷村行政文書より 1927 年にかかる「統計に関する綴」、および新北市立図書館所蔵「台北州檔案」の文号 80 より、筆者作成

日を転じれば、台湾でも一九三七年から台北州で国語家庭[49]の制度がはじめられ、一九三九年には皇民化政策が開始、一九四〇年には改姓名もはじまるなど、戦時期にあたって台湾住民をより強力に統制しようとする政策は行われていた。しかし、統計報告に関しては、文書の編成のしかたからうかがわれるかぎり、戦時体制移行の影響はほぼないといってよいのである。

　では、志賀郷村と比較したときの鶯歌庄の特徴を、あるいは、日本本土と比べたときの台湾の特徴を、あえて説明するとしたら、どのような要因が考えられるだろうか。以下、三点、推論をしてみる。

　第一に、日本では戦争の影響が徴兵による労働力の配置の変化などの形で直接に現れたが、台湾では、台湾人は徴兵の対象になっておらず、そのようなことがなかった。このため、志賀郷村にみたような、労働力に関する調査をあえてする必要がなかったと考えられる。

　第二に、台湾が、第一点にみたように兵士の供給基地としてではなく[50]、物資の供給基地として位置づけられたとみられることである。このため、日本と違い、従来の生産物調査に新しい項目を追加していく形で、生産物調査の充実が図られ、その結果、統計報告のシステム自体は変更する必要がなかったのではないかと考えられる。実際、一九二八年から一九三九年にかけて、調査項目は一一五項目から一七六項目に増加している。このうち庄協議会関係の一七項目、学校関係の一六項目、計三三項目を除くと、物産を中心とした項目は二八項目増えたことになる。

　第三に、上記二つの点よりも蓋然《がいぜん》性は低いが、台湾は「外地」であり、日中戦争の「銃後の備え」がなされるべき土地とは考えられていなかったと思われる。台湾に関しては、むしろ、中国との戦争に際して、辛亥革命のときのように中国に呼応する人々が現れるのを当局は警戒した可能性もある。そのことが国語家庭や、皇民化、改姓名などの同化政策の強化につながったとみることもできるだろう。この場合、統計報告制度はそうした同化政策とはやや離れた位置にあり、これを積極的に改変するインセンティブを、台湾総督府は持たなかったのではないだろうか。

以上を一言でいうならば、同じ帝国版図内にあって、日本と台湾とでは、戦時期に果たした社会的・経済的役割が異なっており、その違いが統計報告制度の進路の違いとして現れたということになろう。

五　おわりに

本章で見いだされた事実を、簡単にまとめておこう。ここでは、視点を三つの人間集団に向ける。第一は統計学者集団、第二は国家指導者集団、第三は行政末端の村や庄といったレベルの役場の吏員集団である。

順序は前後するが、本章第二節でみたのは第二の人間集団のありようを俯瞰的に示すものといってよい。国内経済は統制経済とし、植民地は当然のこととして、中国をはじめとする外国に関する統計をも編成して、来るべき「大東亜共栄圏の建設」に備えようとする姿勢である。ここで統計というとき、各省庁がてんでに統計を収集しているのであって、そこに統計学者の関与は少ない。第二章の図でいうならば、第Ⅲ象限と第Ⅳ象限のはざまに位置する統計的営みといってよいであろう。

第三節でみたのは、第一の人間集団である統計学者が自己の欲求を実現するにあたり、第二の人間集団に対してどう大義名分を立てるか、そのあり方の変化と、これにともなう調査自体の内容変化についてであった。統計学者たちは国勢調査における調査項目を増やしたいという希望を持っていたが、それを実現するための大義名分として、最初に「紀元二六〇〇年」を掲げた。そしてその後の日中戦争の長期化、総力戦化にともない「紀元二六〇〇年」が意味を失うと、これを「総力戦のための基礎資料」と変化させていった。調査は人口（一九四〇年調査）と、農業、工業、商業調査（一九三九年）に分かれたが、後者のうち、農業と工業については、調査の大義名分が経済統制、配給などの基礎資料としての「国民消費の実態把握」へと変化するにともない、脱落した。そのため、一九三九年調査は実質的には商業調査として実施されることになった。これは、第二章の図でいえば、統計的営みを第Ⅳ象限方向に移動させようとする統計学者たちの動きだったと考えられるが、その際に、統計学者が大義名分とした言葉の変化にともなって、統計学者が具体的に行う調査内容が変化する現象がみられることに、もう一度注意を促しておきたい。ここでは、形式と内容が相互に関係し合って変化している。

第四節でみたのは、上記のような動きが、調査の担い手である末端地方公共団体にどのような影響を与えたかということであった。その影響は日本と台湾とで異なっており、日本では一九二〇年代末から一九三〇年代末にかけて統計業務の内容が大きく変化して、統計編成業務の省力化と、応召によって脱落した統計担当の人材をどう再配置するかなど、総力戦下の社会に固有の問題が表面に現れていた。これに対して台湾では、このような問題は顕著ではなく、生産統計を充実させる動きが顕著であった。この相違は、戦線に対する銃後として、人員の供給基地と位置づけられた日本の末端地方公共団体と、物資の供給基地としての位置づけが強化された台湾の末端地方公共団体との違いであったと思われる。

日本の統計制度は、一九四〇年代に入ると、戦局の悪化にともない、体系的な調査が行われなくなり、戦時動員にともなう調査末端の市町村レベルでの人員の脱落などもあり、全体として、統計編成システムとしての態をなさなくなっていく。『帝国統計年鑑《ていこくとうけいねんかん》』が一九四〇年版を最後に休刊したのは、その象徴といえよう。一九四〇年国勢調査も、調査票の収集までは行われたが、分類集計と製表作業は戦後になるまでなされなかった。統計編成のシステムが再建されるのは、戦後一九四七年に統計法が公布され、これに応じたシステムが立ち上がってくるのを待たねばならなかった。その時期を具体的に述べるのは難しいが、国勢調査の大規模調査に当たる一九五〇年国勢調査が実施された頃を目安としてよいのではないだろうか。

註

▼1 アウタルキー Autarkie とは、自給自足経済を示す。例を当時の日本にとれば、日本は鉄鉱石やボーキサイトなどの金属資源、石油、上質の石炭などの天然資源を欠いており、他国との貿易に頼らなければ経済の再生産が不可能な状態であった。そこで、朝鮮、満洲、中国、台湾、東南アジアなどを勢力下におき、こうした物資を他国に頼らなくとも自給自足することができることを目指したのである。

▼2 佐藤正広（二〇〇二）『国勢調査と日本近代』岩波書店、第二章。

▼3 佐藤正広（二〇〇二）、第九章。

▼4 一橋大学経済研究所附属社会科学統計情報研究センター所蔵、近代統計発達史文庫四三「大正十年～昭和五年　関係書類　中央統計委員会」より。なおここで内藤が一項追加したいといっているのは、経済に関する項目ではなく、疾《しっ》病《ぺい》に関する項目である。原文は以下のとおり。

> 我国勢調査項目の事に就ては準備委員会評議会にて評議せられ尚内外諸国事例等に至る迄後研鑽深き閣下御高見の在らせられることとて末輩卑見の申上る余地もなく只管恐縮には候得共予て大正九年の夏評議委員会に於て（私共より）調査項目に関する建議案を提出し満場一致の決議に至り之を政府に提出せられあり其旨旁以て来る第二回国勢調査項目にせめては今一項にても追加して

▼5 国勢調査には、西暦末尾の数字が〇で終わる年に実施される「大規模調査」と、末尾が五の年の「簡易調査」がある。

▼6 戦争に際して、戦線にあって敵と直接対峙している人々に対して、本国にいてそれを後方支援している人々を「銃後」と呼んだ。

▼7 一九四〇年調査の当初計画と、一九三九年調査の分離のいきさつについては、佐藤正広（二〇一五）『国勢調査　日本社会の百年』岩波書店、第三章を参照。

▼8 総理府統計局編（一九八三）『総理府統計局百年史資料集成』第二巻（人口　中）、五一九-五二〇頁。原文は以下のとおり。

三　調査事項

（一）人口に関する調査

各人毎に左の事項を調査す

1　氏名

2　世帯に於ける地位

3　男女の別

4　出生の年月日

5　配偶の関係

6　婚姻の年月日

7　出生児数

8　職業

職名、地位、従業の場所

9　産業

10　副業

12　失業

13　兵役

14　民籍別、国籍別

（二）産業に関する調査

各産業経営毎に左の事項を調査す

甲　農業経営

1　世帯主の氏名及其世帯人員又は経営主の氏名

2　経営の種類

3　経営形態

4　経営を始めたる年月
5　従業人員
6　経営土地面積
7　農具
8　家畜及家禽
9　肥料

乙　水産業経営
1　世帯主の氏名及其世帯員又は経営主の氏名
2　経営の種類
3　経営形態
4　経営を始めたる年月
5　従業人員
6　漁船及漁具

丙　鉱業経営
1　世帯主の氏名及世帯人員又は経営主の氏名
2　経営の種類
3　経営形態
4　経営を始めたる年月
5　従業人員
6　原動機
7　作業機

丁　工業経営
1　世帯主の氏名及其世帯人員又は経営主の氏名
2　経営の種類
3　経営形態
4　経営を始めたる年月
5　従業人員
6　原動機
7　作業機
8　経営部門
9　組合関係

戊　商業経営
1　世帯主の氏名及世帯人員又は経営主の氏名
2　経営の種類
3　経営形態
4　経営を始めたる年月
5　従業人員
6　原動機
7　作業機
8　組合関係

己　交通業
1　世帯主の氏名及其世帯人員又は経営主の氏名
2　経営の種類

3　経営形態
4　経営を始めたる年月
5　従業人員
6　設備

▼9　総理府統計局編（一九八三）、五七五 - 五七六頁。なお、ここでいう「小委員会」とは、統計局内の人口課に設けられたものであろう。

▼10　総理府統計局編（一九八三）、五七八 - 五八〇頁。

▼11　『国勢調査評議会』（書誌事項なし）八六 - 八八頁。原文は以下のとおり。

第二回以後の国勢調査に在りては単に今回定めたる調査の範囲に止めず更に進んで国家諸般の重要事項を調査して以て永久定例の大業の根基を定めたる国勢調査法の目的を貫徹せむことを期すべし

▼12　総理府統計局編（一九八三）五二七頁。原文は以下のとおり。

此の次の国勢調査は、是までの人口調査式の調査範囲にするか、或はもう少し範囲を拡めて、名実共に国勢調査と言ふ名前に叶ふやうな調査にする方が宜しいか、是は、中央統計委員会の是までの会議に於て、国勢調査の話が出る毎に問題になり、此の前の時にも問題になりましたが、殊に、先達亡くなられた柳澤〔保恵〕委員の如きは、熱心に、此の次の国勢調査は其の範囲を拡げて、人口調査式の調査以上に、農工商等各種の産業に亘って大規模の調査にするが宜からうといふ意見を述べられて、縷々言をなされたことを、私は記憶しておるのでありま す。私も同じやうな意見を陳べたことがありますす

▼13　柳澤保恵（一九二六）「第三回国勢調査に関する希望」『柳澤統計研究所月報』一七号、一頁。原文は以下のとおり。

大正十九年十月一日は第三回国勢調査の実施期であるが第一回国勢調査より起算して正に十年目に当る故昨年実施せられた簡易なる中間調査でなく充実したる事項の調査を実施せらるべきであると思ふ、第二回の簡易調査に於ては主として人事に関する事項のみを調査したのは申す迄もないが第一回に於ても繁簡の差こそあれ矢張専ら人事に関する事項と職業が加はった調査であった、大正十九年の調査が若し是と類似的に立案さるるならば吾人の甚満足し能はざる所で、少くとも産業調査に関する事項をも加ふべきであると思ふのである。此の事に関しては嘗て吾人は当局に向って力説した事があったが、当時本事業は我国に於ては始めて全国的に均一に実施するので国民一般に経験を有せざるが為め調査上の誤解等を虞れ結局八項目に限る事となった、しかし第三回の調査は国民も当事者も既に二回の経験を有する事である故是非産業に関する事項を加ふる事にしたいと思ふのである。

▼14 無作為抽出ではなく、有意抽出であった。

▼15 のちに装いを変えて、千葉県佐倉市に国立歴史民俗博物館として戦後に実現した。

▼16 一般国民向けには、一九四〇年国勢調査に関しては紀元二六〇〇年を記念する旨の宣伝が行われ続けた。

▼17 一橋大学経済研究所附属社会科学統計情報研究センター所蔵、近代統計発達史文庫六二四より。原文は以下のとおり。引用は傍線部分。

〔一九三九年〕

臨時国勢調査に就て

川島内閣統計局長ラヂオ放送原稿

昭和十四年五月四日午後七時半より十分間

今年の八月一日に全国に亘って臨時国勢調査が行はれます。国勢調査と申しますと、皆様御承知の通り、日本全国の人の数や、男女の別や、年齢や、職業を調査するのでありますが、今年の国勢調査は、従来の国勢調査とは異り、臨時特別のものでありまして、調査の内容も非常に違って居ります。一口に申せば、今回の国勢調査は「消費の国勢調査」又は「物の国勢調査」とでも言ふべきものであって、我国民の衣食住の生活に入用なものが、一ヶ年どれ位であるかと云ふことを調べるのであります。何故こう云ふ国勢調査をしなければならぬかといふ訳は、後で申上げることと致しまして、先づ今回の調査の大体の輪廓を御話し致します。〔中略〕皆様も御承知の通り、支那事変は一昨年の七月に勃発したのでありますが、其の事変の当初に於きましては、必ずしも現在のやうな、長期建設と云ふ特殊な心構へはいらなかったのであります。事件の不拡大と云ふのが我国の方針でありました。戦況の進展につれて、それが全面的の抗争に変わりましても、尚暫くは、今次事変の終局について、そう遠い将来のことを、考へなくてもよい状況でありました。然るに昨年の春頃になってからは、今回の支那事変の本当の姿と本当の意味とが漸次明瞭になって参りました。我国は単に蔣介石一派の排日抗日の運動に対して、之を挫くために戦って居るのではない、支那の背後にあって、之を尻押して我日本及東亜諸国の正当な発展を妨げやうとする国々に対して、我国の正当な主張を認めさせやうと云ふ一大事業に一歩を踏み出したものであることが判って参りました。その結果、今次事変の終局に付ても、仲々見通しがつかなくなり、又今後我国が事変を処理して行く上に、容易ならぬ相手が出て参りました。今こそ我々国民は、しっかりと腰を据へて、この事変の長期対策を実行して行かねばならぬ場合に立ち至ったのであります。そこで此の長期建設の実行に当りまして、一番問題になるのは我国の物資の問題であります。我国の物資は、余り豊でないところへもって来て、今後長期建設の為に要る物資は、仲々多いのであります。此の物入りを国内の経済の遣り繰りに依って賄って行く様にするには、仲々容易でないのであります。外国から借金をして、それによって、入用のものを調へると云ふ途のない我国の現状では、政府に於て、軍需産業の生産拡充の計画を樹てる上に於ても、不急産業の生産制限の計画を樹てる上に於ても、又貿易の振興の計画を樹てる上に於ても、其の結果が多かれ少かれ、凡べて国民の経済生活に響いて参ります。ある計画が国民の日常生活に如何に影響するかと云ふことを見極めないでは、所謂行き過ぎ行足らずの如き混乱や齟齬を来すのであります。又消費節約の国民運動を起す場合でも、其の節約方面を何れに選ぶべきか、又節約に依る物資の余裕は、如何程あるかと云ふやうな点に、はっきりした見通しがなければ、具体的の実行計画は樹ち難いのであります。

▼18　一橋大学経済研究所附属社会科学統計情報研究センター所蔵、近代統計発達史文庫二一九より。原文は以下のとおり。引用は傍線部分。

〔社団法人日本放送協会　放送ニュース解説九七　昭和一五年六月一日発行〕

来る十月実施の国勢調査

本年は法律の定むるところに依り、今週十月一日に、国勢調査が施行せられるのであって、之に就いて、二十五日の官報で勅令たる昭和十五年国勢調査施行令以下の関係規則が公布せられたのを機会に、今回の国勢調査に就いて解説を試みやう。

今回の国勢調査は、大正九年、大正十四年、昭和五年、昭和十年に続いて行はれる五回目の定期調査であって、本年は、恰も皇紀二千六百年に該る年でもあり、我国で初めての戦時下の調査でもあるから、従来の国勢調査とは調査の範囲、方法等が相当異って居るのである。即ち、従来の平時の国勢調査では、調査の時期に帝国版図内に現在する総ての人を洩れなく調査するといふのが其の根本であったが、戦時下の今回の調査では、帝国版図内に現在居る人だけに限定せず、国防の第一線に在る軍人軍属等にも調査の範囲を拡め、かくて戦線銃後を通じて帝国臣民の実状を明かにすることにしたのである。

調査事項は、氏名、世帯に於ける地位、男女の別、出生の年月日、配偶の関係、所属の産業及職業、指定技能、兵役の関係、出生地、本籍地、民籍又は国籍の十一項である。

▼19　実際には、一九四〇年の調査は戦局の悪化もあってすぐには集計されず、戦後一九六〇年代になって最小限の項目を、日本の本国についてのみ集計、公刊された。また、台湾においても、戦後、中華民国がこの調査の個票を集計し公刊している。

▼20　一橋大学経済研究所附属社会科学統計情報研究センター所蔵、近代統計発達史文庫二五六より。原文は以下のとおり。

昭和十四年臨時国勢調査に於ては工業及国民の消費に関する調査を施行す

▼21　一橋大学経済研究所附属社会科学統計情報研究センター所蔵、近代統計発達史文庫二五六より。原文は以下のとおり。

我国現時の工業界に於ける重要工業の生産に必要なる設備及労働者の実状を審にする統計を得て以て国家の生産力拡充其の他の対策の立案及実施に資せんとす

▼22 一橋大学経済研究所附属社会科学統計情報研究センター所蔵、近代統計発達史文庫二五六より。原文は以下のとおり。

既存の資料（例へば生産統計等）を以てしても或る程度の必要を充し得るに非ずや

▼23 一橋大学経済研究所附属社会科学統計情報研究センター所蔵、近代統計発達史文庫二五六より。原文は以下のとおり。

昭和十四年臨時国勢調査に対しては主計局の意見は相当強硬なる趣大蔵省会計課長より補足ありたり

▼24 一橋大学経済研究所附属社会科学統計情報研究センター所蔵、近代統計発達史文庫二五六より。原文は以下のとおり。引用は傍線部分。

昨年七月支那事変の勃発を見るに及び、之に即応する国策の樹立並に実施に必要なる基本的統計資料を、急速に整備することが、緊切の要務と相成って参りました。そこで政府は、昭和十五年の次回国勢調査を待たずして、臨時戸口勢調査を昭和十四年に施行せんと計画した次第であります。而して時局に対応して、政府の計画樹立すべき国内対策の基礎となるべき重要なる資料は、種々あらうと存じますが、就中、国民の消費の実状を審かにし、其の資料を整備することが特に緊要であると認めまして、今回の調査に於きましては、国民の消費に関する調査に、其の重点を置いたのであります。

▼25 一橋大学経済研究所附属社会科学統計情報研究センター所蔵、近代統計発達史文庫二五六より。原文は以下のとおり。

委員会経費を含む改訂概算書との比較上必要に付昭和十四年国勢調査の当初（十月四日改訂提出）概算書に委員

会経費を挿入し総額を変更なき様に改訂の上至急提出する様申越あり

▼26 一橋大学経済研究所附属社会科学統計情報研究センター所蔵、近代統計発達史文庫五五五より。原文は以下のとおり。

国民の消費生活に要する物資の数量、金額及其の地域的分布の状況並に配給の状況を審らかにして諸般の政策の立案及実施に資せんとす

▼27 一橋大学経済研究所附属社会科学統計情報研究センター所蔵、近代統計発達史文庫二五六より。原文は以下のとおり。引用は傍線部分。

国民の各種物品の消費を調査するには、国民の世帯に付其の一年間の物品の消費量を調査すると云ふ方法と、物品の生産高、移動及び其の在庫高より調査する方法と、小売りせられたる物品は総て消費せられたるものとの前提の下に、物品を販売する者の小売高を調査する方法とがあります。而して国民の各世帯に付其の一ヶ年の物品の消費量を調査することは、先づ不可能のことであると申して宜しいのでありますし、又物品の生産高、移動及其の在庫高より調査する方法は、国民の地域的消費状態を調べる為めには、頗る煩雑でありますから、是等の方法を採らず、最も調査の容易なる最後の方法を採ることに致した次第であります。従ひまして、本計画に於きましては、物品販売業及物品製造業者にして直接消費者に製品を販売するものに付、其の小売高を調査することと致した次第であります。

▼28 一橋大学経済研究所附属社会科学統計情報研究センター所蔵、近代統計発達史文庫六二四より。原文は以下のとおり。引用は傍線部分。

一口に申せば、今回の国勢調査は「消費の国勢調査」又は「物の国勢調査」とでも言ふべきものであって、我国民の衣食住の生活に入用なものが、一ヶ年どれ位であるかと云ふことを調べるのであります。何故こう云ふ国勢

調査をしなければならぬかといふ訳は、後で申上げることと致しまして、先づ今回の調査の大体の輪廓を御話し致します。

今回の国勢調査は、商店其の他物品を販売する人に就いて調べます。これらの人々に、国勢調査の申告書を配って、其れにいろいろの事項を書き入れて、申告して戴くのであります。其の申告の事項は、色々ありますが、其の中の重なるものを申しますと、先づ第一には、米とか、味噌とか、銘仙とか、晒木綿とか、又足袋とか、傘とか、或は、電球、石鹸、時計、化粧品、書物、フィルム、レコードなど、内閣総理大臣が指定した生活用品に付て、一年間の売上高を小売と卸売とに分けて申告するのであります。〔中略〕一つ皆様の御疑問が起りさうなことがあります。それは即ち、今回の調査の内容を聞いて見ると、これは商業の調査ではないか、何も国勢調査と云ふやうな、大掛りの調査をしなくてもと云ふ疑問であります。又これは国民全体の調査ではなく、単に商業関係の人々の調査ではないかと云ふ疑問であります。けれども、その御疑問は当らないのであります。何となれば、今回の調査の目的は、国民の消費生活に入用な物資の種類と数量とを明にしやうと云ふのでありまして、之を明にする方法としては、商店から売られた物品の数量、殊に小売の情況を調査することが、統計手続上最も適当なのであります。従って商店に就て調べるのではありますが、其の調査の事項などは国民の全体の消費量を明にするのを目的として仕組まれてあります。云ひ換へれば商店を通じて調べる国民消費の調査であります。決して単なる商業調査ではないのであります。

▼29 この点につき、静岡大学の上藤《うわふじ》一郎教授から、以下のようなご教示を得た（細かな文言を修正させていただいた）。

（1）数学を学んだ統計官僚は、有意抽出ではなく標本抽出について、ある程度の信頼性があることはわかっていたのではないか。

（2）その背景としては、一九世紀末から二〇世紀初頭にかけて、国際統計会議などで一部調査法の有効性をめぐる議論があった。

（3）特に有意抽出法と無作為標本調査法の有効性をめぐり、さまざまな論争が展開されていた。

（4）しかし、一九三〇年代になると、ネイマンなどの数理統計学者の研究によって、無作為抽出法の有効性が認められたこと、などがあるように思われる。

（5）これらの論争は、大正期にはすでに公的統計の世界でも紹介されていたので、これらの研究成果については森数樹《かずき》などの統計官僚も知っていたと思われる。

（6）しかしながら、戦前期の日本の公的統計は、ドイツの統計学の影響がとても強く、全数調査が（どのような調査であっても）原則とされていたと推定される。

（7）したがって、有意抽出法であっても標本抽出法であっても、一部調査の信頼性に対しては、おそらく多くの統計官僚が問題視していたのではないかと思われる。

（8）亀田《かめだ》豊治《とよじ》朗《ろう》のような人でも、一部調査はあくまで全数調査の代用であるとして「簡易統計」と呼んでいる。

▼30　採録にあたって、縦書きを横書きに直してある。

▼31　「住宅建築業者」がここで出てくる理由は不明である。

▼32　統計学者たちが標本調査に対して不信感を持っていたにもかかわらず、臨時国勢調査がこのような設計になっているのはなぜか。おそらく国民の圧倒的多数を全数調査の一号票から四号票によって捕捉できると考えた上、当時世帯数の多くを占めた農家について全数調査をすると、予算および手間が非常に大きくなることを考慮して妥協したのであろう。

▼33　一橋大学経済研究所附属社会科学統計情報研究センター所蔵、近代統計発達史文庫六一三より。原文は以下のとおり。

復命書

依命昭和十四年臨時国勢調査計画準備に関し取調の為山口、福岡、熊本、大分の四県下に別紙日程により出張仕候処其の概要別紙の通に有之此段及復命候也

昭和十四年三月　日

内閣属　池田寛一（印）

内閣統計局統計官　松田泰二郎（印）

内閣統計局長川島孝彦殿

▼34　一橋大学経済研究所附属社会科学統計情報研究センター所蔵、近代統計発達史文庫六一三より。原文は以下のとおり。引用は傍線部分。

三　調査摘要

甲　指定視察事項

視察の結果を綜合すれば左の如し

一　営業種目及販売商品の種類は別添（一）参照

二　燃料　区別し得

飲食品　区別し得ず

家具類　区別し得

薬品　区別し得

文房具類　区別し得

三　商品の仕入高を仕入帳に依り各個別に整理したるものは極めて少く単に大雑把に品物の種類と金額を記したる程度なり

但し商店に依りては卸屋より来る送り伝票出荷証又は諸物品買入帳等（之は商品の名称員数単価を記したるもの）を保存せるものあり

現金仕入に付ても商品の種類に依り伝票あるものあり只菓子、果物、生魚類等は現金と品物と引換ある為記帳なきものの如し

四　決算棚卸等を為すもの殆んどなし、之は一面一般に商売の仕切を為すやうな観念に乏しきもの多きと共に他面棚卸には非常なる手数を要し手不足なる為休業してまでも為す実益なきものの如し

五　売上高を卸、小売に区別し計算することは大体可能なるも四流、五流店（例へば煎豆の製造及卸、小売商の如き）になると記帳なき為殆ど不可能なり、但し目の子算なれば推定し得るものの如し

六　菓子店と喫茶飲食店（地方の村落では飲料品の販売とウドン屋とを兼ねたるもの多し）を兼ねたる

七　店舗に在りては売上高を区分することは困難なり
靴屋時計屋家具屋等は材料、修理、売上等に付正確なる記帳を備へ区別容易なるものの如し
靴屋は最近の統制の為、殆ど修繕専門となり時計屋は金属扱なる為経済警察の取締あり家具屋は取扱品簡単なる為

八　帳簿類を一切保存せず大体の見当を以て申告する者は別として記帳を整理して申告せんとする者は勿論商品の種類少き方がより正確に計算し得る

九　手持商品の調査は可能なるも、非常なる手間を要し相当困難なるものの如し

一〇　一週間乃至二週間（期間短きときは計算粗雑に流るる虞あり）

一一　仲間売を為すもの殆んどなし

一二　調査員は業者に依り夫々見解を異にす
1従来の如き国勢調査員
2同業組合員又は商業組合員
3市、町、村役場の吏員
4商業学校生徒と之を指導監督するものとして事情の明いものを設置すること
5何人たるも異存のなきもの

一三　市町村別商店数
府県報告の部に収む

乙　余録

一　帳簿類の有無
一般的に経営者が年寄の店舗に在りては帳簿類を備へず、長年の慣習に依り仕入、売上の仕切も為さず、商売の惰性を以て営業し居る者多し。従て商品別売上高の算出は見込推定に依る外なきものの如し。又読み書きの不自由ながら商売せるものあり

二　商品分類の知識の有無

農漁村の兼業者になると殆ど商品に関する分類知識に乏しく、何商品が何分類に入るや全く白紙のものあり

三　村落では諸式屋、雑貨屋等所謂都市百貨店に準じたる店舗あり斯る商店に於ては衣食住に関するものは殆ど不自由なき程度沢山の手持品あり、而かも使用人を置かず家族だけ営んで居る、調査品目が百なれば百、百五十なれば百五十、凡て関係する為、仕入高、手持高、売上高の算出には非常なる犠牲を払はなければならぬものの如し

四　調査員は村役場の吏員不可との見解あり

地方の村役場に於ては税務係以外の者を調査員にしても、直接机を並べて居る為、何等か税金に関係するものの如く誤解を生ずる憂あり

商業組合員又は同業組合員可しとするものあり、之は大体店の様子を知る従って大きな嘘を書き出せない

又素人を一人、商売に明い人を一人と云ふやうに配置しては如何との意見もあり

五　申告書の信憑性

一銭一厘も儲からざるやうなことに付ては手を触れざる商人の性質よりして、果たして仕入帳と手持調とを計算して申告するや否や頗る疑問なり、而も時節柄税金に対する疑惑を深める為、売上高の七分迄位申告すれば可き《ママ》方らん

之を要するに戦時体制に於ける国民消費の実状を明にせんとする調査なることを納得せしめ、税金に対する疑惑を一掃せしむるやう徹底的に宣伝に努むると共に調査員の指導訓練に全力を挙ぐること最も肝要なりと認む

▼35　一橋大学経済研究所附属社会科学統計情報研究センター所蔵、近代統計発達史文庫六一三より。原文は以下のとおり。

「売上高算出の材料となるべき帳簿類の有無、なしとせば売上高算出可能なりや否や」「決算期は何月なりや、六月末日より遡る過去一ヶ年間の売上高及売上数量は判明するや」「卸・小売を兼営せる場合は売上金額及売上数

量を卸・小売に区分し得るや」

▼36 ただしそれが有効に活用されたか否かは別問題である。

▼37 商工省が同じ年、一九三九年末に計画していた。

▼38 ここで、第五章で台湾総督府を取り上げたのと同じ説明をしておく必要がある。本来こういう比較は、日本と台湾との間だけではなく、朝鮮、満洲、南洋などの各植民地に関してもなされるべきことである。ここで対象を台湾に限っているのは、ひとえに他の地域は資料が手に入らないという制約からである。

▼39 京都府何鹿郡志賀郷村は京都府北部の丹波地方、今日の綾部《あやべ》市に含まれる地域で山間部に位置する。製糸業や林業などが盛んであった土地である。人口は四〇〇〇人程度。近隣に郡是（グンゼ）製糸が位置した。台北州海山郡鶯歌庄は、現在の新北市に含まれる。台北から電車で四〇分ほどのところに位置し、古くから陶磁器の産地として有名な土地である。また、志賀郷、鶯歌の両地とも海に面することのない、内陸に位置する地域である。

▼40 「海山郡報告例」は発見されていない。また日本では、この論文で扱う時期には郡役所は廃止されていたので、あり得るのは京都府報告例のレベルである。

▼41 林佩欣（二〇一九）「臺灣總督府的統計情報流通體系――以鶯歌庄為中心的探討」『臺北文獻』第二〇九期、一三七－一六四頁。

▼42 両地で取り上げる年代が一年ずつずれているのは、これも資料の残り方に制約されてのことである。すなわちそれぞれの年に、統計関係の資料がよく残されていたということである。

▼43 報告項目名が同一の事項が、同じ年次の項目中にいくつか存在する。表6－2ではこれらをそれぞれ一件としてカウントしてあるが、表6－3で項目を列挙する際には煩雑を避けるため、このような項目はまとめて一件として表示した。したがって、表6－3の項目数のほうが表6－2の項目数よりも少ない。同様の操作は表6－6にかかる作業でも行っている。

▼44 「現勢一覧作成に関し注意方の件」や「統計調査原簿注文」などという項目が示唆するのは、村レベルで報告すべき項目がおそらく県レベルで「統計調査原簿」という呼称の様式集に編纂され、村ではそれに記入して県に提出するだけという方法に移行したのではないかということである。同様の様式集は「現勢調査簿《げんせいちょうさぼ》」などとして明治期から存在

したが、ここではこれを用いて直接に県に回答しているようである。これは戦時体制下における統計報告業務の、一種の省力化とみることができる。すなわち、一九二七年時点では報告内容という一次データが直接簿冊として編綴されていたが、一九三八年では一次データは「統計調査原簿」（志賀郷村役場文書には現存していない）に回され、「統計に関する綴」には報告に関する方法や協議会の開催、調査統計に関する種々の実施要項や指示などの二次データ、あるいはメタデータが編綴されるようになったということである。

▼45 「調査統計」「業務統計」の定義については第八章三節一項を参照。

▼46 島村史郎（二〇〇八）『日本統計発達史』日本統計協会、二〇五 - 二〇八頁。この調査は一九四一（昭和一六）年に「労働技術統計調査」と改称され、植民地でも実施されるようになった。

▼47 京都府立京都学・歴彩館所蔵、京都府何鹿郡志賀郷村行政文書より。原文は以下のとおり。

戦捷第一年の春を迎えて
遙かに皇軍の武運長久を祈り
聖戦将兵の御労苦を感謝し
輝かしき国威宣揚の
新年を寿ぎ奉る

時局下に在って極めて多端の折から各位日頃の御努力に対し厚く御礼申上候
さて本村統計事務に就ては熱誠なる皆様不断の御活動により御陰を以て昭和十二年中の諸報告を完結し今や戦時体制下における挙国一致国民精神総動員運動の協調せらるるの秋我国策遂行上最も重要性を有する本統計事務の新年度に入ると共に将来尚ほ一層御援助を賜りたく御願ひ申上候
先は年頭に際し御挨拶旁々御厚礼迄如斯御座候
敬具

昭和十三年元旦

志賀郷村役場

統計係　　相根吾左衛門

統計調査員

○○○○○殿

▼48 参考までに、両地で一致する調査項目は以下のとおりである。ただし、整理の都合上、表6‐3および表6‐6とは文言が異なっている場合がある。

志賀郷側からみたとき　耕地面積、町村吏員、漁船、沿岸漁獲物、会社支店票、木製品、瓦及土管、竹製品、公私有林伐採、学齢児童表、小学校教員住宅表、授業料を徴収する小学校表、小船・船舶、醸造物類、肥料消費高、肥料施用高、市町村税賦課徴収状況、公学資産表、水稲作況、米第1回予想収穫高、米第2回予想収穫高、製茶、春蚕、夏秋蚕、鶩、牛、馬

鶯歌側からみたとき　田畑面積、市街庄区吏員並名誉職員、水産漁獲物（昭和2年度下半年）、会社票、木製品、磚瓦類及陶磁器、竹細工及籐細工、森林伐採、内地人学齢児童、本島人学齢児童、小公学校教員宿舎、学校授業料、漁船及漁具、醬油及味噌、石灰及肥料、市街庄税率（昭和3年度予算）、教育に関する資産、米、米作予察（第一期作）、再製茶、養蚕（昭和2年）、養蚕（昭和3年）、家禽、家畜

▼49 台湾住民で、日本語を家族間の主要言語とする家庭を「国語家庭」と呼んだ。国語家庭は物資の配給などの面で優遇を受けた。

▼50 台湾では、志願兵は別として、徴兵制は一九四五年初めにいたるまで施行されなかった。

第七章　まとめ

この章では、第二章から第六章でみてきた事実をまとめ、第一章で提示した問いに答える。次いで、これを踏まえて、歴史的統計を利用する際に注意が必要ないくつかの点について述べる。

本書では、第一部の第二章から第六章において、戦前日本の歴史的統計のなりたちとその社会的位置づけについてみてきた。ここで、第一部第一章の問題提起に戻って、それぞれの章で見いだしたファクトが、いったい何を意味するのかについて考え、第一部のまとめとしたい。その問題とは、以下の三点であった。第一は、「統計不信問題」をはじめとする現代の統計が抱える諸問題の歴史的起源をどうみるかという問題である。第二は、第二次世界大戦敗戦前の日本の統計のあり方と、その背後にある社会状況に関する問題である。第三は、歴史的統計データの利用法である。

第一の問題であるが、これについては主として第二章で論じ、その他の章でも必要に応じて触れてきた。第二章では、日本における統計の発達経路を西欧諸国と比較した。西欧では一八－一九世紀にかけてみられた市民社会による統計編成への介入という現象が、日本では存在しなかったか、あるいは非常に希薄であった。その結果、明治期の日本における統計学の受容については、政治権力による政策立案のための国家科学としての色彩が濃く、市民社会による社会問題解決のための社会科学としての色彩は比較的薄かった。今日の日本でも、二〇〇七（平成一九）年の新統計法は統計を公共財と謳《うた》っているが、それはまだまだたてまえ上のことであり、実態としては、統計は依然として国家、あるいは各官庁の官僚の専有物であるという色彩が濃い。統計不信問題は、こうした土壌から生まれたと考えられるべきものである。また、国民による統計に対する関心も薄い。その要因の一つとして、現在の初等中等教育において、統計が数学の一分野「確率と統計」として教えられるのみで、社会統計が実際にわれわれの日常生活にどう役に立つかということを教えていないことが挙げられる。さらに、日本の統計が各官庁の専有物であることと表裏一体の現象として、戦前日本において統計の編成は各官庁の思い思いに行われ（分散型システム）、その結果として末端の市町村レベルでは報告すべき事項の重複などの問題が深刻であったことを指摘しておきたい。これを集中型システムに変更しようとする統計学者たちの試みは、ことごとく挫折《ざせつ》して今日にいたっている。

もう一歩うがった見方をするならば、日本における社会的合意形成のメカニズムが、「個」の論理に基づく西欧民主主義的な原則によらず、宮本常一《つねいち》が描写しているような、「場」の論理に基づく「村の寄り合い」[1]の原則によっていることが指摘できよう。一般的にいって、こうした「場」の論理を構成原理としている社会に、民主主義や法制度、教育制度など「個」の論理を土台にして生まれた西欧的な制度を移植したとき、いったいどのようにこれが変容するかについては、まだまだ考える余地のある問題であると思う。たとえば、現代日本における市民運動をとってみても、確実な証拠（たとえば統計）を積み上げて、政治権力に対して対案を提示するというよりは、こころざしを同じくする仲間内の「場」の論理で形成された合意を前面に押し出して、一種の「祭り」のような状態で請願なり要求なりの運動をするという傾向が強いのではないか。[2]ここで、「場」の論理にしたがって行動する人々は、自分たちの共有する「場」の外にいる人々に対して強い排除の論理を働かせ、相手の言い分などに耳を傾けることはないという方向に動くことには注意が必要である。相手にも通じる客観的根拠は、ここでは必要とされない。統計データを利用して、政治権力にも納得ずくで自分たちの意見を認めさせようという志向性は、ここではきわめて弱くなる。この認識が誤りでないとするならば、このことは、現代日本においてすら、市民社会の統計に対する需要が一部のマーケット・リサーチなどを除いては低く、官庁による統計の専有を許す要因となっているといえよう。

続いて、第二の問題について述べよう。これについては主として第四章から第六章でみた。ここまで述べてきたように、日本における統計が政治権力の専有物であったとはいえ、その政治権力が直面する問題の変化により、編成される統計も変化していく。

第四章でみた統計関係資料のタイトルからは、一八八〇年代末頃までの日本国家が、旧体制からの移行期にある臨時革命政府のような存在であり、自分たちの統治下に収めた人間をはじめ、生産やその他の社会的事象をどのようにして把握するかの試行錯誤を続けていたことが判明した。各官庁がこぞって自己の管轄《かんかつ》下にある事象についての報告規程を設け、県などの地方政府もその管轄地域について思い思いに統計情報を収集していた。それらを府県のレベルで集約、整理して形式を統一しようとした試みが、一八八四（明治一七）年の内務《ないむ》省による『府県統計書様式』であったが、中央各官庁が頻繁にその報告様式を変更するのでこれについて行かれず、内務省は様式の改訂を早々にあきらめてしまった。こうした分散型の統計システムのもと、統計の斉一性を保つ役割を事実上果たしたのは、道府県レベルの地方政府による横の連絡網である。ここには植民地官庁である総督府《そうとくふ》も含まれていた。各地方政府は、横の連絡網から得られたデファクト・スタンダードに、自己の管轄下にある事象の特殊性に鑑《かんが》みた項目の取捨選択を加えて、「〇〇県報告例」のようなタイトルで報告規程を制定し、郡市に報告を命じた。郡はさらに自己の管轄下の町村に対して、同様に「〇〇郡報告例」などのタイトルの報告規程を達し、報告を命じた。

第五章でみた統計関係資料のタイトルからは、日本が帝国形成の道を本格的に歩みはじめたこと、また国内で労働問題、農村問題や貧困問題など、近代経済成長の本格化にともなう社会問題が深刻になりつつある姿も見いだされた。また、そうした情況を背景に、統計の編成を通じ、ややもすれば相互に対立しがちな状況にあった人々に対して、政治権力が定める政策に対する参加意識を高めさせようとする動きもみられた。郡是《ぐんぜ》・市町村是《しちょうそんぜ》運動がその代表であった。本書では詳しく触れなかったが、一九二〇（大正九）年に行われた第一回国勢調査も「国勢調査は文明国の鏡」などのスローガンを使っており、第一次世界大戦の戦勝国になって、世界列強の仲間入りをしたということから生み出された人々の国粋主義的な雰囲気に訴えかけ、国民を統一する作用を持った。

第六章でみる統計関係資料からは、こうした帝国形成への動きが極点にまで達し、隣接する諸外国に関する統計資料の編成を行っていたことが観察された。同時に、日中戦争の総力戦化にともなって、一九三九（昭和一四）年の臨時国勢調査にみられたように、いったんはルーチン化した調査統計の大義名分の変化や、日本本国の末端行政組織における統計業務の再編成などがみられた。ただしこの最後の点は、植民地であった台湾では状況が異なったようである。

第三の問題については各章に分散して述べられているが、先に結論を一言でいうならば、統計データは、実体を無媒介に、いいかえれば直接あるがままに正確に表現しているのではなく、そこには「同時代の人たちの中でも事情を知った人がみて不自然とは思わない程度の正確さ」という意味での媒介項があったということになる。町村是の編成にあたっても、人々が調査を徴税のためと「誤解」しないための配慮が重要だという文言があり、人々が生産額や所得について過小に回答する傾向があったことをほのめかしている。こういう場合に調査員として意味を持ったのは、江戸時代の五人組の流れをくむ「伍組《ごぐみ》」の顔役としての伍長などであった。また一九三九（昭和一四）年の臨時国勢調査の予備調査においても、商家では帳簿をつけているケースは少なく、おおざっぱな印象で答えざるを得ないし、その際には売り上げや在庫を少なく報告する傾向があるので、事情を知った同業組合の人に調査員になってもらうのがよいなどという記述がみられた。

　これらのことは、実は第一の問題で述べたことと深く関係する。こうして、人々の中の「顔役」に調査員業務を委ねるということは、「場」の論理にしたがった人間関係が優勢な日本では、西欧などに比べて特に強い意味を持つであろう。すなわち、一般の人々にとって、統計というものは自分たちが属する人間集団の外からやってくる異物なのであり、伍長なり同業組合なりの顔役という媒介項が存在しなければ、自分とは関係がないと人々は感じたであろうし、したがって、答えもいい加減なものになったり、調査に非協力になったりしたと推定できるのである。

　さて、以上のことを念頭において、次に、今日のわれわれがこの時代の統計データを利用する際の注意点について述べたい。要点をいえば、データのあまり微細な動きに注目することには意味がないという一言に尽きる。たとえば、ある県におけるある年の米の生産が一〇〇万石《こく》▼3であったものが、翌年九九万石になろうと、一〇一万石になろうと、それはあまり意味をなさないと思われる。おそらくこれは、稲作の事情に通暁《つうぎょう》した同時代の人からみて、どちらでも不自然ではない範囲内であろうからだ。しかし、これが突然八五万石になったとしたら、同時代の人の目というフィルターを通してではあるが、何らかの実体的な動きが背後に生じているという読み方をしてもよいであろう。▼4あるいは一〇〇万石であったものが九九万石になり、さらに翌年には九八万石になり、減少を続けて一〇年後には九〇万石、二〇年後には八〇万石になったとするなら、それぞれの年の値は必ずしも正確でないとしても、トレンドとして減少傾向があるということを読み取ってもよいだろう。以上の例は確定的な数値であるわけではなく、統計データの種類によって、その誤差はもっと大きくなったり小さくなったりする可能性があるが、▼5いずれにしても私たちが統計データを利用する場合、それをそのまま鵜呑《うの》みにすることが危険であることに変わりはない。私たちは常に、同時代の人の目というフィルターがどのような色合いやゆがみを持つものかを想定し、その上で手にしたデータを利用する必要があるのである。

以上のことを念頭におき、私たちが歴史的統計データ、特に時系列データを用いるにあたって踏まえるべき手順を、繰り返しになることを承知でまとめておこう。

第一に、自分の得たデータの定義が重要である。統計表に表現されている事象について、調査統計であれば調査定義を、業務統計であればその資料ができてくる際の業務上の諸規則を、加工統計であればデータ加工にあたって用いられた理論的枠組みを、それぞれ調べて明らかにすることが必要である。ここでは、「〇〇県報告例」という種類の資料が残されていれば、報告事項に関して簡単ではあっても定義が与えられていることが多いので役に立つ。

第二に、第一に述べたようなデータの定義が明らかにできない場合、できればいくつかの関係する系列を比較して、定義を再構成することを試みることが必要である。

第三に、以上のような手順を経たデータであっても、それが無媒介に実体を反映しているのではなく、同時代の人の目というフィルターを通してみた像であるということを自覚して、データを用いることが重要なポイントである。

第四に、第三と関係するが、短期間の微細な動きにとらわれないことである。たとえば、手にしたデータにエコノメトリクス▼6の手法を適用しようとする場合も、長期的なトレンドを問題にする分にはかまわないが、数年単位の短期的な動きについては、誤差の範囲を大きく想定して分析することが望ましい。たとえば、年間数パーセントの動きにこだわるのではなく、年間一割や二割のブレがあっても結論が変わらない程度の誤差を見込んでおくと、議論は確からしさを増すであろう。

第五に、戦前の総合統計書では往々《おうおう》にしてあることなのだが、一見して同じ対象に関するデータを載せている統計表が、複数含まれる場合がある。その場合は特に、上記の第一から第四の手順を慎重に行う必要がある。筆者がみた例では、ある県で絹織物に関するデータが二つの表に現れていて、同じ年次なのに数値が異なっていることがあった。それらのデータが掲載された県統計書には、データの定義が全く書かれていない。このケースでは、県の行政文書によって、一方のデータは属人《ぞくじん》的に、すなわちある同業組合のメンバーについて調べているので県外の生産者まで含み、他方は属地《ぞくち》的に、同業組合に加入しているか否かを問わずに県内だけの生産を調べていることがわかった。ただ、実際にはデータを利用する際に県の行政文書まで遡《さかのぼ》って調べるというのは困難であるか、不可能であることも多いので、こうした場合は複数のデータの動きをよく眺めて、どのような定義の違いがあるのかを想定しなくてはならなくなる。▼7

おわりに、起こりうる誤解を避けるために述べておきたい。本書は、歴史的統計データは不正確だから用いるべきでないと主張しているのではない。逆に、上記のような制約を念頭において、大いに用いるべきだというのが本書の趣旨である。さらに、統計資料は、その表に記されている数値情報のみならず、どのような項目がどのような表形式で掲載されているかというメタデータだけでも、多くのことを物語ると考えているのである。

註

▼1 「村の寄り合い」については、宮本常一（一九八四）「対馬にて」『忘れられた日本人』、岩波文庫青一六四 - 一を参照。なお、同書は、もともと未來社から一九六〇年に刊行されたものである。

▼2 もちろん、日本の市民運動すべてがそうだといっているわけではない。

▼3 石は尺貫法の容積の単位で、約一八〇リットルに相当する。尺貫法の容積の単位は、一石＝一〇斗《と》、一斗＝一〇升《しょう》、一升＝一〇合《ごう》、一合＝一〇勺《しゃく》と、十進法をとっている。

▼4 ただし、この場合も、郡なり県なりの統計担当者が交替し、「同時代の人」としての常識を異にする人が新しい担当

者になった場合もありうるので、他の生産物についても同様の断絶が生じていないかどうか、チェックする必要がある。

▼5 たとえば、米麦のような主食や、絹織物や陶磁器といった府県外への移出品などではそのデータの精度は高くなるであろうし、反対にアワ、ヒエ、緑肥など、自家消費が多く、市場に出回りにくい生産物ではデータの精度は低く、おおざっぱなものになることが考えられる。県レベルの統計担当者が、県経済を把握する際に一種の県民経済を考えて、対外取引の収支を重視するからである。また、本書では触れることができなかったが、各種の会社組織においても統計調査への回答はかなりの程度、誤解や曲解によるところが多かった。これらの点については、佐藤正広（一九九八）「大正期地方官庁による産業統計調査（解題）」佐藤正広編『栃木県那須郡武茂村・境村行政資料目録』（統計資料シリーズ No. 49）一橋大学経済研究所附属日本経済統計情報センターを参照。なお、同書は一橋大学経済研究所附属社会科学統計情報研究センターのウェブサイトからダウンロードして読むことができる。

▼6 エコノメトリクスとは、計量経済学による経済史の分析手法の意味。

▼7 たとえば、米については、籾《もみ》のままなのか、玄米《げんまい》か、白米かによって統計表に乗る数値が異なってくる。この場合は、籾を脱穀した玄米がどの程度目減りするか、さらにそれを搗精《とうせい》した場合の目減りの割合がおおよそわかっているので、複数の系列が得られる場合は、それぞれの系列をできるだけ長期にわたって比較し、各系列間で一定の比率を保っていれば、自分が用いる系列がどの段階に当たるかを推定できるであろう。

第二部　歴史的統計を利用するにあたっての基礎知識

第八章　歴史的統計を利用する際に知っておくべきこと

一　歴史的統計を利用するのに必要な基礎知識――本章の課題

本章では、歴史的統計[1]を利用するにあたって踏まえておくべきことに関して述べる。本書の第一部では、特に「統計」という語の定義に関して触れずに論を進めてきたが、本章ではこれについて一応の定義を試みたのち、歴史的統計に関するいくつかの概念規定についていて述べておきたいと思う。

二　統計とは何か

統計資料というと、大方の人は無味乾燥な数字の羅列というイメージを持つであろう。実際、統計表には多くの数字がならんでいるのが普通である。しかし、そもそも、統計資料とは何だろうか。いま、『統計学辞典』[2]にその定義をみると、統計とは「集団を記述する数量ということである。集団とは、何らかの意味で同質とみなされる個体、〞もの〃の集まりで、各個体がその集団に属しているかどうか、客観的な標識（mark）によって判断できるようなものである。集団をなす個体は、その標識が同一である一方、諸特徴、属性は均一ではなく、むしろ不規則に変動している。統計の興味の対象は集団の中の個体のばらつきの様子である。統計では各個体について注目する特徴、属性を数量として表わす」としている。

ここで「同質と見なされる個体」云々といっているのは、次のような意味である。たとえば、醤油と工業用アルコールの生産量を合計して何リットルとし、その毎年の動向をみることも、また人間と羊の数を合わせて毎年の動向をみることも、単に数字としては作成可能であるが、それは、おそらくほとんどの場合意味をなさないであろう。後者の例でいえば、これを意味のある数値とするためには、人間は人間、羊は羊に分けてそれぞれ数値を出し、いくつかの国について同様の作業をした上で、両者を比較するというような手順を踏まなくてはならない。そうすれば、おそらく日本とオーストラリアの産業構造の違いを示す指標の一つになろう。統計として数値が意味をなすためには、人間は人間、羊は羊、醤油は醤油、工業用アルコールは工業用アルコールと、同じ性質を持つもののみをまとめて、それぞれについてその数量を把握しなくてはならない。そして、それぞれ同じ性質を持つものの集合の中では、異なる属性を持つものの部分集合の大きさを数値化し、「個体のばらつきの様子」をみるのである。人間についていえば、男女の別、年齢別、職業別などである。

また、「統計」という漢語がもともと「合計」や「総計」と同様な意味であることから推察されるように、統計数値というものは、個々の対象の性質を示すものではなく、あくまでも集合の属性を記述するものである。かつて日本において「工場調査」という統計調査が行われ、その対象となった工場の一覧リストが『工場通覧』として刊行されていたが、この『工場通覧』は、あくまでも調査対象の一覧リストであり、これを統計表とは呼ばない。統計資料とは、あくまである集合全体の属性を示すデータ、すなわち「集団を記述する数量」なのである。まずこの点をしっかり確認しておこう。その上で、戦前の統計について、そのなりたちと利用上の注意点、戦前の統計の根拠法について、本章ではみていくことにしたい。

三　統計資料の種類と利用上の注意点

次に、私たちが統計データを利用するにあたって必要になる基礎的な概念のいくつかについて、簡単に説明しておくことにしよう。

統計の種類

ある主体によって、はじめから統計データとして作成された資料を「一次統計」、一次統計を単独で、または複数を用いて再編成したものを「二次統計」あるいは「加工統計」と呼ぶ。また、一次統計のうち、統計データを得ることを目的に調査が行われた結果得られた資料を「調査統計」あるいは「一義統計」、他の業務を遂行するために作成された資料から再編成された資料を「業務統計」あるいは「二義統計」と呼ぶ。「一義統計」「二義統計」の呼び名は「一次統計」「二次統計」と紛らわしいので、本書では「調査統計」「業務統計」と呼ぶことにする。

- 一次統計
  - 調査統計（一義統計）
  - 業務統計（二義統計）
- 二次統計（加工統計）

調査統計の例として代表的なものを、第二次世界大戦前の歴史的な統計資料から挙げるなら、『国勢調査』、『家計調査』、『農家経済調査』、『工場調査』などがある。また業務統計の代表的なものとしては、『人口動態統計』、『港湾統計』、鉱業関係の諸統計（『本邦《ほんぽう》鉱業の趨勢』として公刊されている）などである。

加工統計は、こうした一次統計を何らかの形で再編成したものであり、代表的な例としては『国民所得推計』

や、戦後のものになってしまうが『産業連関表』などがこれに当たる。日本近代経済史を研究する者であれば、おそらく必ず一度は触れるであろう『長期経済統計』（略称ＬＴＥＳ）も、加工統計である。

私たちが今日手にすることができる統計情報の中では、以上の三区分のうち、業務統計が量的には最も多い。

統計利用上の注意点――データの定義

さて、統計資料を利用する際に、まず何をおいても注意しなくてはいけない第一の点は、自分が利用するデータの定義である。いいかえるなら、自分が利用しようとしている統計が、その対象とする事象を、どのような枠組みでとらえているかという点である。また、そうした統計上の定義に基づいてとらえられたものが、自分の依拠する理論的フレームワークとどういう関係にあるのかも、常に意識しておく必要がある。[3]

例を挙げよう。日本における工場のセンサス調査は、一八九四（明治二七）年にはじまり、以後何度かの変遷をとげながら今日まで続いている。そのデータをみると、国内の工場数は、一九〇九（明治四二）年に、その前後の年よりも突出して多くなっている。これをどう解釈するか。この年に、日本経済に何か大きな異変があり、一時的に工場が設立されたが、次の年には多くの工場が潰れて、元に戻ったのだろうか。いいかえるなら、データ上のこの動きは、社会の実体をそのまま反映するものだろうか。答えは否である。実は、一九〇九年に調査された工場の定義は、そこで働く人（職工）の数が「五人以上」であるのに対して、前後の年次ではこれが「一〇人以上」なのである。したがって、明治期の工場統計に現れた工場数について、その定義を確認せずに、社会実体を反映するものとして議論を組み立てると、とんでもない落とし穴にはまることになる。繰り返しになるが、明治一九〇九年工場票の「工場」は職工が五人以上作業する場所と定義されており、前後の年が職工一〇人以上と定義しているのとは、明らかに、異なった区切り方で存在をとらえているのである。

同様に、国勢調査では「世帯《せたい》」がどう定義されているか、「本業」「副業」がどう定義されているかなど、調査上の定義に関して一通り確認した上でなければ、データを用いることはできない。

統計調査で用いられるこのような定義（操作概念）と、私たちが経済学やその他の学問で用いる定義（理論概念）とは、厳密には一致しないことが多い。たとえば、生産関数 $Y = f(K, L)$ を考えたとき、Lは労働投入量、Kは資本の投下量と定義されるが、これをそのまま表す統計データは、通常は存在しない。そこで、就業労働者数や、年間就業時間、賃金支払額などをそのときに応じてLを代表するものとみなし、関数の推計をすることになる。これはKについても同様である。このとき、自分がある理論概念の代理として用いている操作概念が、どのような定義を持つものか、したがってデータとしてどのような特性を持つものかについて、明確に認識しておく必要がある。

業務統計や加工統計についても、同様のことがいえる。ただしこれらの統計データは、調査統計と異なり、データを得るための調査をするわけではないので、調査上の定義は問題にならない。これに代わり、業務統計では業務上の諸規則が、また、加工統計ではデータを加工する際の理論的枠組みや、作業において用いられる仮定などが、調査統計でいう「定義」に相当することになる。

まず、業務統計の例を挙げよう。『貿易統計』は、「通関統計」の別名があることからわかるように、税関による課税業務にともなって作成された資料をもとに編成された統計資料である。ここから容易に推測できることであるが、この統計には、関税がかからない物品の輸出入は計上されない。戦後の例でいうなら、人々が海外旅行の帰りに持ち込む洋酒七六〇ミリリットル×三本、紙巻きタバコ二〇〇本、海外市価の合計額が二〇万円の範囲内に納まる品物などの輸入品は、海外旅行が激増した今日では、年間、国民全体でみれば相当な額になっているはずだが、これは統計データには含まれない。また、密輸に成功した品も、当然のことながらここには含まれない。▼4

次に、加工統計について例を挙げておく。ここで、日本銀行が発行した『本邦主要経済統計』と、先に触れた

『長期経済統計』[5]（以下、ＬＴＥＳ）とを比較してみよう。これらは、不用意にみるならば、同じような資料集だと思えるかもしれない。しかし、この二つの資料は、その性格を根本的に異にしている。前者は、各種の統計資料を、その対象とする主題に関するおおよその分類にしたがって配列してあるもので、統計データ自体には、原則として手が加えられていない。つまり『本邦主要経済統計』に含まれる統計データは、加工統計ではない。これに対して、ＬＴＥＳは一見、明治以来の各種の統計をとりまとめた統計集のようにみえるが、実はそうではない。これは各種の統計を素材としながらも、それらを国民経済計算の枠組みにしたがって、全体が整合的になるように加工した推計集、すなわち加工統計である。当然そこには、推計をした人々の理論的な立場が色濃く反映されている。このデータを利用しようと思うならば、その理論的立場について一通りの理解を持っていなくてはならない。この点を考慮せずに、ここに掲載されたデータを鵜呑《うの》みにして議論を組み立てた場合、その議論はとどのつまり、ＬＴＥＳを推計した人々の理論的枠組みを暗黙の前提とし、その理論が主張することを追認する以上のものにはならないのである。

　加工統計を利用する際に、もう一つ注意が必要なのは、具体的な推計や加工の手続きである。またＬＴＥＳを例にとろう。この加工統計の推計にあたって、著者たちは大変な労力を費やし、さまざまな工夫をしている。その様子は、公刊された資料ではないが、彼らの残したワークシートを一瞥《いちべつ》しただけでもありありとうかがわれる。[6]労苦の理由はさまざまであるが、国民経済計算にまとめ上げるために必要なデータの系列を、戦前の統計資料は必ずしも完備していないことが一つの大きな要因である。この不備は、時代を遡《さかのぼ》るほど顕著になる。そこで、著者たちはさまざまな工夫をすることになる。たとえば、生産額にせよ、価格にせよ、データが比較的整っている年が飛び飛びにある場合、それらの年を「ベンチマーク年」とし、その中間をいろいろな方法でつないでいく。そのつなぎ方として、両側の年次の値を直線で結ぶ方法や、何らかの関数に基づく曲線を当てはめてつなぐ、データが欠けている品目の動向を、データが得られる類似の品目と同じ動きをすると仮定してつなぐ、などの方法がある。一例を挙げるなら、農産物の中の「ササゲ」（豆の一種）の、明治期から一九四〇年代初めまでの生産高を推計するにあたり、ＬＴＥＳの第九巻『農林業』の推計者は、この作物の生産の動向が、やはり赤い豆の一種である小豆と平行するという仮定の上で、小豆の値の一〇パーセントとして推計している。この点を見落として、もし仮にＬＴＥＳデータのみを用いて、この時代のササゲの生産動向に関する論文を書いたら、意味のない結論を出してしまうことになる。

調査統計の調査項目の定義、業務統計の業務上の規定、加工統計の理論的枠組みや具体的な推計方法などに関する注意書きは、戦後刊行された統計書では、統計書の初めの部分に掲載されていることが多い。たとえばＬＴＥＳの各巻には、「分析」「推計」「資料」という篇（前二者のボリュームはときとして「資料」の数値表より大きい）が設けられている。データを利用する際には、最低限、まずこの「分析」「推計」の部分を丹念に読み込むことが不可欠である。このことは、のちに個別の統計について述べる際に、詳しく触れることとする。

ここまで述べたようなことは、いわれてしまえば、あまりにも当たり前と思われるであろう。しかし、現実にはこのような定義の問題に注意を怠っている研究者は、思いのほか多いし、その結果、データの解釈において思わぬ間違いを犯す例もしばしばある。データの定義に注意せずに行われた「実証研究」は、いくら精緻な理論を用いていたとしても、しょせんは砂上の楼閣であることを、私たちは肝に銘じておくべきである。

四　統計調査の方法

以上は統計データ全般にわたる概念であったが、続いて、対象を調査統計に限定し、調査の行われ方という観点から、いくつかの基本的な概念について整理しておく。

個票調査にいたる各種の調査方法

統計データは、調査される際に記録されなくてはならない。調査現場におけるその記録方法の区分について、まず述べよう。すなわち、①書き上げ調査、②表《ひょう》式《しき》調査、③個票調査である。この区分は、誰が、どういう単位で調査を実施するか、また調査結果を誰が統計にまとめるかという、次項以降で述べる区分とも関係していると同時に、歴史的に調査統計の発達してきた経路を、おおよそ示すものともなっている。

書き上げ調査は、厳密にいうなら統計調査そのもののあり方ではなく、統計調査が発生してくる過渡的な段階に位置するものというべきである（土着の統計）。ある調査対象を指定し、その属性に関して、特に書式を定めずに報告者が情報を列挙していく方式である。日本の例でいうなら、江戸時代の村方文書（村の行政文書）のうち、「村明細帳《むらめいさいちょう》」や「宗門人別帳《しゅうもんにんべつちょう》」などがこれに当たる。「村明細帳」は、その村の支配者、石高《こくだか》、人口、寺院、道や橋などの主要な構造物、主要生産物、人々の職業などについて、記述的に書き出したものである。調査の項目は明確に定義されておらず、調査項目の数も報告者（この場合は村）によってまちまちである。しかし、報告すべき項目とその順序は、おおよそ定まっており、加工のしかたによっては統計資料とすることも不可能ではない。今日の意味での統計調査ではないが、あと一歩で統計調査にたどり着く、前段階というべきであろう。日本において、これに類する調査で最も情報量が豊富なものには、第二章で紹介した『防長《ぼうちょう》風土《ふうど》注進案《ちゅうしんあん》』（図2‐6参照）がある。一八四〇年代に、今日の山口県で作られたこの資料は、情報量が豊富で内容的にも統一がとれているため、西川俊作らは、この資料を加工して地域的な産業連関表を推計しているほどである。日本におけるこれらの書き上げ調査は、前述したドイツ国状学に似通った特性を持つ資料といえよう。

書き上げ調査の報告事項を整理して、一定の書式（表式。歴史的には雛形《ひながた》などと呼ぶ）を定め、調査する事項も統一すると、表式調査になる。この調査方式は、明治以降の日本において広い範囲で行われた。いわば江戸時代以来の伝統的な書き上げ調査の方法を、書式を作ることによって整理したものであるから、報告者にとってもなじみやすい方式であったといえよう。調査すべき対象は表式によって定められており、その意味で調査の内容は、すべての報告者で統一されている。第五章五節で取り上げた郡是《ぐんぜ》・市《し》町村是《ちょうそんぜ》調査の多くは、この形式に依拠している。

しかし、表式調査の多くは、調査の対象となる単位（世帯、事業所など）での報告ではなく、これらをいくつか含む単位（市町村や郡、県など）で合計して報告する形をとっている。すなわち、調査単位と報告単位が異なっている。そのため、この方式では、調査結果を、調査の対象となる調査単位まで遡って検証することはできない。また、この方式では調査項目についても、また調査方法についても、明確な定義がなく、報告者の常識的な理解に任されている場合が多い。[7] この方式による調査の実例は数多く、明治初期に全国の生産物を調査しようとした「物産表」調査や、前田正名《まさな》による農事調査をはじめ、われわれが今日歴史的なデータとして利用できる統計情報の多くはこの方式によっている。

さて、西欧に生まれた統計学が日本に移植されるとともに、調査単位と報告単位を一致させ、調査項目の定義と同時に、調査方法も明確に規定する方法が導入されるようになった。たとえば、工場に関する調査であれば、その工場のある村が、村内の工場すべての合計値について一枚の書式により報告するのが前述の表式調査であるが、個々の工場が自己の属性について報告する方式が、この新しい方法である。ここで報告者が記入する書式が印刷された用紙のことを個票[8]と呼ぶことから、この方式の調査を個票調査という。個票調査の例としては、いま挙げた工場調査のほか、国勢調査、家計調査、農家経済調査などが挙げられる。西欧から統計学が輸入されたのち、その担い手である統計学者および統計実務家たちが、最も正確な情報を得られる方式として導入に力を入れたのが、この方式である。

個票調査における自計式と他計式

個票調査が実際に行われるにあたり、調査対象が自分で個票に記入する方式を自計式、または自記式、調査員が調査対象から聞き取りを行い、必要に応じて周辺資料を調べた結果でこれを補うなどして個票に記入する方式を他計式、または他記式と呼んでいる。自計式調査が行われるためには、調査対象が、調査項目の定義▼9を理解した上で、自ら記入することが必要である。したがって、自計式による調査が滞《とどこお》りなく実施されるには、調査対象となる人々に識字能力がある、調査で用いられている概念に関して理解ができるなど、統一的な基準に基づいた教育が一定程度の水準で行われている必要がある。こうした理由から、発展途上国や、植民地における調査では、他計式が用いられることが多い。日本の例でいうと、一九二〇（大正九）年に実施された第一回国勢調査は原則として自計式で行われたが、これに先立つ一九〇五（明治三八）年に日本が台湾で実施した人口センサス（臨時台湾戸口《ここう》調査）は他計式によっている。▼10

全数調査と標本調査

個票調査のうち、その属性を知りたい事象の集合に含まれる要素（標本、サンプルともいう）のすべてを対象として漏れなく調査するものを、全数調査（悉皆《しっかい》調査、センサス調査ともいう）と呼ぶ。その代表的なものは国勢調査である。戦前の国勢調査では、一〇月一日午前零時に日本国内にいた人間すべてについて、その所在した場所で（現在人口主義と呼ぶ）、定められた項目に関して調査を行っている。

全数調査は、その集合に含まれる要素すべてを調査対象として行うものであるから、その集合全体の属性を最もよく反映しうるものである。しかし、その調査規模は往々《おうおう》にして膨大なものになる。国勢調査に例をとるなら、一九二〇（大正九）年の第一回国勢調査の時点で日本の人口は五五〇〇万人あまりであったから、世帯を単位とする個票は約一〇〇〇万枚を処理しなくてはならなかった。この膨大な量の個票を、今日のようにコンピュータではなく、パンチカードリーダーと手回し計算機、算盤《そろばん》によって集計したのである。▼11 当然、調査できる項目にもおのずと限界が生じる。この作業に投入できる人的資源と予算を勘案して、当時、調査の設計にあたった人たちは、調査項目をわずか八項目に限定した。

これに対して、調査の対象を何らかの方法で限定し、調査の規模を小さくしてやれば、同じ人的資源および予算の制約の下でも、より詳しい調査ができる。こうして、ある集合（母集団という）全体の属性を詳しく知るために、その中から特定の対象を抽出して行う調査を、標本調査と呼んでいる。

標本調査を行う場合、その調査結果が母集団全体の属性を、いかにして正確に反映するものにするように調査設計するかが問題となる。今日では、この「確からしさ」は、第二次世界大戦直後から無作為抽出法が採用されたことにより、確率論に基づいて数量的に把握できるものとなっている。しかし、本書で取り上げる第二次世界大戦敗戦前の時期には、標本調査はほとんどが「典型調査（typical survey）」と呼ばれる方法によっていた。これは、調査担当者が、その社会で生活することによって形づくられた常識に依拠して、母集団の属性を最もよく反映すると考える標本（典型）を選び出すという方法である。このような標本抽出の方法を、有意抽出と呼んでいる。無作為抽出による標本調査の確からしさが、母集団に含まれる標本の総数と、そこから乱数を用いて無作為に抽出される標本の数によって、基本的には数学的に決まるのに対し、有意抽出に基づく標本調査における確からしさは、調査担当者の常識によって決まり、数学的には表現することができない。第二次世界大戦前の歴史的統計に関しては、標本調査は、ほとんどすべてが、この有意抽出によっているため、これらをデータとして用いるには特別の注意が必要となる。つまり、それぞれの調査ごとに、どのような「常識」を持った人々が、いかなる基準で標本抽出にあたっていたかを知ることが不可欠だからである。こうした観点からの検討の結果、たとえば、大正期以降に農商務省《のうしょうむ》によって実施された『農家経済調査』では、標本抽出の方法は時期によって異なるものの、全体として、地域内で経済的に上層に偏った標本の選定になっているといわれている。

調査集計の組織——中央集査《しゅうさ》と地方分査《ぶんさ》

調査対象から回収された個票を集計する組織のあり方に着目すると、中央集査と地方分査という区分がある。中央集査は、回収された個票を、中央の統計調査機関（中央官庁など）が直接集計する方式である。これに対し、個票を地域の諸機関（道府県、中央官庁の出先機関など）が集計し、その集計結果のみを中央の機関に報告する方式を地方分査と呼んでいる。今日では、国による統計調査は基本的に中央集査によっているが、歴史的統計資料、特に明治初期の統計調査では、地方分査の方式をとっていることも多い。

明治時代の統計学者たちは、地方分査に対して中央集査の利点を強調し、近代的統計調査は中央集査によるべきであると強く主張した。地方分査の場合、各地域の調査結果が中央の調査機関に報告される前に各地の行政組織によって分類・集計されて集計量とされてしまうため、もし個票に異常な情報が含まれていても、中央レベルでは発見することができない。したがってそれらを全部集計した国レベルの数値も、確からしさに欠ける。これに対し、中央集査では、中央の調査機関が個票をすべて回収し、これを検査してから集計するので、この問題を回避できるというのがその理由である。

それにもかかわらず、すでに述べたように明治期を中心として、地方分査方式による調査が多かったのは次の理由による。すなわち、中央集査では大量の個票が中央調査機関一ヶ所に集中するため、これを操作するのに人手と予算が多く必要になる。地方分査では、郡市レベル、あるいは県レベルで調査結果をとりまとめるわけだから、個票の処理も比較的容易である。現地で個票をとりまとめる人々が、所管する地域の事情に通暁《つうぎょう》しているなら、個票の異常もチェックしやすいという利点もある。しかし、それと表裏の関係として、各地方官庁の統計担当者の資質が均一だという保証がなく、全国レベルでみたとき、全体として統一的な精度を備えたデータが得られにくいという問題もある。

統計調査の組織――集中型組織と分散型組織

次に、統計調査を担当する中央機関全体としてのあり方に着目した分類について述べよう。これは、個々の統計調査ではなく、国家全体としてみた場合の統計編成システムのあり方に関する分類である。

国家の統計編成システムには、集中型と分散型の二種類がある。

集中型のシステムは、国家が必要とする統計調査の、基本的にすべてを、中央統計局が管轄《かんかつ》する方式である。この方式では、各種の統計調査を一つの官庁が一元的に設計して実施するので、異なる調査間の整合性が保たれやすい上、重複調査の無駄も省くことができる。このシステムによる国の例として、フランス、カナダなどが挙げられる。旧社会主義圏の諸国も、この方式をとっていた。

一方、分散型のシステムは、各中央官庁や地方官庁が、それぞれに自己の管轄する領域に関する調査を実施するやり方である。この方式の利点は、各官庁のかかわる行政上の必要に迅速に対応する形で、調査設計を改定していくことが可能なことであろう。逆に、この方式では、各官庁のかかわる境界領域で内容的に重複する調査がしばしば発生することや、各調査間での概念の整合性、同じ調査であっても長期時系列データがとりにくい[12]などの難点がある。こうした不都合を解消するため、分散型システムをとる国では、各官庁間の統計調査を調整することを目的とした機関が設置されることが多い。このシステムによる国は、アメリカ、日本などである。

日本においては、各種の統計調査は明治時代から分散型で行われてきた。特に第二次世界大戦敗戦前の段階では、戦後に統計局や統計委員会、統計審議会などが果たしてきたような、各省庁の統計に関する有効な調整機能を持つ組織を欠いたため、重複した調査が数多くみられる。こうした分散型調査システムによる弊害は、統計学者、統計実務家の間では早くから認識されており、日本の統計調査システムを集中型にする試みが何度かなされている。第二次世界大戦開戦の一九三九年から戦後の一九四七年まで統計局長を務めた川島孝彦が進めようとした中央統計局構想は、その一例である。[13] しかし、第二章四節で述べたように、これらの試みはいずれも実現にいたらず、日本では今日にいたるまで分散型システムが継続している。

統計資料の刊行形態

これまで統計調査の調査実施の側に着目して、各種の区分について説明してきたが、統計資料を利用するにあたり、もう一つ重要なのが、調査された結果がいかなる形で取りまとめられ、刊行されるかという点である。なぜなら、統計資料を探す際に、どのような刊行形態をとっているかを知らなければ、不要な手間をとることになるという実用的な問題が生じるからである。

第二次世界大戦以前に関して、私たちが統計書といったときにまず思い浮かべるのは、『国勢調査』や『労働統計実地調査』『東京市勢調査』などのように、ある調査の結果が一まとまりにまとめられた結果刊行物であろう。これは調査統計の結果報告として、ごく一般的にみられる形態である。

しかし、統計調査の結果表の中には、このようにまとまった報告書の形態をとらないものも数多く存在する。各省庁などが調査結果を、随時、関係する定期刊行物の中に報告するケースなどがそれである。その中には、当時の日本経済を知る上で重要な系列も含まれている。純然たる政府機関の例ではないが、日本銀行では明治以来毎月、各地の物価、金利などを調査してきたが、その調査結果は独立した刊行物の形にはまとめられず、『銀行通信録』の中に随時収録されている。各官庁の年報や、地方公共団体の事務報告書の中に、統計データが含まれることも多い。事務報告書は、通常は刊行されることはなく、地方議会の議案として議事録などの中に綴じ込まれている場合が多い。

さらに、統計の名称と、その結果刊行物の名称が異なっている場合があることには注意を要する。たとえば、業務統計であるが『本邦鉱業の趨勢』という統計書は、「本邦鉱業の趨勢調査」が行われた結果を現したものではなく、農商務省（のちに商工《しょうこう》省）が編成した、関連する各種の業務統計の総称である。

最後に、調査統計や業務統計、場合によっては加工統計も含む各種の統計資料を集め、それをまとめる形で編纂した統計書があり、これを総合統計書（総括統計書という場合もある）と呼んでいる。その代表例は、いうまでもなく『帝国統計年鑑《ていこくとうけいねんかん》』である。総合統計書には、このほか府県統計書、府県勧業年報、各省庁や総督府《そうとくふ》（植民地）の年鑑類、先に例として挙げた日本銀行の『本邦主要経済統計』などがある。第二次世界大戦以前に刊行されたこれらの総合統計書は、各種の統計データが掲載されていて便利であるが、その調査の定義や方法、編纂《へんさん》の過程で何らかの操作が行われたか、行われたとしたらそれはどのようなものであったかなど、統計データを利用する上で必要な情報（メタデータ）を欠くことが多い。たとえば『帝国統計年鑑』を利用しようとする場合、その元データに立ち返って、調査の定義や、業務にかかわる諸規定などについて調べることが必要になるが、多くの場合、そうした出典は明記されていないのである。

統計の根拠法

今日の日本においては、公的統計の作成の法的根拠は、改正「統計法」（平成十九年法律第五十三号）によって一元的に定められているが[14]、戦前の日本においては、統計法に当たる統計編成の基本法規は存在しなかった。戦前における統計は、以下に述べる法律、勅令《ちょくれい》、中央官庁の訓令や照会《しょうかい》など、さまざまな法的根拠に基づいて作成されていたのである。これらをすべて掲げていくと膨大になるので、これらのうち、三つの法律と、代表的な訓令について紹介することにしよう。

まず、日本で初めて調査統計の編成に関して定めた法律は、「国勢調査ニ関スル法律」（明治三十五年法律第四十九号）であった。この法律の条文は以下のとおりである[15]。

第一条　国勢調査は一〇ヶ年ごとに一回、帝国版図《はんと》内で施行する
第二条　国勢調査の範囲と方法、および国庫と地方の経費分担の割合、その他必要な事項は、別に命令によって定める
第三条　第一回国勢調査は明治三八〔一九〇五〕年に施行する
ただし、第二回に限り、第一回より起算して五ヶ年後に施行し、その後は第一条の定めによる

以上に見るとおり、この法律は国勢調査に関する根拠法であり、一九四〇（昭和一五）年の第五回国勢調査まで用いられた。ただし、第三条に関しては、日露戦争勃発《ぼっぱつ》による国庫の逼迫《ひっぱく》を理由に「第三条　第一回国勢調査を行うべき時期は勅令をもって定める」と改訂され、事実上の無期延期にされてしまった。実際に第一回国勢調査が実施されるのは、一九二〇（大正九）年のことである。国勢調査は日本における人口センサスであるが、唯一の例外として、事実上の商業センサスである「昭和十四年臨時国勢調査」は、第六章に述べた事情から、この法律を根拠として実施された。

次に、「統計資料実地調査ニ関スル法律」（大正十一年法律第五十二号）は、第一次大戦後、急激に悪化した社会問題、労働問題を背景に、これに対処すべき政策立案の資料を得るために、労働調査の根拠法として制定された。のち、一九二九（昭和四）年に農業に関する統計調査をも対象とするように改正された。この法律の条文は、以下のとおりである。

第一条　政府は、労働に関する統計資料収集のため、必要があるときは、特に期日を定めて、全国にわたるか、あるいは一定の地域を区切って実地調査を行う
前項の実地調査の期日、範囲、方法その他の必要な事項は勅令によって定める

第二条　実地調査によって収集した個々の資料は、統計上の目的以外に使用することはできない

第三条　実地調査に関する事務に従事した者が、その職務執行に関して知り得た個人、法人、組合、またはその業務に関する事項を理由なく他に漏洩《ろうえい》したときは、一〇〇円以下の罰金または過料に処する

第四条　実地調査に際し、調査を忌避《きひ》し、申告を拒《こば》み、または故意に虚偽の申告をした場合は、五〇円以下の罰金または過料に処する

第五条　虚偽の風説を流布し、または偽計《ぎけい》や威力を用いて実地調査を妨げた者は、二〇〇円以下の罰金に処する[16]

以上のように、この法律は労働統計に関するものであった。国勢調査に関する法律との大きな違いは、調査実施者、調査対象に対する罰則規定（業務上知り得た事実の漏洩、調査の忌避、虚偽の申告、調査に対する妨害）が設けられたことであった。また、国勢調査に関しては、個票情報の統計目的以外への転用禁止は、一九二〇年の国勢調査評議会で決定されるにとどまったが、統計資料実地調査に関する法律では法律の条文に定められており、この点で、通常の行政事務から切り離された統計調査という概念が明確化されている。これは戦後の統計法にも引き継がれていく発想である。

戦前に制定された統計に関係する最後の法律は、田中義一内閣の下で制定された「資源調査法」（昭和四年法律第五十三号）である。その条文は、以下のとおりである。

第一条　政府は人的および物的資源の調査のため、必要があるときは個人または法人に対し、人的および物的資源に関する報告または実地申告を命じることができる

前項の資源調査の範囲、方法その他必要な事項は、命令によってこれを定める

第二条　該当《がいとう》する官吏《かんり》または吏員《りいん》は、人的および物的資源の統制運用計画の設定と遂行に必要な資源調査のため、必要な場所に立ち入り、検査をし、調査資料の提供を求めたり、関係者に質問をしたりすることができる。この場合には、そのための身分証明書を携帯すること

第三条　工業的発明に関係するか、あるいはその他特殊な業務上の秘密に属する事項、または設備であって、命令に定めるものについては、第一条の報告もしくは実地申告を命じたり、または前条の規定により検査を実施したり、調査資料の提供を求めたり、関係者に対し質問をしたりすることはできない

第四条　第一条の規定により報告または実地申告を命じられた者が、営業に関して成年者と同一の能力を持たない未成年者もしくは禁治《きんち》産《さん》者である場合、または法人の場合には、その法定代理人または理事、業務を執行する社員、会社を代表する社員、取締役、業務担当社員その他法令の規定により法人を代表する者が、報告または実地申告をする義務がある

第五条　第一条の規定により命じられた報告もしくは実地申告をせず、または虚偽の報告もしくは実地申告をした者は、二〇〇円以下の罰金に処する

第六条　第二条の規定に該当する官吏または吏員が、職務執行を拒み、妨げもしくは忌避し、調査資料の提供をせず、もしくは虚偽の調査資料を提供し、または質問に対し虚偽の陳述をしたときは、五〇〇円以下の罰金に処する

第七条　該当する官吏もしくは吏員、またはその職にあった者が、本法による職務執行に関して知り得た個人または法人の業務上の秘密を漏洩し、または盗用したときは、二年以下の懲役または二〇〇〇円以下の罰金に処する。該当する官吏または吏員が、第三条の規定に違反したときも同様である
職務上、前項の秘密を知り得た他の公務員または公務員であった者が、その秘密を漏洩し、または盗用したときの罰も前項に同じ▼17

「国勢調査に関する法律」「統計資料実地調査に関する法律」が統計調査自体を目的としていたのに対し、この法律は、第二条に「人的および物的資源の統制運用計画の設定と遂行に必要な資源調査」とあることからもわかるように、総力戦に備える「軍需《ぐんじゅ》工業動員法」（大正七年法律第三十八号）から「国家総動員法」（昭和十三年法律第五十五号）にいたる流れの中に位置づけられるものであり、取得された統計情報を軍事目的に転用することを念頭においているという点で、性質を異にしている。

以上が戦前日本における統計関係の法律であったが、この時期、統計データの多くは、これらの法律のみによらず、勅令や省庁の訓令、照会などに基づいて編成されていた。こうした省令などはきわめて多数にのぼるので、本節で網羅的に取り上げることは不可能である。ここでは一例として、そうしたもののうちでも最も古い時期に内務省によって制定された規則について紹介しておこう。内務省《ないむ》勧農局によって公布された「農事通信仮規則」である。

農林省《のうりん》農務局によれば、「農事通信仮規則」は、一八七七（明治一〇）年一一月に内務省勧農局から府県に通達された。この規則はその後のさまざまな規則の原型ともいえるものなので、読者にイメージを持っていただくために、長文ではあるが全文を以下に掲げよう。

府県通信仮規則　草稿

第一則　明治一一年一月より、勧農局と府県庁との間で、時事通信質問の連絡をはじめ、全国農事の情報をやりとりすることに努力すること

第二則　府県庁は常に、その管下の農事の情況と、その府県庁の勧農事務の顚末《てんまつ》を記載して、これを勧農局に通信すること

第三則　勧農局は、第二則にある通信の中から要件を選び、あるいはこれに本局の意見を加え、または農家の参考となるべき内外の雑事雑説を付記して、これを全国または関係の地方に知らせること

第四則　府県通信は、臨時報、月報、年報の三種に分ける。本局の報告も同じとする

第五則　臨時報とは、事が重大または急遽であるものをいう。その事項は左の類を参照すること（最も重大な事件には電報を用いること）

一　気候不順によって冷熱が突然来たり、風水旱《かん》などの災害が農産を害し農業を妨げる類

二　植物の虫害、あるいは家畜伝染病の徴候がある類

第六則　月報とは、急を要することではないが年報にまで延ばすべきでないものをいう。したがって、一ヶ月分あるいは二ヶ月分を束ねて一時に報告すること。その事項は左に準じること。ただし急ぐべきものとそうでないものとをよく見極め、時機を失わないようにすることが必要である

一　先頃内務省が改訂した農産表の品目に該当する物産の成長、および豊凶を報じること。ただし、この品目に含まれないものであっても、各府県管内に生じる著名な農産物は、これと同じ扱いにすること

二　各地方庁の植物栽培場、あるいは管下で、人民が試験栽培する植物類の成長の情況、およびこれまでの経験からみてその土地に適して人民の益となるかどうかの意見など（勧農局が頒布した種子苗木類もこれに準じる）

三　有益な種子苗木類を各府県管下に頒布したこと

四　農業の諸試験

五　山野を開き、廃田《はいでん》をおこし、新たに物産を繁殖する類

六　耕作の方法を改良し、あるいは農具を改良して、労力と費用を省く類

七　従来粗悪であった物産の品位を向上させ、これにともなって産出を増加したこと
八　農業において、人民が新しい種類の営業をはじめたこと
九　これまで棄《す》てて放置していた山野の遊休資源を利用して有益な物産を作ったこと
一〇　農業会社あるいは農業に関して、男女生徒を教育する方法のこと
一一　養蚕牧畜などの情況
一二　農業に便利な機械を用い、あるいは水力、風力、火力、牛馬力などによって、大いに労力と費用を節減したこと
一三　農産展覧会を開き、あるいは農産競《せ》り市を設けて、農業の進歩を鼓舞する方法のこと
一四　農業に関する著書や論説のこと
一五　現在は海外から輸入している品の代用となる物産の繁殖、あるいは新たに輸出して外国需要の適否を調べたこと

第七則　全体に、通信は努めて平易な文を用い、粉飾《ふんしょく》の弊害がないことが必要である。得失利害に関するものは特に注意しなければならない

第八則　本局がこの月報を検分して、事実が明瞭でないか、あるいは疑義があって質問をするときは、府県庁はすみやかにその質問に応じなければならない

第九則　各府県が農業上の疑義を質問しようとするときは、その理由を明らかにして本局に郵送すること。その場合は本局はただちにそれに答弁をしなければならない

第一〇則　前条の場合で本局が理解しにくい事項について、これを公開して一般の意見を求めたり、海外各国の勧農局もしくは有名な農学家などに問い合わせたりして、その事実を追究することは本局の任務である

第一一則　月報のほか、本局が何らかの問題を設けて各府県に質問をするときは、各府県においてその問題の趣意にしたがってすみやかに回答書を作ること

第一二則　月報において、文章の力では表現しにくい物質や形状などは、図画あるいは写真を添えるか、雛形見本を本局に郵送すること。本局より各地方に郵送するのも同様である

第一三則　月報において、数量や、その他統計に属するものは、なるべく表に収めること

第一四則　各地方言など、一般に解読できないものにはふりがなをつけ、あるいは割り註を加えること

第一五則　年報とは、各地方において一年間（暦年度すなわち一月より一二月まで）の農事進捗の情況と、府県庁勧農事務の成績、および将来の勧業奨励《しょうれい》の意見などを加えて編成する、その年に関する完全な報告であって、月報とはややその趣が異なる

第一六則　年報には図画あるいは統計表類を編入し、努めて詳密にすべきである。その材料の多くは、臨時報と月報から抄録すること

第一七則　この通信仮規則は、各地の便宜と農業進歩の度により、漸次、改正増補することがあるだろう

第一八則　本局による報告、質問の件は、報告書に編入し、あるいは各社新聞紙上の本局記録欄内に抄録することがありうる。ただし一、二の地方に限って報告、質問するものは、これには該当しない

第一九則　府県では、勧農主務職員の中に通信委員を置き、あらかじめその姓名を本局に届けること

第二〇則　通信書は長官の閲読を経て、府県委員がただちに本局報告課に郵送すること

（第一八則以下は同年一二月追加）▼[18]

以上の条文をみると、この農事通信仮規則は統計報告に限らず、勧業事務の顛末、農業技術の進歩、開墾《かいこん》、農業教育など、農業全般にわたる情報収集、情報交換のシステムであり、その一部として統計も含まれるという性質

のものであることがわかる。このような「報告規則」の性格は、各省庁や各道府県の報告規則に共通している。また、ここには臨時報、月報、年報の三種類が規定されているが、報告の種類には、後年になると即報、日報、季報、半年報などが加えられていく。各種の統計書を利用しようとするとき、各省庁の訓令として定められた「○○省報告規則」や、各道府県で定められた「○○県報告例」「○○郡報告例」といった規則の類を確認することが、重要な基礎作業となる。

註

▼1 ここで歴史的統計というとき、とりあえずは一八六八（明治元）年から一九四五（昭和二〇）年までの間に編成された統計を指すこととする。

▼2 竹内啓ほか編（一九八九）『統計学辞典』東洋経済新報社。

▼3 この世界のさまざまな存在を私たちが認識する際に、私たちはその存在それ自体（実体）を無媒介に認識しているわけではない。私たちは世界を言葉で区切って、その言葉を認識しているのである。その区切り方は言語によって異なる。たとえば、lipという英語は通常「くちびる」と訳されているが、実はその示すところは同一ではない。日本語でいう「口ひげ」は、英語ではlipに生えている。

▼4 余談になるが、業務統計、調査統計を問わず、その社会で違法行為とされる活動については、一般に信頼できる統計データが得られないことが多い。日本経済を全体としてみるならば、明治の最初期と第二次世界大戦後の「闇市」を除いては、このような行為が国民経済の大きな部分を占めることはなかったと考えられるので、問題は深刻ではない。しかし、国あるいは地域によっては、闇取引や麻薬の生産輸出など、いわゆる地下経済underground economyが、表面に現れた経済よりも実態としては優勢である場合もあり、こうしたところでは、統計データのこの問題は深刻になる。

▼5　東洋経済新報社刊。

▼6　LTES推計に際して用いられたワークシートの一部は、一橋大学経済研究所附属社会科学統計情報研究センターに所蔵され、公開されている。

▼7　この場合、調査者は往々にして調査対象のもとに赴《おもむ》くことなく、自分の常識的判断で表式に記入し、報告することがある。このような「調査」方法を、当時の言葉で「達観調査」と呼んでいる。俗にいう「筆舐《な》め」である。もちろん前田正名に代表されるように、現地に出向いて実地調査をする例も多い。表式調査には、この両者が混在していることが多い。

▼8　場合により調査票、小票ともいう。小票は主として明治時代に用いられた呼称で、「こふだ」とも読む。

▼9　往々にして伝統的な用語法からはズレがある。そのため、たとえば一九二〇年の国勢調査個票では、「世帯主」という言葉に「うちのしゅじん」とふりがなが振ってある。

▼10　なお、農家経済調査に関しては、個票が経営帳簿の形をとっているため、農業簿記の考え方がベースになっている。これにともない、自計式、他計式の区分が、統計調査一般とは異なっている点、注意が必要である。この調査に関しては、帳簿上の決算を農家自らが行うのを自計式、農家は記帳するにとどまり、決算は調査員などの他者が行うのを他計式と呼んでいる。

▼11　この当時用いられたパンチカードリーダーや計算機などの実物は、今日、統計局の統計資料館に保存展示され、誰でも目にすることができる。

▼12　各官庁がそれぞれの時期に政策決定上必要な調査項目を入れ、そうでないものを省くなどして、調査項目の一貫性が損なわれる場合もあるためである。

▼13　川島孝彦の中央統計局構想については、佐藤正広編著（二〇二〇）『近代日本統計史』晃洋書房、第五章を参照。

▼14　この法律制定以前には、「昭和二十二年法律第十八号統計法」が行われていた。

▼15　「国勢調査ニ関スル法律」（明治三十五年法律第四十九号）より。原文は以下のとおり。

第一条　国勢調査は各十箇年毎に一回帝国版図内に施行す

第二条　国勢調査の範囲、方法及経費の国庫と地方分担との割合、其他必要の事項は別に命令を以て之を定む

第三条　第一回国勢調査は明治三十八年に於て施行す
　但し、第二回に限り、第一回より起算し、満五箇年を以て施行し、爾後第一条の例に依る

▼16

「統計資料実地調査ニ関スル法律」（大正十一年法律第五十二号）より。原文は以下のとおり。

第一条　政府は労働に関する統計資料蒐集の為必要あるときは特に期日を定め全国に渉り又は一定の区域を画して実地調査を行ふ
　前項の実地調査の期日、範囲、方法其の他必要なる事項は勅令を以て之を定む

第二条　実地調査によりて蒐集したる個々の資料は統計上の目的以外に之を使用することを得ず

第三条　実地調査に関する事務に従事したる者その職務執行に関し知得したる個人、法人、組合、又は其の業務に関する事項を故なく他に漏洩したるときは百円以下の罰金又は過料に処す

第四条　実地調査に際し調査を忌避し、申告を拒み、又は故意に不実の申告を為したる者は五十円以下の罰金又は過料に処す

第五条　虚偽の風説を流布し又は偽計若くは威力を用いて実地調査を妨げたる者は二百円以下の罰金に処す

▼17

「資源調査法」（昭和四年法律第五十三号）より。原文は以下のとおり。

第一条　政府は人的及び物的資源の調査の為必要あるときは個人又は法人に対し之に関する報告又は実地申告を命ずることを得
　前項の資源調査の範囲、方法其他必要なる事項は命令を以て之を定む

第二条　当該官吏又は吏員は人的及物的資源の統制運用計画の設定及遂行に必要なる資源調査の為必要なる場所に立入り、検査を為し、調査資料の提供を求め又は関係者に質問を為すことを得此の場合には其の証票を携帯すべし

第三条　工業的発明に係り其の他特殊なる業務上の秘密に属する事項又は設備にして命令に定むるものに付ては

第四条　第一条の報告若は実地申告を命じ又は前条の規定に依り検査を為し、調査資料の提供を求め若は関係者に対し質問を為すこと得ず
第一条の規定に依り報告又は実地申告を命ぜられたる者営業に関し成年者と同一の能力を有せざる未成年者若は禁治産者なる場合又は法人の場合には其の法定代理人又は理事、業務を執行する社員、会社を代表する社員、取締役、業務担当社員其の他法令の規定に依り法人を代表する者に於て報告又は実地申告を為すの義務を有す
第五条　第一条の規定に依り命ぜられたる報告若は実地申告を為さず又は虚偽の報告若は実地申告を為したる者は二百円以下の罰金に処す
第六条　第二条の規定に依る当該官吏又は吏員の職務執行を拒み、妨げ若は忌避し、調査資料の提供を為さず若は虚偽の調査資料を提供し又は質問に対し虚偽の陳述を為したる者は五百円以下の罰金に処す
第七条　当該官吏若は吏員又は其の職に在りたる者本法に依る職務執行に関し知得したる個人又は法人の業務上の秘密を漏洩し又は竊用したるときは二年以下の懲役又は二千円以下の罰金に処す当該官吏又は吏員第三条の規定に違反したるとき亦同じ
職務上前項の秘密を知得したる他の公務員又は公務員たりし者其の秘密を漏洩し又は窃用したるとき罰前項に同じ

▼18　農林省農務局編（一九三九）『明治前期勧農事蹟輯録』上巻、大日本農会、二九三‐二九五頁。原文は以下のとおり。

府県通信仮規則　草稿
第一則　明治十一年一月より勧農局と府県庁との間に於て時事通信質問の便を開き全国農事の気脈をして相聯絡せしむる事を努むべし
第二則　府県庁に於ては常に其管下農事の景況と該庁勧農事務の顚末を記載して之を勧農局に通信すべし
第三則　勧農局に於ては第二則通信中の要件を択び或は之に本局の意見を加へ又は農家の参考となるべき内外の雑事雑説を付記して之を全国又は関係の地方に報道すべし

第四則　府県通信の部を分て臨時報月報年報の三種とす但し本局報告亦之に同じ
第五則　臨時報とは事の重大又は急遽に係るものを云ふ其事項は左の類に照準すべし（事の尤も甚しきは電報を用ふべし）
一　気候節を失ひ冷熱俄に至り或は風水旱等の災によりて農産を害し農業を防ぐるの類
二　植物の虫害或は家畜伝染病の徴候ある類
第六則　月報とは事急遽に係らざるも延て年報に付すべからざるものを云ふ故に一月或は二月分を束ねて一時に報道すべし其事項は左に照準すべし但し能く緩急を量り時機を失はざるを要す
一　先般内務省に於て改訂せる農産表の品目に関する物産の生長及び豊凶を報ずる事但し本業品目に洩るものと雖も該管内に生する著名の農産は本文に同じ
二　各地方庁植物栽培場或は管下に於て人民の試験せる植物類生長の景況及び従来其地に適して民益となるべきや否やの意見等（勧農局より頒布せし種子苗木類之に準ず）
三　有益の種子苗木類を其管下に頒布せる事
四　農業の諸試験
五　山野を開き廃田を興し新に物産を繁殖する類
六　耕作の方法を改良し或は農具を改製して労費を省く類
七　従来粗悪なりし物産の品位を勧め随て産出を増加せし事
八　農業上に於て人民新に一種の営業を興せしこと
九　従来棄てて顧みざりし山野の遺利を拾いて有益の物産を興せしこと
十　農業会社或は農業に関する男女生徒を教育する方法のこと
十一　養蚕牧畜等の景況
十二　農業上便宜の機械を用ひ或は水力風力火力牛馬力等によりて大に労費を節減せしこと
十三　農産展覧会を開き或は農産競市場を設け農業の進歩を鼓舞する方法のこと
十四　農業に関する著書論説のこと
十五　現時海外輸入品に代用すべき物産の繁殖或は新に輸出して外国需要の適否を試むること

第七則　凡そ通信は務めて平易文を用ひ虚飾質実の弊なきを要す其得失利害に関するものは尤も注意すべし
第八則　本局に於て此月報を検点して事実明瞭ならざるか或は疑義ありて之を質問するときは府県庁に於て速かに其質問に応ずべし
第九則　各府県に於て農業上の疑義を質問せんとするときは其の事由を審らかにして之を本局に郵致すべし然るときは本局直に之が答弁をなすべし
第十則　前条の場合に於て本局の了解し難き事項は或は之を広告して一般の説を求め或は海外各国の勧農局若くは有名なる農学家等に質して其事実を査究するは本局其任に当るべし
第十一則　月報の他本局別に一種の問題を設けて之を各府県に質問するときは各府県に於て其問題の主義により速かに回答書を作るべし
第十二則　月報中筆力を以て悉し難き物質形状等は図画或は写真を添へ或は雛形見本を以て本局に郵致すべし但し本局より各地方に郵致するも之に同じ
第十三則　月報中数量其他統計に属するものは成るべく表に収むべし
第十四則　各地方言等の一般に解読し難きものは傍訓を施し或は分注を加ふべし
第十五則　年報とは各地方に於て一周年間（暦年度即ち一月より十二月まで）に経過せる農事進歩の景況と該庁勧農事務の成跡及び将来勧奨の意見等を加へて編成せる一部完全の報告にして月報とは稍其趣を異にするものなり
第十六則　年報には図画或は計表類を編入し努めて詳密を要すべし但し其材料は多く臨時報月報より抄録すべきものとす
第十七則　此通信仮規則は各地の便宜と農業進歩の度により漸次改正増補することあるべし
第十八則　本局報告質問の件は報告書に編入し或は各社新聞紙上本局録事欄内に抄録することあるべし、但し一二地方に限り報告質問するものは此限に非ず
第十九則　府県に於ては勧農主務属官の内に於て通信委員を置き予て其姓名を本局に届け置くべし
第二十則　通信書は府県委員長官の閲をへて直に本局報告課に郵送すべし
（第十八則以下は同年十二月追加）

第九章　統計の分類表

一　統計的分類とは——本章の課題▼1

分類表は、統計資料の作成、利用の基礎をなすものであり、それだけで専門書が出るほどの議論が成り立つ研究領域でもある。しかしここでは、経済統計資料の利用にあたって念頭においておくべきことに絞って、ごく簡単に概略を述べるにとどめる。

統計データとは、何らかの集合（母集団）の属性を数量化して表章したものである。そしてその利用にあたっては、その母集団を構造化して把握することとともに、他の集合との通時的、あるいは空間的な比較をすることが本質的な意味を持つ。そのため、母集団に含まれる要素を何らかの基準によって分類した上で、集計しなくてはならない。この分類が明確に、統一的に定義されなければ、構造化や比較といってもあやふやなものとなり、意味をなさなくなってしまう。

分類がなされるためには、その分類が可能となるような形で調査が設計されていなくてはならない。つまり、調査標識と分類標識とが対応する形で調査が設計されていなくては、調査結果を分類することはできない。たとえば、調査で年齢について尋ねていなければ、人口を年齢階級別に集計することはできない。職業を調査事項に含まなければ、職業別人口を表章することはできない。ある事業所に雇われる従業者数を調べていなければ、従業者規模別の事業所数を統計表にすることはできない、などである。これは当然の話であろう。

次に、分類標識には、量的分類標識と質的分類標識の二種類がある。量的分類標識とは、年齢別、従業員規模別、年間売上規模別など、本来数量的な調査標識を、ある区切りにしたがって階級化したものである。これに対し、質的分類標識とは、男女別、職業別、地域別など、数量的でない属性にしたがって調査対象を区分けし、集計するものである。本章では、経済統計に関して、この質的分類標識について基本的に知っておくべきことを述べておきたいと思う。以下、単に統計の分類表という場合は、この質的分類標識を指すことにする。

二　分類表の変化

統計データの時系列的利用という観点から、常に念頭におく必要があるのは、「分類表は変化する」ということである。本書で取り扱う時期、すなわち統計調査自体が発達する途上にあった時期においては、このことは特に大きな意味を持っている。これに加えて、明治維新《めいじいしん》期から昭和戦時期には、日本社会に大きな構造変化が生じ、そのため、これを調査して分類する際の基準も大きく変化した。国際的にみても、この時期は、未分化であった産業分類が職業分類から分離し、別個の分類表として成立する時期でもある。したがって、統計データの時系列的な分析や比較をする場合、自分の使用する統計の分類がどう変化していくかを正確に把握し、変化したその分類表を、何らかの形で統一的なものに組み替えて用いなくてはならなくなる。

さて、社会、経済関係の領域には各種の分類表が成り立つ。たとえば、西欧で最も早くから成立してきた分類表には、人々の死因をなす疾病《しっぺい》の分類などがあるし、民族、言語、宗教など、分類表の数を数え上げていったら膨大な種類に及ぶであろう。しかし、経済統計に限っていえば、そうした分類の中で最も重要なのは、職業分類、産業分類、商品分類の三つである。そこで、ここではその中でも職業分類と産業分類を取り上げて、分類表の変化について概観しておこう。その要因として、日本における社会構成の変化と、国際的契機《けいき》とがある。両者はたがいに関係しており、厳密にいうなら切り離すことはできないが、ここではあえて、それぞれの側面へ順番に光を当てることにしたい。

三　分類表変化の要因1——社会構成の変化

職業と産業について、ごく簡単に定義を述べておく。まず、職業とは、ある主体がある経済にかかわる際の形、すなわち個人のアクティビティである。産業は、そうしたアクティビティ、あるいは複数のアクティビティの組み合わせの結果として生み出される財、あるいはサービスによって定義される。ここで注意が必要なのは、職業と産業が一致しないケースがあることである。今日の日本経済からいくつかの例を挙げよう。

自動車を製造する工場があったとする。この工場が生産物として市場に投入するのは自動車であるから、この工場は「自動車製造業」に属する。この工場ではいろいろな人が働いている。ある人は金型でボディを成形し、別の人は生産ライン全体の監視をし、また別の人は工場に搬入された原材料や半製品を運搬するために、場内で自動車を運転しているなど。このとき、彼らの職業は成形工、管理職、運転手ということになる。さてここで自動車の運転手に着目すると、この職業にはさまざまな種類がある。たとえば路線バスの運転手も、トラックやタクシーの運転手もおり、彼らは産業でいえば「運輸業」に所属している。しかし自動車工場内部の運転手は、職業は同じ運転手であっても、産業としては「自動車製造業」に所属することになる。同様に、製鉄所で働く運転手は、職業としては運転手だが、産業は「鉄鋼業」に属する。

もう一つの例。町の豆腐屋さんを考えてみよう。家族経営で、大豆の仕入れから加工、小売りまで一人の人が全部やっている。この場合、その産業は「製造小売り」になり、店主の職業は産業と一致する。

以上のように、産業と職業とは、場内分業の有無という経営のあり方の差により、一致する場合も、しない場合もある。このことを意識しながら、日本における職業分類と産業分類の変化について、歴史的に概観することにしよう。

一般的にいうなら、これら二種類の概念に関する分類表のうち、職業分類が歴史的には先行して現れ、産業分類はここからのちに分化してくる。また、各時代の分類表は、その時代の人々が、自らの社会を認識する枠組みを示すものとなっている。

明治以降の日本で最初に全住民を把握し、それを分類集計したのは、一八七二（明治五）年一月末を期して作製された、いわゆる壬申戸籍《じんしんこせき》である。[2] この戸籍は、住民を地域編成にしたがって把握するという、住民登録システムとして通常は理解されているが、人々の族籍《ぞくせき》と職分を六年目ごとに調査して改訂すると規定されており、[3] 統計調査としての側面も持っていた。その「職分表」の分類は、以下のようである（図9－1）。

一　職分はすべて、本籍において現在営んでいる業を記すこと。たとえば農業や商業から官員になった場合、農業商業を除くこと。しかし、やむを得ない事情があり、その家族がまだもとの業を営んでいるならば、これは農業商業に数えること。また、農業商業から従者、雇人になった場合も、この例にならうこと。もしも兼業がある場合は、本業だけを記載すること。

一　官員、神官、兵隊、従者、雇人は、戸主であると家族であるとにかかわらず、それぞれその職業にある者を数える。農業、工業、商業、雑業の類で、戸主が幼年である場合もその数を数えること。家族は、男女を問わず一五歳以上で職業に従事する者、およびその戸主と職業を異にする者は、それぞれその職業の分類に記すこと。

一　神官というのはすべて新任の神官のことである　重い病気や障害がある者であっても、職業がある者はその職の分類に記すこと

第二号区内職分表式

某藩第何区職分表 府 県

何郡 何村 何村 合何ヶ村丁
何丁 何丁

官員 何人 兵隊 何人
華族 何人 士族 何人
卒 何人 祠官 何人
僧侶 何人
農 何人 工 何人
商 何人 雑業 何人

右之通相違無之候
年号干支月

第何区戸長 氏 名〇印
同 副 氏 名〇印

農工商ニ属セサルモノヲ雑業トスヘシ巫ハ祠官ニ入レ尼ハ僧侶ニ加フヘシ

図 9-1 区内職分表の書式
出典：『総理府統計局百年史資料集成』第 2 巻（人口 上）、1976 年、13 頁。なお、「第一号区内戸籍表式」と一対になっている。「戸籍表式」も「職分表式」も戸長が作成責任者である。三潴（1983）p. 40 より引用。

一 官員、神官、華士族、卒、兵隊、僧尼、旧神官の召使いは従者の部に、民間の召使いは雇人の部に入れ、工業、商業に属さない者は雑業の部に記入すること。

一 皇学以下、学術の部はすべて専門家として開業している者をいうのであるが、農業、商業を営む者の中で博学な者は、それぞれの学術の分類にも記載すること。

一 洋学のように各国の名前がついた学問名がある場合は、書式にしたがって必要なだけ枠を作り、それぞれその専門の国名を記入すること。[4]

続いて一八七九（明治一二）年に、杉亨二《すぎこうじ》によって実施された『甲斐国現在人別調《かいのくにげんざいにんべつしらべ》』の職業分類[5]をみると、表9-1のとおりである。

一七の大分類のもとに、六八一の本業名が設けられ、上記の「職分表」とは大きく異なるものになっている。

さらに、一九二〇（大正九）年以後、一〇年ごとに大規模調査を実施した国勢調査の職業分類[6]をみると、

表9－1 「甲斐国現在人別調」の職業分類（大分類と本業名）

1．農作等に係る業

直農作主
直農作
直下農作主
直下農作
下農作主
下農作
農作
同雇
同日雇
籾挽
同雇
寺地直農作主
寺地直農作
養蚕主
養蚕及手伝
同雇
育蚕役員及雇
薪採
炭焼
杣職
同日雇
木挽
漆採
植木職
庭師
同日雇
馬飼雇
農産社役員及雇
蓮根掘
○養蚕

2．飲食等に係る業

酒造主
同支配人
酒造
同雇
麦酒醸造主
葡萄酒醸造雇
白酒醸造
醬油醸造主
醬油醸造
同雇
水車主
水車業及手伝
同雇
米搗
粉挽
菓子種製造
同雇
菓子製造及手伝
同弟子及雇
所天製造
饅頭製造
同雇
麦麵製造
蕎麦製造
葛製造
製茶主
豆腐製造及手伝
同雇
焼麩製造
川漁
銃猟
屠牛業

3．身装に係る業

仕立業
同弟子及雇
洋服仕立職
法衣仕立職
縫箔師
合羽職
股引仕立職
同弟子及雇
足袋職及手伝
同雇
湯のし職
布打職
同雇
洗濯
袋物職
印伝職
同弟子及雇
革工
鼈甲職
同弟子及雇
櫛挽
髢造
化粧具職
髪油職
蝙蝠傘工

同張替
傘工及手伝
竹笠造
靴製造主
靴製造
下駄職
同雇
下駄歯入
木履職
雪駄職
草履麻裡附
麻裡草履造
草履及草鞋造
鼻緒造
理髪職
同弟子及雇
女髪結
同下梳
◯縫針

4．建物等に係る業

家作大工
同弟子
左官
同弟子及雇
石工及手伝
瓦製造主
瓦製造及手伝
同雇
石灰焼主
石灰焼
同雇
瓦屋根葺
板及檜皮屋根葺
茅屋根葺
板剥
黒鍬
畳職及手伝
同弟子及雇
建具職
同弟子及雇
ペンキ塗師
土方稼
仕事師

5．家具等に係る業

指物職
同弟子及雇
桶工
桶工弟子及雇
塗物師
膳椀塗師
同弟子及雇
木地職
陶器製造
陶器焼接
土器焼業
火鉢焼業
瓶焼業
竈師
時計師
鏡磨
表具師
同雇
経師
同弟子
提灯張
同弟子
笊造
簾職
箒造
座織
同雇

6．織物等に係る業

製糸元
製糸
同雇
生糸製造
同雇
糸捻職
真綿掛
同雇
織元
機織及手伝
同雇
織物下拵
木綿糸採
同雇
麻糸採
綿繰
同雇
綿打主
綿打
篠巻捩
同雇

染物主
染物業及手伝
同弟子及雇
染物形附及手伝
同弟子及雇
上絵師
布曝職
紐打
○製糸
○生糸製造
○機織
○木綿糸採
○綿操
○篠巻捩
○麻糸採

7. 金物に係る業

鍬鍛冶
同弟子及雇
鎌鍛冶
鋤鍛冶
諸農具鍛冶
庖丁鍛冶
釘鍛冶
同弟子及雇
鑿鍛冶
鋸鍛冶
斧鍛冶弟子
錠鍛冶
船具鍛冶
銅鍛冶
雑鍛冶及手伝
同弟子及雇
鉄砲鍛冶
鋳物師
鋳掛職
錺職
同弟子及雇
鋸目立
研師
ブリッキ細工
金鉱山主
製鉄所職工

8. 其他の製造に係る業

油紋
同雇
石油製造雇
製紙元
紙漉及手伝
同雇
紙干
同雇
紙仕立職
同雇
三椏製造主
楮皮剝
紙漉簾職
表紙造
製本師
同雇
帳面造
渋紙製造
紙袋張
団扇製造
罫紙摺
画摺
木版摺
活版摺
同雇
活版字植
同字拾
活字製造
同雇
硯師
筆師
権衡製造主
権衡製造及手伝
同雇
度量衡製造主
同雇
珠数師
河船大工
車大工
水車大工
轆轤師
挽物業
硝子職
同弟子及雇
筬造
縄綯
藁仕事
龍吐水製造
鍬柄工
篩張

万石通職
諸農具大工
荷鞍職
曲物師
檜物師
臼造
竹籠造
駕籠造
竹細工
同雇
箕造
莚織
莨刻
同雇
莨葉巻
同雇
煙管附替
艾造
附木造
石鹼職
楊枝削
角細工
三味線造
玩物細工
弓矢細工

9. 商業

（食料品関係）
穀商及手伝
同支配人
穀物仲買
麺包商
粉商
味噌商
醤油商
同支配人
酒商
同支配人
白酒商
甘酒商
甘酒売
麹商
魚問屋
魚会社役員
魚商及手伝
魚売
鰻仲買
干魚商
鰹節商
鳥肉商
茶商
砂糖商
塩商
菓子商及手伝
菓子種商
菓子売
饅頭商
餅商
餅菓子商
飴菓子商
雑菓子商
汁粉商
蕎麦商
豆腐商
麩商
蒟蒻商
揚物商及手伝
乾物商
乾物売
椎茸商
素麺商
青物商
青物仲買
唐辛商
水菓子商
料理業及手伝
飲食商及手伝
煮売商
焼豆商
煮豆商
漬物商
（繊維関係）
呉服商及手伝
同支配人
呉服売
絹仲買
反物商及手伝
太物商
西洋反物商
莫大小商
生糸商
生糸仲買
太糸商
糸繭商及手伝
繭商
屑繭商

糸蛹商
蚕種商
糸商
唐糸商
木綿商
木綿仲買
篠巻商
綿商及手伝
古綿商
綿仲買
真綿商
操綿商
綿種商
綿商仲買
股引腹掛商
古着商
藍葉商
藍葉仲買
西洋染粉商
（身廻品関係）
合羽商
柿渋商
蝙蝠傘商
足袋商
靴商
下駄商
麻裏草履等
草履草鞋等
（木材・竹製品関係）
材木商
板商
竹商
瓦商
石灰商
建具商
硝子商
簾商
笊商
笊売
機具商
筬商
畳表商
筵商
桶商
檜物商
木曾物商
古道具商
古道具仲買
度量衡商
（陶器関係）
陶器商及手伝
同支配人
陶器売
土器売
珠数商
（金物関係）
金物商
古金商
古鉄商
鋸商
鍋商
鉄物商
鉄砲弾薬商
（獣皮関係）
獣皮商
印伝商
荷鞍商
（紙製品関係）
紙商
楮商
筆墨紙商
紙袋商
紙屑商
書籍商
書画商
絵草紙商
印肉商
提灯商
（燃料関係）
燈油商
石油商
石油売
附木商
炭薪商
（雑用品関係）
漆商
莨商
薬種商及手伝
売薬商
薬売
艾商
艾売
髪油商
ふしの粉商
小間物商
小間物売

洋物商
唐物商
袋物商
鼈甲商
眼鏡商
飼鳥商
荒物商及手伝
同支配人
玩物商
雑品商及手伝
雑品売
諸仲買
種物商
植木商
桑桐苗木商
旅人宿業及手伝
牛馬商
商雇

10. 通達融通等に係る業

郵便取扱
郵便局書記
同雇
郵便脚夫
荷物運送業
運輸会社役員
通運会社役員及雇
送達会社役員
内外用達会社役員
開通会社役員
馬車貸主
馬車業
馬車夫
貸車主
荷車挽及手伝
人力車主
人力車夫
牛馬宿
仲馬宿
仲馬会社役員及雇
仲馬稼
馬稼
馬丁
渡船主
河船乗
使雇
荷持雇
銀行頭取
同取締
同雇及小使
両替屋
同雇
金貸
金銀貸借世話人
共盛社役員及雇
貸附会社役員
補融社役員及雇
融通社雇
弁達会社雇
質渡世及手伝
同支配人
同雇
貸家業
貸夜具業

11. 公役等に係る業

県令
属官
出仕
准判任
等外出仕
准等外
雇
給仕
小使
勧業課雇
同門監
同小使
同職工
郡長
郡役所書記
筆生
同雇
給仕
小使
戸長
村役所書役
筆生雇
小使
町役所書役
小使
区役所筆生
官林監守
山守
野守
大蔵省属官

租税局小使
駅逓局属官
勧農局雇
山林局雇
鉄道局雇
電信局技手
同雇
宮内省出仕
同雇
判事
判事補
司法省出仕
同雇
同等外出仕
裁判所雇
同給仕
同小使
警部
巡査
警察署小使
監獄署書記
監獄守卒
獄丁
囚人縄取
陸軍大尉
同少尉
同曹長
同軍曹
同伍長
同兵卒
海軍機関士副
海軍火夫

12. 宗教に係る業

神官
神道教導職
僧
仏教教導職
僧弟子
尼
尼弟子
寺雇

13. 教育に係る業

師範学校教員
同取締
同小使
女子師範学校教員
同取締
小学校教頭
同訓導
同准訓導
同教員
同雇
同幹事
同事務掛
同世話掛
同給仕
同小使
同番人
女学校教員
同裁縫教員
裁縫教授

14. 医術等に係る業

西洋医内科
西洋内外科
西洋医
漢洋医
漢医内科
漢医外科
漢医内外科
漢医
漢法眼医
整骨
獣医
馬医
病院医員
同事務掛
同雇
同給仕
同小使
同患者賄
産婆
入歯師
鍼医
按摩
按摩手引

15. 学術等に係る業

漢学者
代書人
測量師
算術家
新聞記者
新聞社雇

軍談師
俳諧師
書家
画師
書画家
陶器画師
謄写業
提灯画師
蒔絵師
写真師
彫刻師
版木師
同弟子及雇
印刻師
水晶工
同雇
仏師屋

16．遊芸等に係る業

相撲
義太夫師匠
手踊師匠
手踊
浄瑠璃語
常盤津師匠
俳優
演劇囃方
長唄謡
三味線弾
笛吹
将棊指
祭文読
瞽女稼
獅子舞
猿舞師
神楽師
芝居主及支配人等
芝居茶屋
定席業
見世物業
楊弓場

17．其他の業

薬湯業
洗湯業及手伝
同雇
雑稼
雇人口入業
諸日雇
雇人
乳母
里子預
炊雇
水汲稼
子守雇

註 ○印は、「職を調ぶる心得」2によれば「自宅の用を足す程の婦女」の仕事
三潴（一九八三）、七八－八三頁より作成。

これも毎回改訂を繰り返している（巻末の表9－2を参照）。

このような調査を連結して、長期にわたる時系列データを得ようとするなら、私たちは、変化していった分類を組み替えて、整合性のある系列を再構成する必要に迫られるわけである。

ここで『甲斐国現在人別調』の分類表を少し詳しくみよう。先に述べた職業と産業の区別を意識しながらみると、この表は職業分類であるにもかかわらず、ほとんど産業分類と区別がつかないことがわかる。たとえば、大分類7の「金物にかかる業」に含まれる中分類は、「鍬鍛冶、同弟子及雇《やとい》、鎌鍛冶、鋤鍛冶、諸農具鍛冶、庖丁鍛冶、釘鍛冶、同弟子及雇……」と続いている。これは他の大分類でも同じであり、大分類に含まれる産業を列挙し、その一部で、今日でいうところの「従業上の地位」（弟子、雇など）を加味しているに過ぎない。大分類と中分類のこのような関係は、一九二〇（大正九）年および一九三〇（昭和五）年の国勢調査についてもいえる。つまり、この時期まで、日本においては職業分類と産業分類とは未分化であり、特に大分類レベルでは産業分類の色彩が濃かったのである。

これに対し、一九四〇（昭和一五）年の国勢調査からは、職業分類としての特性が、大分類まで貫かれるようになる。一九四〇年の例でいうなら、大分類は「1.経営者・事務者、2.技術者、3.作業者、4.公務者・自由職業者・その他の職業者、5.無職業者」となっており、所属する産業とは区別された、個人のアクティビティを示すものとなっている。

職業分類のこのような変化の背景には、日本経済のあり方の変化が存在する。『甲斐国現在人別調』が実施された一八七〇年代の日本では、人々の多くは小生産者であり、経済活動は場内分業をともなわない形で営まれていた。農具鍛冶は農具を、鎌鍛冶は鎌を、多くの場合は住居と同じ場所にある作業場で、原材料の仕入れから製作にいたるまで一人の職人が作っていたのである。このような状態の経済活動を分類するのには、産業分類から未分化の職業分類に、「弟子、雇」などの若干の区分を付け加えれば十分であったし、それが同時代人の自己認

		ケトレーの職業分類	「甲斐国現在人別調」
I 手職業		農業	1. 農作等に係る業
	製造業	食料品	2. 飲食等に係る業
		衣服・身回品	3. 身装に係る業
		建築	4. 建物等に係る業
		家具類	5. 家具等に係る業
		手工業（織物関係）	6. 織物等に係る業
		金属製品	7. 金物に係る業
		その他の職業	8. 其他の製造に係る業
		商業	9. 商業
			10. 通達融通等に係る業
II 自由業		司法官、官吏、雇員、公証人、弁護士	11. 公役等に係る業
		将校、下士官、兵士、警官、憲兵	
		カトリック司祭、プロテスタント牧師	12. 宗教に係る業
		小学教師、宿舎・塾の長、教師、家庭教師	13. 教育に係る業
		医師、保健師、薬剤師	14. 医術等に係る業
		文士、芸術家、役者、音楽家、画家、彫像家、建築家	15. 学術等に係る業
		辻音楽師、辻バイオリン弾き	16. 遊芸等に係る業
		年金受給者、地主、金利生活者	17. 其他の業
無職業			

表9-3　ケトレーの職業分類と「甲斐国現在人別調」の職業分類対応表
三潴（1983）p. 59 より作成

識にも合致していた。むしろ、のちのように職業と産業とを区別して表章しようとしても、それは形式的なものにとどまり、実質的な意味を持ち得なかったであろう。

その後の日本経済の発展にともない、場内分業をともなう大規模生産が発展していったが、職業分類表は、これを即時に反映することはなく、産業分類と未分化であり続けた。一九四〇年にいたって、ようやく、分類表のあり方が経営の実態を反映するものに改訂されたのである。なぜ、分類表の変化が、実態の変化に追いつかなかったかについては、節を改めて述べる。いずれにせよ、職業分類および産業分類の変化の要因の一つに、日本経済の構造変化があったことは明らかである。

四　分類表変化の要因2――国際的契機

統計学は、すでに述べたとおり、日本で成立した学問ではない。それは一九世紀前半にヨーロッパで、試行錯誤の過程を経て体系化され、日本にはそれが、いわば完成品として輸入されたのであ

る。分類表も、実は、その例外ではない。▼7

前節で挙げた例でいうと、『甲斐国現在人別調』の職業分類は、一八四六年にベルギーの人口センサスで採用されたケトレーの分類を参考にしている。▼8 実際、両者は大分類のレベルではよく対応している（表9－3を参照）。ケトレーの分類は、大分類においては産業分類的であり、各産業の中で職業が分化しているときは、それが混在する形で編成されている。ベルギーをはじめとするヨーロッパの諸国は、当時、経済的にも日本より産業化が進み、▼9 場内分業に基づく生産も行われはじめていた。しかし、まだ小生産者による生産も勢力を保っていた。▼10 その経済状況を背景とした分類を、微調整の上、小生産を中心とする経済状況にあった日本に適用しても、大きな無理は生じなかったのである（表9－4を参照）。

日本の一九二〇年、一九三〇年の国勢調査における職業分類は、フランスのベルチョンBertillonの分類表に基づくものである。ベルチョンの職業分類表にはいくつかの版があるが、いずれも、大分類は産業分類的であり、中、小分類には、個別のアクティビティに基づく分類と、製品の原料の種類、生産技術による分類などが混在している（表9－5を参照）。

ケトレーと比較すると、ヨーロッパ社会における職業の分化を反映したものとなっており、それはまた、日露戦争後、経済の急速な発展をみて、場内分業に基づく大工場が続々と現れた日本経済の状況にも適合するものだった。

一九四〇（昭和一五）年の国勢調査で、職業分類が産業分類から分離したことはすでに述べたが、こののち、戦後になると国際労働機関（ＩＬＯ）の「国際標準職業分類」（一九五八年）などに準拠した「日本標準職業分類」へと、職業分類は展開していく。

以上のように、日本の職業分類は、ケトレー、ベルチョンの影響を強く受けて発達してきた。その理由として、一方では、これらの分類表が、おおむね日本の実態と矛盾せず、出来合いの分類表を微修正すれば済んだという

職業または社会的地位				親方		労働者		計
				有職業者	その世帯員	有職業者	その世帯員	
I 手職業	農業		耕作者――庭師――果物屋、酪農家、牛飼い――材木伐出人、炭焼人、掃除人――家事労働――羊飼い、牧畜、牧童、豚飼い――職業不定の日雇	380,380	607,506	694,651	538,177	2,220,714
	製造業	食料品	製粉業者――パン屋――製菓屋――肉屋、豚肉屋――漁師――魚屋――ビール醸造者――酒屋――塩製造人――酢製造――樽屋	27,601	68,236	14,686	11,909	122,432
		衣服・身回品	洋服屋――靴屋――フェルト・絹・むぎわら帽子屋――理髪師、結髪師、かつら師――木靴屋――皮なめし職人、なめし皮工、皮屋、なめし皮商――傘製造――金銀細工屋、宝石細工屋、宝石細工――ダイヤモンド・金属みがき師――飾りひも、ししゅう、手袋、装身具、下着、トリコット、洗たく屋、洗たく女、アイロンかけ女	31,750	58,723	109,801	54,379	254,653
		建築	石切工、大理石工、石工――レンガ工――石灰工――石屋――天井張り職人――大工――スレート・わらぶき・かわら屋根屋――指物師、錠前屋――鋳鉛工――ガラス製造人――建物ペンキ屋――舗装工――煙突掃除人	34,028	78,049	62,006	92,328	266,411
		家具類	家具師――じゅうたん屋、飾付け職人、毛ぶとん屋――車体製造、馬鞍製造、馬具製造――鋳物師、錫めっき工、錫のつぼ製造人――陶器製造――ブリキ工、ランプ製造工、土器・砂岩陶器製造人――ざる製造――金箔師――時計師――楽器製造師――光学、メガネ製造――とぎ師	9,383	18,099	7,124	6,800	41,406
		手工業（織物）	ラシャ、毛、木綿、絹、じゅうたん、くつ下、糸、麻布の製造工――染色工――紡績工――レース製造工	3,696	7,766	332,751	116,185	460,398
		金属製品	鍛冶屋、鋳物師、塑造工――機械工、機械設計者、旋盤工――銃器製造工――くぎ工――刃物工――車大工――蹄鉄工――鉄鉱・石炭工	12,743	32,421	69,329	103,349	217,842
		その他の職業	香油・石けん製造者――製紙業者――化学製品製造者――タバコ製造者――ガラス・鏡製造者――キャンドル・ろう細工製造者――網製造者――印刷工、本屋、活版屋――石版師――製本屋、仮とじ屋、カード製造人、厚紙屋――船舶製造者――その他	6,858	13,497	11,005	11,610	42,970
	商業		貿易商、両替屋、社交場、船主、仲買人――小売商、商店主――家畜商――材木商――行商人――請負師――船頭――馬車屋――貿易代理人――宿屋主人――居酒屋主人――くず屋――古道具屋	103,696	185,317	—	—	289,013
II 自由業			司法官、官吏、雇員――カトリック司祭――プロテスタント牧師――公証人――弁護士、代訴人――聖職者、文筆家――教師、家庭教師――小学教師――宿舎・塾の長――修道士――医師、外科医、保険師――獣医――薬剤師――将校、下士官、兵士――警視、警官、田園看視人、林務官、守衛、憲兵――市民・軍人年金受給者――地主、金利生活者――文士――芸術家、図案家――役者――音楽家――画家――彫像家、彫刻家――建築家――金属・石彫刻家――辻音楽師、辻バイオリン弾き	146,612	115,810	—	—	262,422
無職業者				—	—	—	158,935	158,935
計				756,747	1,185,424	1,301,353	1,093,672	4,337,196

表 9-4　ケトレーによる職業別人口表
三潴（1983）pp. 56–57 より引用

表9-5　ベルチョン職業分類（一八九三年）（大綱、大・中・小分類）

A　原料の生産（Production of Raw Materials）

第Ⅰ類　土地表面及水面の開拓（Exploitation of the Surface of the Ground and Water）

①農業
1　一般の農業
2　園作、野菜作
3　山林
4　牧畜
5　小動物の飼養

②漁業及狩猟
6　漁業及狩猟

③遊牧民
7　遊牧民

第Ⅱ類　鉱物採掘（Extraction of Minerals）

④鉱山
8　燃焼鉱物及付属工業
9　金属鉱及其予備

⑤石坑
10　硬石鉱（石、漆灰、セメント）
11　軟石鉱（砂、粘土等）

⑥採塩
12　山塩及塩田
13　水中に溶解せる他の物体を取ること

B　原料の変形と利用（Transformation and Use of Raw Materials）

第Ⅲ類　工業（Manufactures）

ⓐ使用原料による工業分類

⑦織物
14　木綿
15　大麻及亜麻
16　藁
17　植物より得たる他の繊維
18　製紐
19　柔毛
20　絹
21　レース、紗、自然色絹製レース、縐紗《すうしゃ》［ちぢみ］等
22　金又は絹を用いたる飾り
23　伸縮織
24　毛及馬毛
25　羽
26　糸及織物の染め、漂白、形置き、仕上薬使用、同上薬洗い
27　其の他の明白ならざる織物

⑧動物の皮、皮革及硬質物
28　皮及皮革
29　各種革製品の製造
靴師・長靴師は82、手袋師は83、股衣・ゲートルは83、刀銃の下げ革（バサンヌ帯に用いる羊柔皮なり）は83、馬具師は102

30 腸の〔原文のママ〕
31 毛皮類
32 動物より得たる硬質物
毛及鬣《たてがみ》は24
⑨木工
33 鋸割工場の木工
34 樽匠
35 轆轤師《ろくろし》
36 木に係る其他の木工
下駄・雪駄は82、家具師は90、指物師・大工等は98、車製造
は101、杖及傘は84
37 籠製造
38 コルク
39 木材に係る
藁は16、椰樹・アルファ及禾本科植物等は17
⑩冶金、鍛金

金属の性質による分類

40 生鉄、鎔鉄、製鉄、製鋼、精鉄、鍛鉄等及延べ
41 其他普通の金属の鍛冶及延べ
42 一度用いたる普通の金属を再び鋳ること
43 貴金属を精煉すること
44 鉄のみにて又は重に鉄を以て製せられたる機械器具及類似の
もの
鉄製及鋼製の寝台は91
45 鉄のみにて又は重に鉄に依り作られたる小器具（小刀、鑢、鋸、
釘針、ピン等）
鎖鑰師は97

加工に用いる器具による分類

46 主として銅の製品
47 主として鉛の製品
鉛製水管は96
48 主として錫の製品
49 其他の金属の製品
貴金属の工業（装飾匠金打ち、箔付け等）は116
50 銅鍋、錫引き、錫引き鉄等
51 金属旋盤師
52 金属を引く、針金を引く、針金
貴金属の針金は116
53 金属の印彫、金属兜形品の製作、貨幣、賞牌
54 鍍金
55 其他の冶金、鍛金工業
貴金属の工業（貴金属製作、金打ち、金鍍金等）は116
⑪陶磁器
56 硝子、水晶、硝子鏡
57 陶磁器
58 土器
59 其他のもの（セメント、コンクリートなど）
⑫化学品及類似品
60 純粋化学的製品
61 染料、インキ、絵具

62 脂肪質物体及其類似品（獣脂、不燃性油、膠、骨炭、蛋白）
63 脂肪物体より得る製品（蠟燭、石鹼等）
64 塗抹品及遮水物質（洋漆、護謨、石漆等）
65 紙の製造
製本師は111
66 其他のもの

ⓑ用途の性質による工業分類

⑬食料品
67 製粉
68 麺麭焼き
69 穀類の製造に係る其他の食料品
70 屠牛羊豚者、醬腸製造
71 鑵詰肉、乾酪、牛酪
72 酢、芥子其他の薬味
73 砂糖の精製
74 固形食品に係る
75 麦酒醸造及麦芽製造
76 蒸溜及洋酒製造
77 其他飲料に係る
78 煙草製造

⑭衣服及化粧
79 各種の帽子製造
80 裁縫師、仕上げ人、衣裳作り人
81 針仕事する人、流行衣を作る人及造花
82 履物の製造
83 其他の衣裳の製造
毛皮は31
84 杖、雨傘、日傘
85 染直し、浸み抜き等
26に列挙したる染めと混同す可からず
86 洗濯機に関する各種の働き手
87 浴屋
88 理髪師、鬘《かつら》師、髢《かもじ》師
89 衣粧の〔原文のママ〕

⑮家具製造
90 家具師
指物師は98
91 室内諸飾師（壁等の）、寝台用諸品
92 其他のもの

⑯建築業
93 石灰窯、漆灰窯、セメント製造
94 地ならし工、掘井人
95 石工、左官、煙筒製造及修理人
石破砕、道路修繕工夫は126
96 家根職人、亜鉛板家根職人、鉛製水管、瓦斯用具据付職
97 鎖鑰師、馬車鎖鑰師を含む
98 大工、指物師
木に係る工業の部参照

99　家屋塗師、塗紙師等
100　其他建築に係る
⑰交通用具製造
101　車製造人、馬車製造人
馬車の車軸及弾機は44、馬車の鎖鑰師は97、馬車塗りは90
102　鞍、馬具、鞭及笞製造
103　船の建造
104　鉄道用車輌製造
105　其他の交通用器の製造
自転車は44
⑱動力の発生、分配
106　瓦斯
107　熱（他の言明なきもの）
108　機械師（他の言明なきもの）
109　其他のもの（電気、水、圧搾空気）
⑲文学、技術、科学及奢侈品
110　印刷等、新聞
111　製本師、綴方等
112　楽器、ピアノ、線楽器の製造
113　写真鏡、電話、電信及算数検定器の製造
114　外科機械、繃帯製造
115　時計師
116　貴金属（宝石師、金打ち、鍍金）
117　玩弄品
⑳廃物業
118　其他のもの
119　廃物に関する
Ⓒ分類せず
㉑其他の工業
120　其他の工業
第Ⅳ類　運送業（Transport）
㉒海運
121　港湾の保護、保安の為めの特任者（港湾司令官及其代理者、水閘番人、燈台係員）
122　船主及其傭人、船舶用達人
123　商船の海員
㉓河川、掘割の運送
124　河川、掘割の保護、保安の為めの特任者（航海監視人、水閘番人等）
125　船頭、曳船人
㉔道路、橋梁による運送
126　道路、下水、橋梁の保護、保安の為めの特任者（道路掃除人、下水掃除人、道路修繕人、敷石布き等）
127　馭者及荷車挽
128　荷物運搬人、配達人
㉕鉄道運送
129　鉄道管理者、使傭人、工夫其他の派出員
㉖郵便、電信、電話
130　郵便、電信、電話

第V類　商業（Commerce）

㉗銀行、保険会社

131　銀行家及両替商及其使用人

132　各種の保険会社

㉘仲買、代理人、輸出商

133　各種の商品の代理販売及輸出商

134　別に名称なく単に仲買商とせしもの、旅商人、依托販売、注文取

135　使用人、番頭、奉公人供給所

㉙織物商

136　毛、綿、絹、馬毛等及毛織物、麻其他の織物

㉚皮、革、毛皮商

137　皮、革、毛皮、角等の〔原文のママ〕

㉛木材商

138　材木、家具用材、コルク、樹皮等

㉜金属商

139　金属に係る

㉝陶磁及硝子商

140　陶磁及硝子製造に必要なる原料及陶磁、硝子器一切に係る

㉞化学的製品、薬種、絵具商

141　化学的製品、薬種、絵具等に係る

㉟旅館、珈琲店、飲食店、酒類小売店

142　旅館、珈琲店、飲食店、酒類小売店

㊱其他食料商

143　薬味、果実、雑穀、家畜、獣等

㊲衣服及化粧商

144　反物及仕立上げ衣服

145　帽子商

帽子製造を兼ねざるものにして製造するものは79

146　履物商

履物製造を兼ねざるものにして製造するものは82

此の2つの項目は容易に製造するものと混同し易きを以て此の2項目を設くるは甚だ必要なることなりとす

147　衣類及化粧に係る其他の商業

㊳家具商

148　家具、敷物、窓掛、寝台用諸品

149　金属製諸道具、庖厨道具、陶器、磁器、硝子器、水晶、罎、庭園、倉に用ゆる諸品、家具用雑貨

㊴建築に係る商業

150　建築材料の商業（石、煉瓦、漆灰、セメント、砂等）

151　建築材料の販売及賃貸代理人

㊵輸送用具商

152　馬、騾《らば》、驢《ろば》等の商人、貸し手等

㊶燃料商

153　薪炭、石炭、コークス等

㊷奢侈品、科学、文芸、芸術に係る商業

154　貴金属、時計、眼鏡等の商業

155　玩弄品、手遊品、扇子、小物品、煙草飲用器具、漁猟の小道

具、花屋等
156 書籍商、書籍雑誌発行者、紙商、書籍売買商、楽譜、新聞、文具
157 彫刻品、絵画、技術品商
158 ピアノ及其他の楽器を商ひ又は賃貸する人、其他奢侈品の商業

㊸廃物商
159 廃物に係る襤褸《ぼろ》、動物敷藁（肥料）、天然肥料

㊹其他の商業
160 専業なき小売店
161 大道商、行商、呼売人
162 弄戯師、曲芸師、香具師
163 其他の商業
此項目には小動物の販売人（犬、鳥等）、庭園用花卉の種屋等を含む

C 行政及自由業（Public Administrations and Liberal Arts）

第Ⅵ類 公権力（Public Force）

㊺陸軍
164 陸軍

㊻海軍
165 海軍

㊼警察及沿岸防備
166 警察及沿岸防備

第Ⅶ類 行政（Public Administrations）

㊽行政
167 皇室、王家に属する任務に服する者
168 政務
169 付随政務

第Ⅷ類 自由業（Liberal Arts）

㊾宗教
170 加持力教（又はオルトドックス）
171 布勒的斯丹「プロテスタント」
172 猶太教
173 寺僕、寺の管理僧、聖物房監守、其他の寺男等
此項目には聖歌を唱う者、風琴を弾ずる者を除く

㊿法律
174 裁判官及各裁判所の吏員
175 其他法律家及其手伝

細小分類
弁護士
裁判所付属吏（公証人、代弁人、執達吏等）
代理人（アヂャン、ダッフェール）
裁判所付属吏役場手伝

(51)医業
176 医師及外科医
177 歯科
178 産婆、産科医
179 獣医

180　製薬師、薬草師
化学的製品は60、薬種屋は141
181　看病人、按摩、蛭医
182　衛生院、病院、救護所の院長（医師に非ざる）及其傭員（監視人、看病人、労働者）
㊼教育
183　名義の何たるを問わず国立、公立学校の教員
184　其他の教師
㊽科学、文学、芸術
185　文学者
186　写字者、速記者、翻訳者
187　建築師、工学者
188　模像
189　音楽家
190　戯曲師
第Ⅸ類　主に財産収入に依りて生活する者（Persons Living Principally on Their Private Means）
㊾主に財産収入に依りて生活する者
191　不動産所有者、有収入者、恩給を有する者
192　職業を詳にせざるもの
D　其他の職業（Various Occupations）
第Ⅹ類　家内業務（Domestic Work）
㊿家内業務
193　家事に勤労する家族（妻等）
194　門番、倉番、物置番等
195　男女庖厨人
196　馭者、馬丁
197　其他家内の勤務
第Ⅺ類　職業特定しがたき者の概括表示（General Designation without Indication of a Determined Occupation）
(56)職業特定しがたき者の概括表示
198　商人、手職人
199　使用人
200　機械師（何等他の申出なきもの）
201　日傭人、労働者、用役小男女等
第Ⅻ類　不生産者及職業不詳者（Unproductive and Unknown Occupations）
(57)一時、職業なき者
202　一時、職業なき者
(58)職業なき者
203　職業なき者
(59)分類なき者
204　業務なき小児、学生、生徒
205　病人、狂人、囚人
(60)乞食、浮浪者、公娼
206　乞食、浮浪者、公娼
(61)職業不詳者
207　職業不詳者

三潴（一九八三）、六七‐七二頁より作成。

実用的な原因がある。しかし他方には、日本の統計学者たちが、自らの作製する統計の国際的な比較可能性を確保したいという欲求を持っていたことも、大きな要因として存在する。異なる時点、地域間の比較という方法は、統計データ利用の基本をなす。そのためには、分類が共通の定義によってなされていなくてはならない。日本において統計学者たちが、調査対象が回答した職業名から、完全に帰納的に、日本独自の分類表を作らなかったのには、こうした事情があるとみるべきである。

職業分類から分離した産業分類も、一九五〇（昭和二五）年国勢調査において、国連が提唱した産業分類を下敷きにした「日本標準産業分類」が制定され、以後、何回かの改訂を繰り返し、かつ国勢調査独自の分類も加味されつつ今日にいたっている。

以上に述べてきたように、日本経済のあり方と、国際的契機の二つの要因によって、職業分類、産業分類は大きく変化してきている。ここでは取り上げなかったが、この事情は、商品分類も同様である。統計データを利用する際には、自分が使うデータがどの分類表に基づいているかに注意を払う必要がある。このことは特に、長期にわたるデータを連結して時系列的な分析を行う際に、強く当てはまる。表面上は同じ単語を使って分類されていても、分類表が異なれば、そこに含まれる要素としての産業や職業、商品などが全く異なっている場合もあるからである。一例を挙げておこう。明治期の工場調査の産業分類に「化学工業」があり、その下には「人造肥料製造業」が含まれている。ところが、これを今日の産業分類の常識から、いわゆる化学肥料（空気中の窒素を固定して得られる硫酸アンモニウムなど）と考えて、当時高度な技術が行われたと考えるなら、大きな誤りを犯すことになる。なぜなら、当時の「人造肥料」は、実は大豆粕が中心だったからである。原料としての大豆に熱や蒸気などを加える工程を経て作られた肥料を「人造肥料」と呼んでいたのである。これは、今日の分類でいえば農産加工業というべきであろう。このように、歴史的な分類表に基づくデータを用いる際には、できるかぎり詳細に、具体的な生産過程の内容に立ち入って、その実態を検証しておかねばならない。

▼註

▼1 統計的分類に関する研究書は、その重要性にもかかわらず少ない。本章の議論は、三潴信邦（一九八三）『経済統計分類論』有斐閣に依拠している。

▼2 地域的なものとしては、一八六九（明治二）年に杉亨二が駿河国《するがのくに》で調査を実施し、その一部を「沼津政表」「原政表」として刊行した例がある。

▼3 五年周期を意味する。

▼4 総理府統計局（一九七六）『総理府統計局百年史資料集成』第二巻（人口　上）、二四頁。原文は以下のとおり。

一 職分は総て本籍に於て現在の業を記すべし仮令ば農商より官員となれば農商を除くべし然れども不得已事情あり其家族猶旧業を営めば名代を以て農商に数ふべし又農商より従者雇人となるも之に倣ふべし若し兼業あれば本業のみを書載すべし

一 官員神官兵隊従者雇人は戸主家族に拘らず各其職業に在るものを数へ農工商雑業の類戸主は幼年と雖ども之を数へ家族は男女を論ぜす十五歳以上にして職業に従事する者及其戸主と職業を異にする者は各其職業の目に記載すべし

但廃疾の者と雖ども職業ある者は其職の目に記載すべし

一 神官とは凡て新任の神官を云なり

一 官員神官華士族卒兵隊僧尼旧神官の召仕は従者の部平民の召仕は雇人の部に入れ工商に属せざるものは雑業の部へ書載すべし

一 皇学以下の学術の部は凡て専門開業の者を云と雖ども農商中碩学なる者は各学術の目にも記載すべし

一 洋学の如き各国の学名あるは雛形の通幾段にも区限を作り各其専門の国名を記すべし

▼5　この間、一八七七（明治一〇）年に太政官調査局が発行した「日本職業区分稿」があるが、これは省略する。

▼6　この間にも、一九〇五年内閣統計局による職業分類や、いくつかの地方センサスが用いた分類などがあるが省略する。

▼7　壬申戸籍の「職分表」は例外である。

▼8　三潴（一九八三）、五八頁を参照。

▼9　ロストウのいう「離陸」の時期でいうと、日本はヨーロッパ主要国より四〇年ほど遅れている。W・W・ロストウ（一九六一）『経済成長の諸段階』（木村健康ほか訳）ダイヤモンド社、五二頁。

▼10　イギリスでは、ヨーロッパ大陸諸国に比較して、場内分業に基づく生産が進んでいたとみられるが、それにもかかわらず、職業分類が形をなしてくるのはベルギーより数年遅れ、一八五一年センサスの際、ファー（Farr, Wlliam）によってであった。以上、岡崎文規《あやのり》（一九三五）『統計学全集第一一巻　国勢調査論』東洋出版社、三〇六頁。

第十章　統計資料の探し方

一　どうやって統計を探すか――本章の課題

本書の最後に、どのようにして自分の探したい統計書を探せばよいのかについて、簡単に触れておこう。本や目録による場合と、インターネットによる場合を想定する。

二　書籍による場合

戦前の統計書を網羅的に掲載した目録の類は存在しないので、カバーしきれない部分が生じてしまうが、次のような目録や解題などをみることは有益であろう。

文献1　細谷《ほそや》新治《しんじ》（一九七四－一九八〇）『明治前期日本経済統計解題書誌――富国強兵篇（上の一、上の二、上の三、下、補遺）』（統計資料シリーズ No. 3, 4, 8, 11, 14）一橋大学経済研究所日本経済統計文献センター

明治前期に限られるが、この時期の統計資料について、非常に詳細な書誌情報が載せられている。また、中央諸官庁や統計局（その前身の太政官《だじょうかん》政表課）の動向に関する一連の論文は、今日でも参照されるべき労作で

ある。

文献2　高橋益代編（一九八五）『日本帝国領有期　台湾関係統計資料目録』（統計資料シリーズ No. 30）一橋大学経済研究所日本経済統計文献センター

文献3　一橋大学経済研究所日本経済統計情報センター編（一九九四）『日本帝国 外地関係統計資料目録——朝鮮編』（統計資料シリーズ No. 46）一橋大学経済研究所日本経済統計情報センター

以上の二冊は、台湾と朝鮮という日本の二大植民地に関する統計刊行物のうち、日本本土に残る▼1資料を網羅的に調査した所在目録である。

これら三冊は現在、一橋大学経済研究所附属社会科学統計情報研究センターのウェブサイトからダウンロード可能である▼2。

文献4　後藤貞治（一九三六）『本邦《ほんぽう》統計資料解説』叢文閣

一九三六（昭和一一）年時点で現行の統計を、その創始に遡《さかのぼ》って一覧している。前編と後編に分かれ、前編は統計局、内務《ないむ》省、農林《のうりん》省などの「統計資料供給者主体別」であり、また後編は一般的な総合統計書、人口問題、経済一般など「項目別主要資料解説」となっている。「序」によればこの本は、後述の高野岩三郎編『本邦社会統計論』のうち、高野執筆分の「本邦社会統計資料解説」を底本とし、それを拡張したものだという。

文献5　日本統計研究所編（一九六〇）『日本統計発達史』東京大学出版会

有沢広巳の「日本における統計調査の発達概観」に続き、生産統計の発達、物価統計の発達、賃金統計の発達、家計調査の発達の各章からなる。それぞれについて個別の調査を挙げて論じているが、網羅的ではない。記述の一部は、第二次世界大戦敗戦後まで及んでいる。

文献6　高野岩三郎編（一九三三）『本邦社会統計論（経済学全集第五二巻）』改造社

本邦家計調査、本邦所得統計論、本邦社会統計資料解説、本邦人口統計論を含み、それぞれに関係する資料の紹介がなされている。「跋説《ばっせつ》（終章）」を高野岩三郎が書いており、これは短い文章ではあるが、当時の統計資料論を知る上で貴重な一文である。

三　インターネットによる場合

インターネットによる場合、自分が利用したい項目、たとえば賃金や米生産高といった用語をじかに入力して検索しても、必要な統計に行き着けないことが多い。文献1などでどの官庁が自分の必要とする統計を編成していたかについておおよその見当をつけ、その官庁名と年代などを「統計」の語とともに入力してみると、比較的よい結果を得られることが多いようである。

インターネットによる検索場所として、本書は以下の三つのサイトを利用した。

サイト1　国立国会図書館　https://ndlonline.ndl.go.jp/　（二〇二一年八月二六日現在）

このアドレスで表示される画面で、「詳細検索」をクリック。「タイトル」に「統計」を、「著者・編者」に「太政官」を、さらに「出版年」に1884–1884と入力したところ、ヒット件数はゼロであった。次に「タイトル」に「統計」を、「著者・編者」に「農商務《のうしょうむ》省」を、さらに「出版年」に1920–1920と入力したところ、「米の統計摘要」「水産統計年鑑」「火災統計表」「輸移出入植物検査統計」がヒットした。火災統計表は、農商務省商務局保険課が刊行したものであった。最後に「タイトル」に「統計」を、「著者・編者」に「商《しょう》工《こう》省大臣官房」を、さらに「出版年」に1940–1940と入力したところ、「全国賃金統計月報」「会社統計表」「物価統計表」「賃銀統計表」「工場統計表」「建築統計表」がヒットした。

サイト2　CiNii Books　https://ci.nii.ac.jp/books/　（二〇二一年八月二六日現在）

このアドレスで表示される画面で、「フリーワード」に「統計」を、「著者名」に「太政官」を、「出版年」に1884–1884と入力したところ、「各省達府県統計材料様式」「明治十五年第三年鑑に係る照会文綴込《しょうかいぶんつづりこみ》」の二点がヒットした。次いで「フリーワード」に「統計」を、「著者名」に「農商務省」を、「出版年」に1920–1920と入力したところ、「火災統計表」「輸移出入植物検査統計」「物価表」がヒットした。最後に、「フリーワード」に「統計」を、「著者名」に「商工省大臣官房」を、「出版年」に1940–1940と入力したところ、ヒット件数はゼロであった。

サイト3　一橋大学経済研究所附属社会科学統計情報研究センター　https://opac.lib.hit-u.ac.jp/opac/opac_search/?lang=0　（二〇二一年八月二六日現在）

このアドレスで表示される画面で、「詳細検索」をクリック。「全ての項目から」に「統計」を入力、「著者名に左の語を含む」に「太政官」、また「出版年」に1884–1884と入力したところ、「各省達府県統計材料様式」「明治十五年第三年鑑に係る照会文綴込」の二点がヒットした。ついで「全ての項目から」に「統計」を入力、「著者名に左の語を含む」に「農商務省」を、また「出版年」に1920–1920と入力したところ、

「火災統計表」「物価表」がヒットした。最後に「全ての項目から」に「統計」を入力、「著者名に左の語を含む」に「商工省大臣官房」を、また「出版年」に1940–1940と入力したところ、「物価及賃銀統計月報」「鉱業速報」「企業速報」「機械電機速報」がヒットした。ただし一橋大学の統計書は、附属図書館（本館）、経済研究所資料室、経済研究所附属社会科学統計情報研究センターの三つの機関に分かれて所蔵されているので、利用にはやや手間がかかる。

本書では利用しなかったが、東京大学附属図書館および総務省統計図書館についても同様の実験を試みた。

サイト4　東京大学附属図書館　https://opac.dl.itc.u-tokyo.ac.jp/opac/　（二〇二一年八月二六日現在）

このアドレスで表示される画面で、「詳細検索」をクリック。「全ての項目から」に「統計」を入力、「著者名に左の語を含む」に「太政官」、また「出版年」に1884–1884と入力したところ、ヒット件数はゼロであった。次いで「全ての項目から」に「統計」を入力、「著者名に左の語を含む」に「農商務省」、また「出版年」に1920–1920と入力したところ、「物価表」「輸移出入植物検査統計」「国有林野一斑」がヒットした。最後に「全ての項目から」に「統計」を入力、「著者名に左の語を含む」に「商工省大臣官房」、また「出版年」に1940–1940と入力したところ、「物価及賃銀統計月報」がヒットした。

サイト5　総務省統計図書館　https://www.stat.go.jp/library/opac/Advanced_search　（二〇二二年二月八日現在）

このアドレスで表示される画面で「書名・叢書名」に「統計」を、「著者名」に「太政官」、「出版年」に1884–1884と入力したところ、「日本帝国統計年鑑　第三回（明治一七年）」がヒットした。また「書名・叢書名」に「統計」を、「著者名」に「農商務省」を、「出版年」に1920–1920と入力したところ、「六ヶ年間火災統計表（朝鮮） 明治四三年‐大正四年」「度量衡統計要覧 第一四次 大正七年度」「農商務統計表 第三五次 大正七年」がヒットした。さいごに「書名・叢書名」に「統計」を、「著者名」に「商工省大臣官房」を、「出版年」に1940–1940と入力したところ、「建築統計表 昭和一四年」「工場統計表 昭和一三年」がヒットした。

いうまでもなく、国会図書館は日本で一番の蔵書数を誇っており、年代の古いものの中にはデジタル化されていて自由に閲覧・ダウンロードできるようになっているものもある。ただし、右にみたように各図書館のカバーしている統計書は一致してはいないので、いくつかの図書館を検索してみる必要があるだろう。

註

▼1 一部に台湾省立台北図書館（現・国立台湾図書館）の所蔵資料を含む。

▼2 https://rcisss.ier.hit-u.ac.jp/Japanese/introduction/publications.html（二〇二一年八月二六日現在）

統計関係年表

西暦	統計関係	政治・経済・社会 日本	政治・経済・社会 外国
前一〇世紀頃	旧約聖書サムエル記に人口調査の記録あり		
紀元前後	ローマ皇帝アウグストゥスが人口調査を実施		
六七〇年	天智天皇、庚午年籍を編成		
一一世紀	イングランドでDomesday Book編纂		
一七世紀～	宗門人別帳、村明細帳が編成される（～一八七二）	名主、組頭、百姓代の「村方三役」からなる近世村の成立	
一六〇三		徳川家康が征夷大将軍となる（江戸時代のはじまり）	
一六一六		外国船入港を長崎、平戸に限る	
一六三三			ガリレオ、異端裁判で有罪判決
一六三六			中国で清朝成立
一六三七			デカルト『方法序説』
一六八七			ニュートン『プリンキピア』
一六八九			イギリスで「権利章典」制定
一六九六	グレゴリー・キング『イングランドの状態についての自然的政治的観察と結論』		
一七世紀末～一八世紀	西欧で社会の統計的把握への欲求が高まる		
一七二〇			イギリスで「南海泡沫」事件
一七四一	ジュースミルヒ『神の秩序』		
一七五八	ケネー『経済表』		

一七五九	イギリスで人口センサスの計画（実施されず）		
一七六四			ハーグリーブス「ジェニー紡績機」を発明
一七七六		平賀源内「エレキテル」の実験	アメリカ独立宣言、アダム・スミス『諸国民の富（国富論）』
一七七八		ロシア船が来航し、通商を要求	
一七八一			カント『純粋理性批判』
一七八九			フランス革命
一七九〇	アメリカで初の人口センサス実施		
一七九二		ロシアのラクスマンが来航し、通商を要求	
一七九八	マルサス『人口論』		
一八〇一	イギリス、フランスで初の人口センサス実施		
一八〇三		アメリカ船が長崎に来航し、通商を求める	
一八〇四		ロシアのレザノフが長崎に来航し、通商を求める	
一八〇八		フェートン号事件	
一八一一			イギリスでラッダイト運動
一八一二	ラプラス『確率の解析的理論』		
一八一五		杉田玄白『蘭学事始』	
一八一七			リカード『政治経済学および課税の原理』
一八二一			イングランド銀行、金本位制を採用
一八二五		「異国船打払令」発令	

一八二八		シーボルト事件	
一八三〇年代	イギリス各地で民間の統計協会設立		
一八三三		天保の飢饉	
一八三五	ケトレー『人間とその能力の発展について――社会物理学の試み』（邦訳『人間に就いて』）		
一八三七	イギリスで教会から独立した人口調査システムが立ち上がる	大塩平八郎の乱	
一八三九		渡辺崋山、高野長英が捕らえられる（蛮社の獄）	
一八四〇		オランダ船、日本にアヘン戦争を伝える	アヘン戦争
一八四一		幕府による天保改革	
一八四二頃	長州藩『防長風土注進案』		
一八四四		オランダ国王より開国を勧める親書届く	
一八四八			西欧で一八四八年革命 マルクス＋エンゲルス『共産党宣言』
一八五一			太平天国の乱
一八五三	国際統計会議発足（第一回ブリュッセル）	ペリー浦賀に来航 プチャーチン長崎に来航	クリミア戦争
一八五四		ペリー再来航 日米、日英和親条約締結	
一八五五		安政の大地震 長崎海軍伝習所できる 日露和親条約締結 蕃書調所できる	
一八五六		アメリカ領事ハリス来日 日蘭和親条約	

一八五七		吉田松陰、松下村塾を開く	
一八五八		日米修好通商条約に調印（蘭、露、英、仏とも）	
一八五九		イギリス領事オールコック来日 神奈川、長崎、函館を開港	ダーウィン『種の起源』 ミル『自由論』
一八六一			アメリカ南北戦争
一八六三		薩英戦争	国際赤十字委員会発足
一八六四		四ヶ国艦隊による下関砲撃事件	第一インターナショナル設立
一八六四頃	杉亨二、オランダの新聞で統計を知る		
一八六五	杉亨二、フィッセリングの講義録を入手		
一八六六		薩長同盟 福沢諭吉『西洋事情』	
一八六八		明治維新 江戸が東京と改称	
一八六九	杉亨二、駿河国で人口センサスを実施	戊辰戦争終結	
一八七〇		スマイルズ『西国立志編』（中村正直訳）	普仏戦争
一八七一	太政官政表課設置、杉亨二招かれて出仕	司法省、文部省設置 戸籍法公布、旧来の村を廃し戸籍管区としての区を設置（大区小区制）、田畑勝手作が許可される	パリ・コミューン
一八七二	壬申戸籍が編成される	陸軍省、海軍省設置 学制発布 太陽暦の採用 国立銀行条例 福沢諭吉『学問のすゝめ』	

一八七三		内務省設置 徴兵令 地租改正条例、地租改正実施	
一八七四		板垣退助ら「民撰議院設立建白書」	
一八七四頃	杉亨二、ハウスホーファーの『統計学教程』を入手		
一八七六	統計学社の団体「表記学社」（のち「統計学社」）発足 杉亨二「政表会議」を召集		
一八七七	「農事通信仮規則」制定	西南戦争 第一回内国勧業博覧会	英ヴィクトリア女王、インド女帝宣言 露土戦争
一八七八	「製表社」（のちの東京統計協会）発足	「地方三新法」制定	
一八七九	杉亨二「甲斐国現在人別調」を実施		
一八八一	統計院が設置される 統計委員会が発足	農商務省設置 自由党結成 国会開設の詔勅 植木枝盛「東洋大日本国国憲按」執筆	
一八八二	『（帝国）統計年鑑』発刊	日本銀行開業	
一八八三	共立統計学校が設立される（〜一八八六） 「農商務通信規則」制定	鹿鳴館開館	ニーチェ『ツァラトゥストラはかく語りき』
一八八四	内務省「府県統計書様式」制定	「戸長管区制」施行 松方デフレの影響が深刻となる 群馬事件、加波山事件、秩父事件	フェビアン協会設立
一八八五	内閣統計局が設置される 国際統計協会が発足	内閣、逓信省設置 福沢諭吉「脱亜論」	
一八八七		中江兆民『三酔人経綸問答』	
一八八九		「市制町村制」施行	第二インターナショナル設立

一八九〇		第一回衆議院総選挙 第一回帝国議会開会 教育勅語発布	
一八九〇年代	いくつかの高等教育機関で統計学の講座が開かれる 郡是・市町村是運動はじまる		
一八九四		日清戦争	
一八九五		日清戦争の結果、台湾領有、台湾総督府設置	
一八九六			アテネで第一回近代オリンピック開催
一八九七		金本位制施行 綿糸輸出額が輸入額を超える	
一八九九	中央統計講習会が発足 地方統計講習会のきっかけとなる		
一九〇〇		治安警察法公布 義和団事件に出兵（北清事変）	義和団事件
一九〇一	全国農事会『町村是調査標準』	八幡製鉄所が営業開始	
一九〇二	「国勢調査に関する法律」成立 第一回国勢調査を一九〇五年とする	日英同盟	
一九〇三		小学校教科書の国定化	
一九〇四		日露戦争	
一九〇五			孫文ら、中国革命同盟会を結成
一九〇六		鉄道国有化法公布 南満洲鉄道会社設立	
一九〇七		樺太庁設置	
一九〇九		三井合名会社設立 伊藤博文、ハルピンで暗殺	

一九一〇		大逆事件 韓国併合、朝鮮総督府設置	
一九一一		工場法公布 平塚らいてうら「青鞜社」を結成	
一九一四		ドイツに宣戦布告（第一次世界大戦参戦）	第一次世界大戦
一九一七			ロシア革命
一九一八		シベリア出兵	
一九一九		関東庁設置 朝鮮で三・一独立運動	中国で五・四運動 第三インターナショナル（コミンテルン）設立
一九二〇	第一回国勢調査を実施 中央統計委員会が発足	国勢院設置 鉄道省設置 戦後恐慌	
一九二一		日本労働総同盟結成	
一九二二	国勢院廃止、統計局設置 「統計資料実地調査に関する法律」公布	南洋庁設置 全国水平社結成、日本農民組合結成、日本共産党結成	
一九二三		関東大震災	
一九二五		農商務省を農林省と商工省に分割 治安維持法公布 普通選挙法（男子のみ）公布	
一九二七		内閣資源局設置 金融恐慌	
一九二八		第一回普通選挙実施	張作霖爆殺事件 パリ不戦条約
一九二九	「資源調査法」公布		世界恐慌
一九三〇		ロンドン海軍軍縮条約締結 昭和恐慌	

一九三二		「満洲国」建国宣言 血盟団事件	
一九三三		国際連盟脱退	ドイツ、ヒトラーが首相となる アメリカ、ニューディール政策
一九三六		二・二六事件 ロンドン海軍軍縮条約脱退	
一九三七		日中戦争（盧溝橋事件）	
一九三八		厚生省設置 国家総動員法公布	
一九三九	川島孝彦統計局長、中央統計局構想を発表	朝鮮総督府、創氏改名を命令	ドイツがポーランドに侵攻（第二次世界大戦）
一九四〇		大政翼賛会結成 紀元二六〇〇年式典	ドイツがパリを占領
一九四一	帝国統計年鑑、この年（一九四〇年分）をもって休刊	小学校を国民学校と改称 真珠湾攻撃	
一九四二		大東亜省設置 ミッドウェー海戦	
一九四四		米軍による本土空襲開始	
一九四五		東京大空襲 広島、長崎に原爆投下 ポツダム宣言を受諾（敗戦）	

参考文献

アンダーソン、ベネディクト（一九八七）『想像の共同体――ナショナリズムの起源と流行』（白石さやほか訳）リブロポート
ウェスターゴード（一九四三）『統計学史』（森谷喜一郎訳）栗田書店
上藤一郎（二〇二〇）「杉亨二とハウスホッファーの『統計学教程』」佐藤正広編『近代日本統計史』晃洋書房
大橋隆憲（一九六五）『日本の統計学』法律文化社
大橋博（一九八二）『地方産業の発展と地主制』臨川書店
岡崎文規（一九三五）『統計学全集第一一巻　国勢調査論』東洋出版社
尾関学（二〇〇三）「フローとストックの被服消費――明治後期の茨城県『町村是』による分析」『社会経済史学』六九巻二号
尾高煌之助・山内太（一九九三）「大正期農家貯蓄の決定要因――新潟県蒲原の村是による考察」『経済研究』四四巻四号
河合利安（一八九〇）「同窓会諸君に告ぐ」『スタチスチック雑誌』四七号
神立春樹（一九八五）「明治後期の岡山県　農村における農村民の生活事情――日本産業革命期の地域民衆生活の検討」『岡山大学経済学会雑誌』一七巻一号
――（一九八五）「一九一〇年代の山陰　農村における農村民の生活事情――島根県八束郡大庭村『村是』（一九一九年）による検討」『岡山大学経済学会雑誌』一七巻二号
――（一九八七）「大正初期の中国山地農村における農村民の生活事情――鳥取県日野郡石見村の場合」『岡山大学経済学会雑誌』一九巻二号
京都府何鹿郡志賀郷村（一九二七）「統計に関する綴」『京都府何鹿郡志賀郷村行政文書』京都府立京都学・歴彩館所蔵

――（一九三八）「統計に関する綴」『京都府何鹿郡志賀郷村行政文書』京都府立京都学・歴彩館所蔵
近代統計発達史文庫、一橋大学経済研究所附属社会科学統計情報研究センター所蔵
小島勝治（一九七二）『日本統計文化史序説』未來社
後藤貞治（一九三六）『本邦統計資料解説』叢文閣
斎藤修（一九九八）『賃金と労働と生活水準――日本経済史における18－20世紀』（一橋大学経済研究叢書四八）岩波書店
佐々木豊（一九八六）「〔研究解題〕地方改良運動と町村是調査」神谷慶治監修『地方改良運動史資料集成　第一巻』柏書房
佐藤正広（一九九八）「大正期地方官庁による産業統計調査（解題）」佐藤正広編『栃木県那須郡武茂村・境村行政資料目録』（統計資料シリーズ No. 49）一橋大学経済研究所附属日本経済統計情報センター
――（一九九九）「群是・市町村是資料――そのなりたちと評価」一橋大学経済研究所附属日本経済統計情報センター編『群是・町村是資料マイクロ版集成　目録・解題』丸善
――（二〇〇〇）「遼寧省档案館所蔵の統計調査史関係資料――近現代中国における統計調査システム」江夏由樹編『近代中国東北における社会経済構造の変容――経済統計資料、並びに、歴史文書史料からの分析』平成九～一一年度科学研究費補助金〔基盤研究（A）〕研究成果報告書
――（二〇〇二）『国勢調査と日本近代』岩波書店
――（二〇〇六）「人口センサスの始動」『環』Vol. 26、藤原書店
――（二〇〇八）「大戦終結前の台湾の統計制度」尾高煌之助・斎藤修・深尾京司監修、溝口敏行編著『アジア長期経済統計1　台湾』東洋経済新報社
――（二〇一二）『帝国日本と統計調査――統治初期台湾の専門家集団』（一橋経済研究叢書六〇）岩波書店
――（二〇一五）『国勢調査――日本社会の百年』岩波書店
――（二〇一七）「両大戦間期における政府統計の信頼性――統計編成業務の諸問題とデータの精度について」『経済研究』六八巻一号
――（二〇一七）「近代統計発達史文庫解題」『近代統計発達史文庫目録』（統計資料シリーズ No. 73）一橋大学経済研究所附属社会科学

統計情報研究センター
――（二〇一八）「明治前期における公的統計の調査環境と地方行政」『経済研究』六九巻二号
――（二〇二〇）「『統計不信問題』を考える――歴史的視点からの試練」『東京外国語大学国際日本学研究』No. 0
――（二〇二〇）「杉亨二と統計――維新を生きた蘭学者」佐藤正広編著『近代日本統計史』晃洋書房
――編著（二〇二〇）『近代日本統計史』晃洋書房
――（二〇二一）「末端行政組織的統計調査――戦争時期的日台比較」陳俊強・洪健榮編『台北州建州百年　在地化與国際的比較』国立台北大学・新北市政府文化局
塩川伸明（二〇〇八）『民族とネイション――ナショナリズムという難問』岩波新書（一一五六）
島村史郎（二〇〇八）『日本統計発達史』日本統計協会
杉亨二（一九一八）『杉亨二自叙伝』（二〇〇五年に日本統計協会より復刻）
杉原太之助（一九二九）「統計中央機関の一展望」『統計集誌』五七七号
関三吉郎（一九一二）「中央統計講習会」『統計集誌』三五九号
全国農事会（一九〇二）『町村是調査標準』
総理府統計局（一九五一）『総理府統計局八十年史稿』総理府統計局
――（一九七六）『総理府統計局百年史資料集成』第二巻（人口　上）
――編（一九八三）『総理府統計局百年史資料集成』第二巻（人口　中）
祖田修（一九七三）『前田正名』（人物叢書）吉川弘文館
――（一九八〇）『地方産業の思想と運動――前田正名を中心にして』ミネルヴァ書房
台湾総督府（一八九八）『台湾総督府報告例（訓令第三百十三号別冊）』台湾総督府
――（一九一七）『大正六年三月十日現行　明治四十二年十二月十四日　台湾総督府訓令第二〇八号別冊　台湾総督府報告例』台湾

総督府
台湾総督府殖産局（一九二四）『台湾現行農業統計解説』台湾総督府
高野岩三郎（一九一五）『統計学研究　全』大倉書店
――編（一九三三）『本邦社会統計論（経済学全集第五二巻）』改造社
高橋二郎（一九〇五）「明治十二年末甲斐国現在人別調顚末」『統計集誌』二八八号、東京統計協会
高橋益代編（一九八五）「台湾統計資料解題」『日本帝国領有期　台湾関係統計資料目録』（統計資料シリーズ No. 30）一橋大学経済研究所日本経済統計文献センター
高松信清（一九七五）「町村是の『農業経済関係内容目録』」農林省統計情報部『農業経済累年統計第六巻』農林統計研究会
竹内啓（二〇一八）『歴史と統計学　人・時代・思想』日本経済新聞出版社
――ほか編（一九八九）『統計学辞典』東洋経済新報社
太政官統計院（一八八四）『明治十五年第三年鑑に係る照会文綴込』（複製本が一橋大学経済研究所社会科学統計情報研究センターに所蔵）
『統計』編集部（二〇一九）「毎月勤労統計の不適切処理をめぐる問題の概要」『統計』七〇巻五号、日本統計協会
永井久一郎編（一八八三）『府県統計書様式案通達書――明治十六年』一橋大学経済研究所附属社会科学統計情報研究センター所蔵
中西僚太郎（一九八六）「明治末期茨城県下町村の食物消費量――町村是の分析を通して」『人文地理』三八巻五号
西川俊作（一九七九）『江戸時代のポリティカル・エコノミー』日本評論社
日本聖書協会（二〇一八）『聖書　聖書協会共同訳』
日本統計研究所編（一九六〇）『日本統計発達史』東京大学出版会
農林省農務局編（一九三九）『明治前期勧農事蹟輯録』上巻、大日本農会
野村兼太郎（一九四九）『村明細帳の研究』有斐閣
一橋大学経済研究所日本経済統計文献センター（一九六四）『郡是・町村是調査書所在目録』（特殊文献目録シリーズ１）一橋大学経済

研究所日本経済統計文献センター
――（一九八二）『「郡是・市町村是」資料目録――付「産業調査書」』（統計資料シリーズNo. 23）一橋大学経済研究所日本経済統計文献センター
――編（一九九四）『日本帝国　外地関係統計資料目録――朝鮮編』（統計資料シリーズNo. 46）一橋大学経済研究所日本経済統計情報センター
――（一九九四）『「郡是・市町村是」資料目録――追録・総索引』（統計資料シリーズNo. 47）一橋大学経済研究所日本経済統計情報センター
細谷新治（一九七四－八〇）『明治前期日本経済統計解題書誌――富国強兵篇（上の一－三、下、補遺）』（統計資料シリーズNo. 3, 4, 8, 11, 14）一橋大学経済研究所日本経済統計文献センター
松田泰二郎（一九四八）「国勢調査発達史」大原社会問題研究所編『高野岩三郎先生喜寿記念論文集1　インフレーション・統計発達史』第一出版株式会社
松田芳郎編（一九八〇）『明治期府県の総括統計書解題』（統計資料シリーズNo. 15）一橋大学経済研究所日本経済統計文献センター
三潴信邦（一九八三）『経済統計分類論』有斐閣
宮川公男（二〇一九）「「統計不信」論議は一九世紀明治からの日本の統計学の歴史に学べ」『ＵＰ』四八巻七号、東京大学出版会
宮本常一（一九八四）「対馬にて」『忘れられた日本人』岩波文庫（青一六四－一）
森数樹（一九二〇）『一般統計論』
森博美（二〇二〇）「明治期における個票による農村実態の統計的把握の試み――余土村是調査における下調べ個票様式をめぐって」佐藤正広編著『近代日本統計史』晃洋書房
柳澤保恵（一九二六）「第三回国勢調査に関する希望」『柳澤統計研究所月報』一七号
柳田國男（一九一〇）「農業経済と村是」『時代ト農政』聚精堂（本稿への引用は、『定本　柳田國男集　第一六巻』筑摩書房、一九六二年によ

った）

藪内武司（一九九五）『日本統計発達史研究』（岐阜経済大学研究叢書7）法律文化社

山本千映（二〇〇七）「ヴィクトリアン・センサス」安元稔編著『近代統計制度の国際比較』日本経済評論社

横山雅男（一九〇六）『統計通論』統計学社

——（一九一二）『町村是調査示要（大正元年九月島根県第三回統計講習会ニ於テ）』書誌事項不詳

林佩欣（二〇一九）「臺灣總督府的統計情報流通體系——以鶯歌庄為中心的探討」『臺北文献』第二〇九期

ロストウ、W・W（一九六一）『増補　経済成長の諸段階』（木村健康ほか訳）ダイヤモンド社

Baines, A., (1918), The History and Development of Statistics in Great Britain and Ireland, Koren, J. ed., (1918), *The History of Statistics: Their Development and Progress in Many Countries*, Macmillan.

Cullen, M. J., (1975), *The Statistical Movement in Early Victorian Britain: The Foundations of Empirical Social Research*, The Harvester Press.

Faure, F., (1918), The Development and Progress of Statistics in France, Koren, J. ed., (1918), *The History of Statistics: Their Development and Progress in Many Countries*, Macmillan, p. 286.

John, V., (1835), *Geschichte der Statistik. Ein quellenmässiges Handbuch für den Akademischen Gebrauch wie für den Selbstunterricht, Von dem Ursprung der Statistik bis auf Quetelet*, Ferdinand Enke.［V・ヨーン（一九五六）『統計学史』（足利末男訳）有斐閣］

Patriarca, S., (1996), *Numbers and Nationhood: Writing Statistics in Nineteenth-Century Italy*, Cambridge University Press.

Randeraad, N., (2010), *States and Statistics in the Nineteenth Century: Europe by Numbers*, Manchester University Press.

Würzburger, E., (1918), The History and Development of Official Statistics in the German Empire, Koren, J. ed., (1918), *The History of Statistics: Their Development and Progress in Many Countries*, Macmillan.

Williams, A. and Martin, G. H. ed., (1992), *Domesday Book: A Compelete Translation*, Penguin Books.

初出一覧

第一部第二章
「『統計不信問題』を考える――歴史的視点からの試論」『東京外国語大学国際日本学研究』No.0（プレ創刊号）、二-二一頁、二〇二〇年。

第一部第五章第四節
「大戦終結前の台湾の統計制度」、尾高煌之助・斎藤修・深尾京司監修、溝口敏行編著『アジア長期経済統計1　台湾』東洋経済新報社、二三-三三頁、二〇〇八年。

第一部第五章第五節
「郡是・市町村是資料――そのなりたちと評価」、一橋大学経済研究所附属日本経済統計情報センター編『郡是・町村是資料マイクロ版集成　目録・解題』丸善、一-一一頁、一九九九年。

第一部第六章第四節
「末端行政組織的統計調査――戦争時期的日台比較」、陳俊強・洪健榮編『台北州建州百年　在地化與国際的比較』国立台北大学・新北市政府文化局、二八四-三〇〇頁、二〇二一年。

表9-2　国勢調査用職業分類の変化（一九二〇-四七年）

一九二〇（大正九）年国勢調査用職業分類表

大分類	中分類	小分類項目数
1. 農業	1. 農耕、畜産、蚕業	5
	2. 林業	3
2. 水産業	3. 漁業、製塩業	4
3. 鉱業	4. 採鉱、冶金業	4
	5. 土石採取業	1
4. 工業	6. 窯業	7
	7. 金属工業	9
	8. 機械器具製造業	12
	9. 化学工業	14
	10. 繊維工業	16
	11. 紙工業	5
	12. 皮革、骨、角、甲、羽毛品類製造業	4
	13. 木竹類に関する製造業	11
	14. 飲食料品、嗜好品製造業	19
	15. 被服、身の廻り品製造業	10
	16. 土木建築業	10
	17. 製版、印刷、製本業	3
	18. 学芸、娯楽、装飾品製造業	7
	19. 瓦斯、電気及天然力利用に関する業	3
	20. 其他の工業	1
5. 商業	21. 物品販売業	29
	22. 媒介周旋業	3
	23. 金融保険業	6
	24. 物品賃貸業、預り業	2
	25. 旅宿、飲食店、浴場業等	5
	26. 其他の商業	1
6. 交通業	27. 通信業	1
	28. 運輸業	8
7. 公務、自由業	29. 陸海軍人	2
	30. 官吏、公吏、雇傭	4
	31. 宗教に関する業	4
	32. 教育に関する業	3
	33. 医務に関する業	9
	34. 法務に関する業	4
	35. 記者、著述者	2
	36. 芸術家	6
	37. 其他の自由業	4
8. 其他の有業者	38. 其他の有業者	2
9. 家事使用人	39. 家事使用人	1
10. 無職業	40. 収入に依る者	3
	41. 無職業	5
計10	41	252

一九三〇（昭和五）年国勢調査用職業分類

大分類	中分類	小分類項目数
1. 農業	1. 農耕に従事する者	7
	2. 畜産に従事する者	5
	3. 蚕業に従事する者	5
	4. 林業に従事する者	7
2. 水産業	5. 漁業に従事する者	4
3. 鉱業	6. 採炭に従事する者	9
	7. 採鉱に従事する者	4
	8. 石油鉱業に従事する者	4
	9. 土石採取に従事する者	4
4. 工業	10. 窯業、土石加工に従事する者	13
	11. 金属工業、機械器具製造、造船、運搬用具製造に従事する者	36
	12. 精巧工業に従事する者	6
	13. 化学製品の製造に従事する者	8
	14. 紡織工業に従事する者	31
	15. 被服、身装品製造に従事する者	15
	16. 紙工業、印刷に従事する者	17
	17. 皮革、骨、羽毛品類製造に従事する者	7
	18. 木竹草蔓類に関する製造に従事する者	19
	19. 製塩に従事する者	3
	20. 飲食料品、嗜好品製造に従事する者	26
	21. 土木建築業に従事する者	12
	22. 瓦斯、電気、水道業に従事する者	6
	23. 其の他の工業的職業	11
5. 商業	24. 商業的職業	9
	25. 金融、保険に従事する者	5
	26. 接客業に従事する者	9
6. 交通業	27. 運輸に従事する者	26
	28. 通信に従事する者	6
7. 公務	29. 官吏、公吏、雇傭員	4
	30. 陸海軍現役軍人	4
	31. 法務に従事する者	2
	32. 教育に従事する者	1
	33. 宗教家	4
	34. 医療に従事する者	9
	35. 書記的職業	3
	36. 記者、著述家、芸術家、遊芸家	4
	37. 其の他の自由業	5
8. 家事使用人	38. 家事使用人	2
9. 其の他の有業者	39. 其の他の有業者	8
10. 無業		

一九四〇（昭和一五）年国勢調査用職名表

大分類	中分類	職名数
1. 経営者、事務者	1. 経営者	1
	2. 事務者	7
2. 技術者	3. 農林水産技術者	6
	4. 鉱工技術者	22
	5. 交通、通信技術者	7
	6. 医師、薬剤師	3
	7. 気象技術者、気象手	2
	8. 理科学研究員	4
3. 作業者	9. 農林、畜産作業者	12
	10. 水産作業者	2
	11. 鉱物、土石等の採取者	12
	12. 製錬作業者	13
	13. 製図、現図作業者	7
	14. 金属材料の製造加工作業者	19
	15. 機械器具の製作作業者	49
	16. 機械器具の仕上、組立、修繕作業者	19
	17. 化学製品の製造作業者	58
	18. 窯業、土石類の加工作業者	21
	19. 紡織品製造作業者	16
	20. 被服、身の廻り品製造作業者	11
	21. 印刷、紙製品製造作業者	9
	22. 皮革、骨、羽毛類製品の製造作業者	7
	23. 木、竹、草、蔓製品の製造作業者	15
	24. 飲食料品、嗜好品製造作業者	18
	25. 其の他の製品の製造作業者	1
	26. 土木建築作業者	13
	27. 電気に関する作業者	3
	28. 絵付、塗装、メッキ作業者	7
	29. 実験、試験、検査作業者	7
	30. 運輸、運搬作業者	11
	31. 通信作業者	4
	32. 医療、理容従事者	7
	33. 商業的作業者	2
	34. 接客者	2
	35. 家事使用人	1
	36. 其の他の作業者	12
4. 公務者、自由職業者、其の他の職業者	37. 官吏、公吏	2
	38. 宗教家	4
	39. 教育者、研究員	5
	40. 法務者	3
	41. 記者、芸術家、文芸家	5
	42. 其の他の職業者	1
5. 無職業者	43. 収入を受くる無職業者	1
	44. 其の他の無職業者	6
計5	44	439

一九四七（昭和二二）年国勢調査用職業分類

大分類	中分類	小分類項目数
1. 事務的職業	1. 事務者	3
2. 自由職業	2. 教育者	3
	3. 研究者	2
	4. 法務者	1
	5. 宗教家	1
	6. 医療保健的職業	4
	7. 記者、芸術家、文芸家、著述家	1
	8. その他の自由職業	1
3. 農林水産技術者、作業者	9. 農林水産技術者	5
	10. 農林水産作業者	5
4. 鉱山技術者、作業者	11. 鉱山技術者	1
	12. 鉱山作業者	2
5. 工的技術者、作業者	13. 工的技術者	7
	14. 製錬作業者	4
	15. 製図、現図作業者	2
	16. 金属材料の製造加工作業者	3
	17. 機械器具製造作業者	8
	18. 機械器具仕上、組立、修繕作業者	4
	19. 化学的製造作業者	11
	20. 窯業、土石類加工作業者	5
	21. 繊維製造作業者	6
	22. 其の他の工的製造作業者	11
	23. 土木建築作業者	8
	24. 電気作業者	1
	25. 塗装、メッキ、漆作業者	3
	26. 実験、試験、検査作業者	1
6. 交通的職業	27. 運輸的職業	7
	28. 通信的職業	4
7. 商的職業	29. 商的作業者	1
	30. 接客者	3
8. 家事使用人	31. 家事使用人	1
9. その他の職業	32. その他の作業者	1
	33. その他の職業者	1
10. 無職業者	34. 無職業者	3
計10	34	123

三潴（一九八三）、一〇六-一〇七頁より作成。

表3－3　中央行政機構の変遷　一八六九（明治二）年七月－一九四五（昭和二〇）年八月

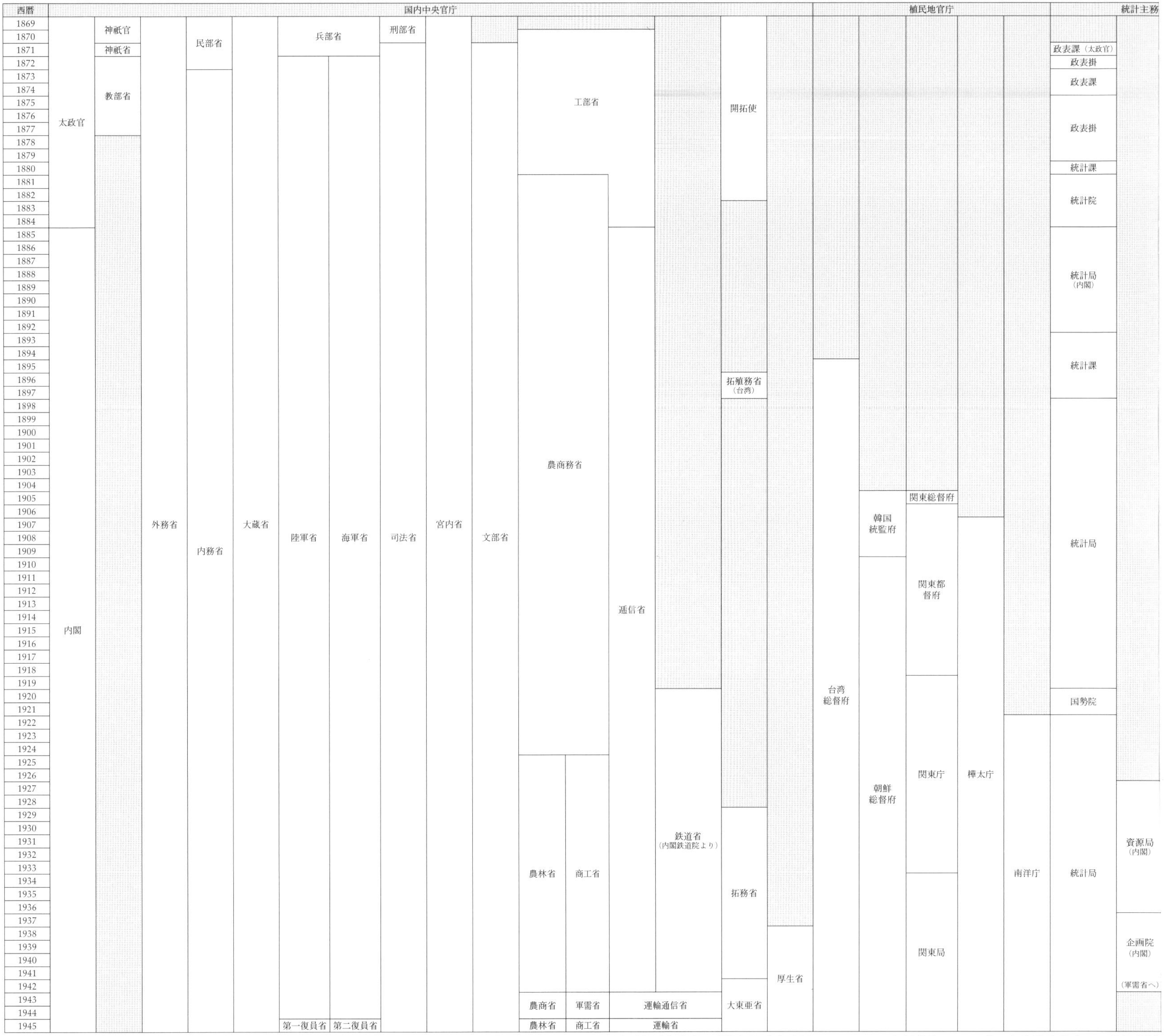

註　「国内中央官庁」「植民地官庁」については日本近現代史辞典編集委員会編（1978）『日本近現代史辞典』東洋経済新報社、「統計主務官庁等」については島村史郎（2008）『日本統計発達史』日本統計協

計
10
41
3
7
6
41．
其の他の無業者
5

図表一覧

図2-1　情報の編成および利用と、情報処理の体系化の2要因からみた統計のあり方
図2-2　シュメールの数量情報と現代の国勢調査
図2-3　近代以前の数値情報の位置づけ
図2-4　西欧における統計への市民社会の参入
図2-5　西欧における統計学の成立
図2-6　『防長風土注進案』の一部（風土生産書出　大嶋郡日前村）
図2-7　明治期日本における統計学と「土着の統計」
表3-1　統計講習会の開催件数の変化（地域レベル別）
表3-2　統計講習会の参加者数の変化（地域レベル別）
表3-3　中央行政機構の変遷　一八六九（明治二）年七月-一九四五（昭和二〇）年八月
表4-1　一八八四（明治一七）年刊行の統計関係書籍
表4-2　府県統計書様式に現れる項目
図4-1　埼玉県属による受領書

表5-1　一九二〇（大正九）年刊行の統計関係書籍
図5-1　大正期における統計書編成業務の流れ
表5-2　台湾統計調査　一八九八年報告例の調査項目
表5-3　台湾統計調査　調査項目数の変遷

表6-1　一九四〇（昭和一五）年刊行の統計関係書籍
図6-1　一九三九（昭和一四）年臨時国勢調査における国民消費の系統
図6-2　臨時国勢調査申告書（第一号票）
図6-3　臨時国勢調査申告書（第二号票の一）
表6-2　志賀郷村　一九二七年と一九三八年の項目数の対比
表6-3　表6-2に含まれる項目の内訳
表6-4　一九三九年の州報告例と鶯歌庄統計文書（文号92）の対照
表6-5　鶯歌庄　一九二八年と一九三九年の対比
表6-6　表6-5に含まれる項目の内訳
表6-7　志賀郷村と鶯歌庄の比較

図9-1　区内職分表の書式
表9-1　「甲斐国現在人別調」の職業分類（大分類と本業名）
表9-2　国勢調査用職業分類の変化（一九二〇-四七年）

表9-3　ケトレーの職業分類と「甲斐国現在人別調」の職業分類対応表
表9-4　ケトレーによる職業別人口表
表9-5　ベルチヨン職業分類（一八九三年）（大綱、大・中・小分類）

佐藤正広（さとう・まさひろ）

一九五五年生まれ、一九七七年埼玉大学経済学部卒業、一九八五年一橋大学大学院経済学研究科修了。一橋大学専任講師、助教授、教授、特任教授を経て、二〇一九年より東京外国語大学大学院国際日本学研究院特任教授。専門は日本経済史、統計資料論。主な著作に『国勢調査と日本近代』（岩波書店、二〇〇二年）、『帝国日本と統計調査――統治初期台湾の専門家集団』（岩波書店、二〇一二年）、『国勢調査――日本社会の百年』（岩波書店、二〇一五年）、『近代日本統計史』（編著、晃洋書房、二〇二〇年）。

数字はつくられた——統計史から読む日本の近代

二〇二二年三月一五日　初版第一刷発行

著　者　佐藤正広
発行者　林 佳世子
発行所　東京外国語大学出版会
郵便番号　一八三－八五三四
住所　東京都府中市朝日町三－一一－一
TEL番号　〇四二－三三〇－五五五九
FAX番号　〇四二－三三〇－五一九九
Eメール　tufspub@tufs.ac.jp

装幀　安藤剛史
本文組版　大友哲郎
印刷・製本　シナノ印刷株式会社

Printed in Japan　ISBN978-4-904575-95-6